견신례/
세례언약 재확인 예식

견신례/세례언약 재확인 예식

초판 1쇄	2015년 4월 20일
편 저 자	김현애
펴 낸 이	김현애
펴 낸 곳	예배와 설교 아카데미
주　　소	서울특별시 광진구 광장동 272 – 12
전　　화	02 – 457 – 9756
팩　　스	02 – 457 – 1120
홈페이지	www.wpa.or.kr
등록번호	제18 – 19호(1998.12.3)

디 자 인	디자인집 02 – 521 – 1474
총 판 처	비전북
전　　화	031 – 907 – 3927
팩　　스	031 – 905 – 3927
I S B N	978-89-88675-62-5

값 14,500원

견신례/
CONFIRMATION/
REAFFIRMATION OF THE BAPTISMAL COVENANT

세례언약 재확인 예식

김현애 편저

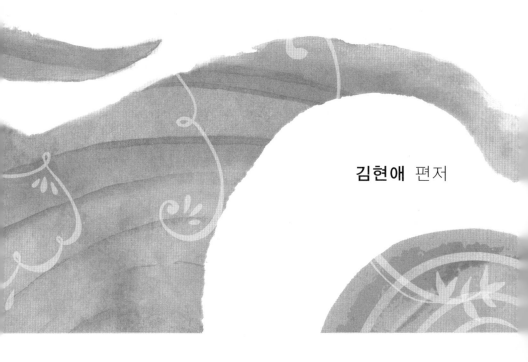

목차

약어표

BCP	The Book of Common Prayer
BCW	Book of Common Worship 1906, 1932, 1946, 1993
BOS	The Book of Occasional Services
ELCA	Evangelical Lutheran Church in America
LBW	Lutheran Book of Worship
PBS	Prayer Book Studies
PCUSA	Presbyterian Church of the United States of America
RCIA	Rite of Christian Initiation of Adults
SLR	Supplemental Liturgical Resource 2-Holy Baptism and Services for the Renewal of Baptism
UMBW	The United Methodist Book of Worship
UMH	The United Methodist Hymnal
WCC	World Council of Churches

서문

레너드 스윗은 그의 책 『영성과 감성을 하나로 묶는 미래교회』에서 21세기의 교회는 예산과 건물로 성공 여부를 측정해서는 안 되며, 1세기의 교회처럼 창조성과 상상력으로 평가되어야 한다고 말한다. 21세기의 교회는 1세기의 교회처럼 은행 잔고나 섬기는 이의 노동력이 아닌 두뇌와 창조성에 따라 성공 여부를 측정해야 한다고 거듭 말한다. 교회는 수입, 갈망, 결과에 기초한 소비문화 속에서 인생의 '최고의 것'과 '최상의 것'을 신실하게 제공하며 무상으로 분배하는 하나님의 은혜에 기초한 문화를 만들어내야 한다. 교회 내에서 창조적 생각이 예산액을 대신해 성장의 척도로 서지 않는다면, 교회는 새로운 문화 속에서 결코 살아남을 수 없다는 입장이다.[1]

레너드 스윗이 말하는 1세기의 교회처럼 창조성과 상상력으로 평가되고 소비문화 속에서 인생의 '최고의 것'과 '최상의 것'을 신실하게 제공하며 하나님의 은혜에 기초한 문화가 바로 견신례/세례언약 재확인 예식이다.

견신례는 예전과 교리교육적 가르침, 넓게는 기독교교육의 관심을 자연스럽게 결합하려는 교회적 노력의 일환이다. 오늘날 교회 내에서

---

1 Leonard Sweet, *Postmodern Pilgrims*, 김영래 역, 『영성과 감성을 하나로 묶는 미래 교회』(서울: 좋은 씨앗, 2002), 22-23.

기독교인 양성이라는 교육적 관심과 새로운 예전의 개발이라는 과제를 가지고 신중한 검토와 실험을 거치고 있다. 이러한 검토과정에서 "견신례"(Confirmation)는 특별히 혼동과 곤란을 불러일으켰다. 사실상 "견신례"와 관련한 모든 것이 의문에 붙여지게 된다. 어떻게 그것을 불러야 하는가? 어디에서 그것을 받을 수 있을까? 또 언제, 어떻게 그것을 행해야 하는가?

필자가 견신례/세례언약 재확인 예식에 대한 새로운 생각을 접하게 된 것은 브라우닝(Robert L. Browning)과 리이드(Roy A. Reed)의 『견신례와 세례 확증의 모델들』(Models of Confirmation and Baptismal Affirmation)이라는 책을 접하면서부터이다. 이 책의 핵심은 "견신례"를 반복 가능한 예전으로 보고, 목회에 필요한 다양한 형태와 연령에 맞는 예전의 형태를 제시하였다는 점이다. 견신례가 삶의 다양한 상황에서 반복 가능한 경험으로서 실행할 수 있다는 것은 너무나 놀라운 일이었다. 그리고 이것을 인생의 주기에 맞추어 실시할 수 있다는 것은 목회 현장의 필요성에 충족할 수 있는 예전으로 인식되었다. 그래서 이 책의 주제로 논문을 쓰고 책으로 출간하게 되었다.

브라우닝과 리이드에게 견신례에 관해 새로운 관점을 가지게 한 사람은 맥스 튀리앙(Max Thurian)이다. 브라우닝과 리이드는 튀리앙의 책, 『평신도의 제사장적 역할』(Consecration of the Layman)을 읽으면서 견신례를 성별의 활동으로 보는 새로운 관점을 보게 되었다. 이 책에서 튀리앙은 성경과 역사의 증거들을 사용하여 견신례는 세례의 한 부분으로 세례의 의미를 떠나서는 아무런 의미도 갖지 않는다고 주장한다. 또한 견신례를 반복 가능한 성별의 활동으로 보는 새로운 관점을 논증하기 위해 역사적, 신학적, 목회적 자료들을 활용하였다. 그의 견해에 의하면, 견신례는 세례 중에 모든 기독교인에게 맡겨진 일반 사역의 특수한 적용을 가리킨다. 그는 이 예식을 견신례/성별이라 불렀다.

브라우닝과 리이드는 감리교 신학자이고, 맥스 튀리앙은 가톨릭에 가깝다. 장로교의 견신례를 연구한 신학자를 찾던 중 리차드 아스머(Richard Robert Osmer)의 『견신례』(Confirmation)라는 책을 접하게 되었다. 아스머는 그의 책에서 장로교 입장에서 견신례의 사회·문화적 배경과 역사적 검증, 특히 미국장로교의 상황을 잘 설명해 주고 있고, 무엇보다도 견신례의 신학을 확고하게 하는 기틀이 되었다. 따라서 이 책은 브라우닝과 리이드 책과 아스머의 책을 중심으로 한국교회의 삶의 상황에 따라 적용 가능한 다양한 견신례의 실제와 한국 대표적인 교단의 견신례 예전을 소개하게 되었다.

견신례/세례언약 재확인 예식에 관한 논문을 마치고 학교에서 〈예배의 실제〉 수업 시간에 학생들과 함께 세례언약 재확인 예식을 실행할 때의 감격은 이루 말할 수가 없다. 학생들과 함께한 세례언약 재확인 예식은 너무도 감동적이었고, 예식을 진행하는 학생들보다 더 두려움과 떨림을 가지고 심판대에 오르는 마음으로 학생들과 함께 나눔을 갖게 되었다. 대부분의 학생들은 세례언약 재확인 예식에 대한 기대와 목회 현장의 가능성을 높이 평가해 주었다. 다소 비판적인 학생 한 명은 한국교회 대한예수교장로회(통합)의 예식이 많은데 왜 또 다른 예식을 만들어 목회자로 하여금 힘들게 하느냐고 반문하는 학생도 있었다. 그럼에도 불구하고 견신례는 한국교회 목회 현장에서 꼭 필요하고 창의적으로 창작 가능한 예식임에는 틀림이 없다.

이 한 권의 책을 통해 견신례의 역사를 되짚어 보면서 견신례 혹은 세례언약 재확인 예식(세례 확증)의 동기가 과거에는 어떠했고, 오늘날에는 어떠한지를 알게 될 것이다. 또한 견신례의 신학적인 토대를 갖게 될 것이다. 그것은 견신례가 세례와 본질적으로 연관되어 있다는 것과 가족과 신앙공동체 안에서 활동하시는 성령의 현존과 능력에 근거하고 있다는 것이다. 또한 견신례가 신앙공동체 안에서 하나님의 사랑에 의해 둘러싸인 사람들의 삶에 찾아오는 '축복'으로 보는 새로운 이해를 갖게 될 것이다. 그 축복은 손을 얹고 기름을 붓는 가운데, 그리고 성찬 성례전에 참여하는 가운데 상징적으로 표현되고 또한 실제로 부어진다. 아울러 견신례를 통합된 입문예식의 한 부분으로 보는 데서 더 나아가 그것을 사람들이 인생의 여정 가운데 기독교 신앙에 대한 새로운 이해와 결단을 경험할 때마다 반복적으로 시행할 수 있고 또 그렇게 시행되어야 하는 성례전적 경축이라고 보는 것이 신학적, 심리학적, 기독교교육적 관점에서 볼 때 건전한 이유를 알게 될 것이다.

본서를 전개하면서 핵심적인 용어를 정리할 필요가 있다. 영어의 'Confirmation'을 번역할 때 이 단어는 다양한 의미로 해석된다. 견진, 입교, 견진성사, 견신례, 견진례 등 다양하게 해석될 수 있지만, 본서는 용어의 통일을 위해 견신례로 번역하며, 입교의 불가피한 의미가 있을 때 입교라는 단어를 사용하였다. 또 하나 'Christian Initiation'은 일반적으로 '입교의식'이라는 용어를 사용하지만, 본서는 용어의 혼선을 피하기 위해 '입문예식'으로 표한다. 'Initiation'을 일반 학문에서는 '입사식'이라는 용어로 사용지만, 본서에서는 입문으로 표기한다.

본서가 출간되기까지 긴 시간 많은 사람의 도움이 있었다. 오랫동안 견신례 주제와 씨름하며 한글로 된 자료보다는 외국자료가 많아 방대한 양을 감당하기 힘들 때 초벌 작업을 함께해 준 김정형 목사에게 깊은 감사를 드린다. 미국 유학시절부터 견신례 자료와 논문을 보내주며 견신례 주제의 어려운 용어를 논의해 준 한일장신대 최영현 교수에게 감사를 드린다. 바쁜 가운데 오랫동안 교정 작업을 함께해 온 윤혜경 전도사와 전주의 온고을에서 이 작업에 동참해 준 오권택 목사에게 감사드린다. 무엇보다도 견신례의 주제에 눈을 뜨게 해주고 계속적인 연구를 할 수 있도록 지도해 주셨던 장로회신학대학교 김운용, 김경진 교수님과 필자의 논문 지도교수님이셨던 주승중 교수님께 깊은 감사를 드린다. 또한 삶 속에서 커다란 버팀목이 되어준 김성우 목사와 하나님의 귀한 선물 예설이, 예찬이에게 고마움을 전한다. 필자의 스승이신 정장복 교수님, 감사합니다. 두 분의 어머니(최납춘 권사님, 이금자 집사님), 감사합니다. 정말 힘들어 포기하고 싶을 때 격려와 힘주신 하나님, 사랑합니다. 감사합니다.

견신례/세례언약 재확인 예식은 계속적인 연구와 변형이 가능하다. 미약하나마 본서를 통해 이 예식이 목회 현장의 다양한 상황에서 1세기의 교회처럼 창조성과 상상력으로 인생의 '최고의 것'과 '최상의 것'을 제공하는 예식이 되기를 바라는 마음 간절하다.

2015년 부활절기에
김현애

제1부

오늘의 모델, 내일의 방향

제1장

오늘날 견신례의
모델들

오늘날 에큐메니칼 공동체는 우리가 전통적으로 견신례라는 의식을 둘러싸고 존재해 왔던 혼동을 제거하고 거기에 명확하고 신선한 의미를 부여해야 한다고 주장하고 있다. 기독교의 오랜 역사를 돌아볼 때, 이 같은 주장은 실현 가능성이 거의 없어 보인다. 하지만 20세기에 들어설 무렵부터 시작된 성례전과 '준성사'(sacramentals)에 관한 연구와 신학적 반성은 보다 낙관적인 전망을 가능하게 한다. 기독교 입문예식(Christian initiation), 특별히 "견신례"에 관해서 의견들이 점점 모아지고 있다. 기독교인은 "태어나는 것이 아니라 만들어진다."는 터툴리안(Tertullian)의 금언을 받아들이는 많은 신자공동체들은 자신들이 기존에 갖고 있던 기독교인 양성 프로그램에 대해 많은 의구심을 갖게 되었다. 교인의 감소, 비전의 왜곡, 깊이의 약화 등 여러 가지 실망스러운 일들이 기독교인들로 하여금 새신자 초청 및 입문예식을 신중하게 재검토하도록 촉구하였다. 이러한 검토과정에서 "견신례"는 특별히 혼동과 곤란을 불러일으키는 주제로 부각되었다. 견신례와 관련한 모든 것이 사실상 의문에 붙여지게 되었다. 어떻게 그것을 불러야 하는가? 어디에서 그것을 얻을 수 있는가? 그것의 의미는 무엇인가? 우리는 언제 또 어떻게 그것을 행해야 하는가?

아마도 견신례 예식과 교육을 둘러싼 오늘날의 혼동을 가장 잘 보여 주는 것이 명칭에 관한 논의일 것이다. 견신례? 세례 갱신? 세례의 확증? 도유? 아니면 상황에 따라 이 모든 이름을 사용할 수 있는 것인가?

"견신례"라는 용어는 439년과 441년 리즈(Riez)와 오랑쥬(Orange)에서 열린 프랑스 공의회에서 세례 후 손을 얹는 의식을 가리키기 위해 처음으로 사용되었다.[1] 이 두 지역공의회들의 결정은 사제들이 그들이 세례를 베푼 아이들의 머리에 기름을 부을 수 있도록 길을 열어 주었다. 주교들은 정기적으로 시골 지역들을 방문해서 손을 얹음으로써 그 지역 세례들을 견신례했다. 460년경 어느 오순절 주일 리즈의 파우스투스(Faustus) 주교는 이와 같은 "견신례"에 관해 설교했다. 이 설교는 이후 이 예식의 역사에 깊은 영향을 미쳤다. 파우스투스는 감독의 견신례가 얼마나 중요한 일인지 역설했다. 왜냐하면 견신례는 그것을 받는 사람들을 보다 확실한 기독교인으로 만들기 때문이다. 그의 주장에 따르면, 견신례는 세례 중에 주어진 성령의 은사 외에 성령의 추가적인 능력을 전달해 주는 강화제이다. 이 강화제는 기독교인들이 '전사들'로서 세상, 육신, 악마와 더불어 싸우는 삶의 전투에서 승리하기 위해 필요로 하는 힘을 공급해 준다. 416년 교황 이노센트 I세가 굽비오의 데

---

1 Frank C. Quinn, "Theology of Confirmation," in *The New Dictionary of Sacramental Worship*, ed. Peter E. Fink (Collegeville, Minn.: Liturgical Press, 1990), 277ff.

켄티우스(Decentius of Gubbio)에게 쓴 편지에는 이와 같은 이해를 예견하게 하는 내용의 글이 실려 있다. 이 편지에서 교황은 세례 이후 별도로 행하는 안수의 적법성을 인정하면서 그 예식을 성령론적 관점에서 해석하고 사도행전 8장에 묘사된 손을 얹는 행위에서 그 토대를 발견했다.[2]

성유(chrism), 도유, 위탁, 도유 때 십자가를 긋는 행위 등은 사도행전과 히브리서에 기록되어 있고, 다른 신약성경 구절들에서 암시된 손을 얹는 행위가 발전된 것이다. 도유의식은 주로 서방교회에서 전해 내려오는 전통이다. 동방교회에서는 이 같은 의식이 행해지지 않았다. 이 의식은 서방교회에서 점차 보편화되었고, 5세기 중반에는 그 예식을 세례로부터 분리시키는 것이 정당하다는 것을 보여주고 동시에 그것이 필요하고 바람직하다는 것을 입증해 줄 신학적 설명을 기다리고 있었다.[3] 중세에 들어서면서 출생과 세례 사이의 간극은 며칠에서 심지어는 몇 시간으로 줄어들었고, 반면 세례에서 견신례 사이의 시간은 수년으로 늘어났다. 동방교회에서는 세례(water-bath), 위탁(consignation), 성찬(eucharist)이 하나의 입문 예전을 구성하는 부분들로 남아 있었다.

서방교회에서 800년대에 『이사도리안 법령들』(Isadorian Decretals)로 알려진 위조문서가 널리 퍼지면서 견신례 예식을 더욱 강조하고 장려하게 되었다. 이 문서는 사실 대주교와 추기경들에 맞서 교구주교들의 권리를 변호하고 교황의 수위권을 주장하기 위해 위조된 문서들의 모음집이다. 여기에 포함된 한 법령은 견신례가 세례보다 더 큰 가치와

---

2 J. D. C. Fisher, *Confirmation Then and Now* (London: SPCK, 1978), 133.

3 Joseph Martos, *Doors to the Sacred* (Triumph Books, 2001), 211ff.

능력을 가진다고 주장했다. 그 이유는 견신례를 행하는 성직자가 세례를 행하는 성직자보다 교회에서 보다 높은 지위를 차지하고 있기 때문이라는 것이었다. 이 거짓 법령들에 수록된 견신례에 관한 이 같은 주장들은 12세기에 이르러 피터 롬바르드(Peter Lombard)에 의해 더욱 확대되었다. 그는 자신의 신학저서인 『명제집』(The Sentences)에서 그 법령들의 주장에 근거해 견신례의 정당성을 주장했다.[4] 견신례 예식은 주후 1000년경 이미 주교에 의해 행해지는 하나의 성례로서 독립적인 지위를 얻고 있었다. 이때 그 견신례의 중심은 성유와 위탁이었다. 이로써 스콜라 신학의 견신례 이해를 위한 토대가 마련되었다.

중세시대의 스콜라주의 신학자들은 견신례와 관련해서 그들 나름의 어려움을 느끼고 있었다. 그들의 고민은 오늘 우리가 직면하고 있는 문제들을 미리 보여준다. 스콜라주의 신학자들은 견신례의 필요성과 관련해서 6세기의 논증을 따랐다. 하지만 그들은 많은 기독교인들이 견신례를 받지 못했다는 당혹스러운 사실을 잘 인식하고 있었다. 아리스토텔레스의 범주들을 이용해 사고하던 그들은 스콜라주의자들이 성례의 '질료'(matter)라고 명명한 것에 관해 논증했다.[5] 그 질료는 신약성경이 묘사하고 있는 손을 얹는 행위였는가? 만약 그렇다면 왜 이 의식에 손을 얹는 행위는 빠져 있는가? 도유가 견신례 예식의 질료였는가? 대부분의 사람들은 그렇다고 생각했다. 그렇다면 견신례 성례의 '형식'은 무엇이었는가? 성령의 강림을 간구하는 기도였는가? 아니면 성유를 베

---

4 Quinn, in *The New Dictionary of Sacramental Worship*, 278ff.

5 중세 철학자들은 아리스토텔레스를 따라 '물질'을 '형식'에 의해 결정되고 실현되기 이전의 모든 자연적 실존의 기저에 자리하고 있는 질료로 이해했다.

풀 때 내뱉는 말이었는가? 그리스도는 그 성례를 어떻게 제정하였는가? 마태복음의 마지막 부분은 세례를 베풀라는 명령에 관해서는 분명하게 언급하고 있지만, 견신례를 베풀라는 명령은 어디에 있는가? 이같은 어려운 문제들에 더하여 중세의 신학자들은 법령들(decretals)과 피터 롬바르드(Peter Lombard)가 견신례에 의해 주어진다고 말한 특별한 '성격'(character)에 관해서도 의구심을 품었다. 당연히 신학자들 사이에 의견의 불일치가 존재할 수 있고, 스콜라주의 시대에도 오베르뉴의 윌리엄(William of Auvergne, 1180-1249)같이 견신례 중에 성령이 주어진다는 것을 부정하는 신학자들도 존재했다. 일반적으로 스콜라주의자들은 파우스투스 주교가 6세기의 한 오순절에 행한 설교에서 한 말에 동의했다. 그들은 견신례가 기독교인들이 인간 본성으로는 할 수 없는 일을 할 수 있도록 신적 능력을 부여해 주는 '강화제'라고 생각했다.[6] 견신례에 관한 중세의 신학과 의식은 1439년 플로렌스 공의회에서 최종적으로, 그리고 공식적으로 확증되었다. 이로써 서방교회의 기독교인들은 견신례를 통해 기독교인들이 은혜 안에서 성장하고 신앙 안에서 견고해진다고 생각하게 되었다. 하지만 안타까운 사실은 공의회의 많은 다른 결정들과 마찬가지로 문제가 그것으로 완전하게 해결되지 않았다는 점이다. 종교개혁을 통해 많은 서방의 기독교인들은 견신례와 관련해서 전혀 다른 길을 걷게 되었다. 그리고 20세기의 예전운동은 과거의 모든 질문을 끄집어내어 모든 사람이 검토하고 고려할 수 있게 했다.[7] 탈콘스탄틴 시대에 교회가 직면한 실제적인 문제들은 개선된

---

6 Martos, *Doors to the Sacred*, 211ff.

7 Max Thurian, *Consecration of Layman* (Baltimore: Helicon, 1963), 김현애 역, 『평신도의 제사장적

역사비평 도구들이 제공하는 보다 분명한 역사적 관점과 결합하여 전통적으로 견신례라고 불려온 예식에 관한 우리의 이미지와 이해와 기대를 새롭게 조망할 수 있는 새로운 상황을 만들어 주었다.

이 장에서 우리가 살펴보려는 모델들은 상호배타적이지 않다. 오히려 서로 중첩된다. 그리고 그 모델들은 현재 교회 안에 실재하는 모델들이거나 혹은 오늘날 신학적/목회적 논의로부터 논리적으로 추론 가능한 모델들이다.

다양한 모델에 대한 개관

1. 성령의 봉인. 이 이미지의 뿌리는 신약성경, 특히 사도행전에 있다. 그리고 늦어도 2세기 후반 교회의 예전적 삶에서 그 증거가 발견된다. 여기에서 물과 성령을 통한 세례는 손을 얹는 행위 혹은 기름을 붓는 행위를 통해서 '봉인되고' 이어서 첫 번째 성찬 성례전으로 이어진다.

2. 유아세례의 완성. 이것은 일반적으로 유아기에 세례를 받은 다음

역할』(서울: 예배와설교아카데미, 2014); Paul Turner, *Confirmation: The Baby in Solomon's Court* (Chicago: Liturgy Training Publications, 2006); Mark Searle, ed., *Alternative Futures for Worship* (Collegeville, Minn.: Liturgical Press, 1987); Robert W. Jenson, *Visible Words: The Interpretation and Practice of Christian Sacraments* (Augsburg Fortress Publishers, 2010); Arthur J. Kubick, *Confirming the Faith of Adolescents* (New York: Paulist Press, 1991); Leonel L. Mitchell, *Initiation in the Churches* (Washington: Pastoral Press, 1991); Gerard Austin, *The Rite of Confirmation: Anointion with the Spirit* (New York: Pueblo Publishing, 1985); Julia Upton, *A Church for the Next Generation* (Collegeville, Minn.: Liturgical Press, 1990); William J. Bausch, *A New Look at the Sacraments* (Notre Dame, Ind.: Fides/Claretian, 1977); Aidan Kavanagh, *Confirmation: Origins and Reform* (New York: Pueblo Publishing, 1988); Kenan B. Osborne, *The Christian Sacraments of Initiation: Baptism, Confirmation, Eucharist* (New York: Paulist Press, 1987); William R. Myers, ed., *Becoming-Belonging: A Practical Design for Confirmation* (Cleveland: United Church Press, 1993).

이제 공적으로 신앙을 받아들이고 "교회에 참여하기"로 결단한 젊은이들에게 행해지는 예식이다.

3. 한 사람의 세례에 대한 인준. 엄격한 신앙교육 기간이 끝나고 개인의 신앙지식에 대한 세심한 평가를 마친 다음, 대상자는 그 신앙에 개인적으로 헌신할 것을 자발적으로 결정하고 공적인 예식을 통해 교회 안의 모든 권리를 부여받는다.

4. 청년기에 행해지는 세례 언약의 확증, 혹은 어떤 개인이 삶의 여정 가운데 신앙 안에서 새로운 또는 심화된 이해나 헌신에 이르게 되는 아무 시점에나 행해지는 언약의 갱신. 이 모델은 한 사람을 그리스도의 몸 곧 사역하는 공동체에로 접붙이는 핵심적인 성례로서 세례에 초점을 맞춘다. 사람들은 삶을 살아가면서 사역하는 공동체 안으로 편입되는 이 최초의 '예식'을 확증하고 초점을 새롭게 할 수 있는 교육적, 예전적 기회를 필요로 한다. 청소년기, 청년기, 장년기에 고유한 삶의 문제들은 개인이 자기이해와 헌신을 심화시킴으로써 새로운 사역의 모습을 발견하도록 도전한다.

5. 세례에 이어 새로운 기독교인을 교회 안에서, 그리고 주님의 식탁에서 완전한 교제 안으로 받아들이는 축복. 이 모델은 에이단 카바나(Aidan Kavanagh)의 『견신례의 기원과 개정』(Confirmation: Origins and Reform)에 의해 촉발되었다. 사실 카바나는 견신례를 축복으로 이해하는 신학이나 예전적 모델을 제시하고 있지는 않다. 그는 이 예식이 세례 후에 감독이 행하는 축복에 기원을 두고 있다고 주장했다. 그의 주장에 의하면, 이 예식은 "웅덩이에서 식탁으로" 옮겨가는 단계에서 행해지는 수수한 예식으로 시작되었

다. 그는 이 예식이 원래의 위치를 회복해야 한다고 생각한다. 이 것은 견신례를 축복으로 이해하고 있다는 의미이다.

6. 성령이 수여하고 정체성을 형성하는 고유한 기독교적 인격과 영원한 구원을 효과적으로 심어주는 별도의 성례. 이 성례를 통해 전달되는 새로운 '활력'은 제자들로 하여금 복음에 충실하게 살아가도록 힘을 공급해 준다. 이 성례는 특별히 성령으로 봉인할 수 있는 능력을 부여받은 주교나 사제가 수행해야 한다.

7. 유아나 성인을 막론하고 세례, 안수, 성찬으로 이어지는 통합된 입문예식에서 처음으로 경험되지만 이후에도 반복 가능한 성례. 이 성례는 개인의 신앙이 갱신이나 새로운 초점을 필요로 하는 경우 여러 번에 걸쳐 반복적으로 시행될 수 있다. 예를 들면, 청소년기에는 정체성의 문제와 관련해서, 청년기에는 소명을 통한 사역의 결단과 관련해서, 중년기에는 자기이해 혹은 신앙이해의 변화와 관련해서, 노년기에는 은퇴 혹은 소명의 재규정을 통해 가능한 새로운 사역 형태와 관련해서 이와 같은 예식이 시행될 수도 있다 (관계론적이고 비실체론적인 이 모델은 평신도 안에 내재한 영적 능력, 기독교공동체를 창조하는 하나님의 말씀의 고유한 역동성, 세계의 구조 안에 현존하는 하나님의 은혜의 잠재성 등에 대한 확신에 기초하고 있다).

8. "성령 안에서의 삶"을 상징하고 경축하지만 그 자체로는 성령의 특정한 수여와는 무관한 의례. 이 모델에 따르면, 세례의 갱신 혹은 견신례는 자신의 마음과 영혼 안에 하나님의 영의 선물을 받는 경험에 비해 이차적이다. 이 같은 경험은 그리스도와 자연 안에 나타난 하나님의 은혜를 지시하고 경축하는 교회의 상징, 성

례, 의례를 통해서 뿐 아니라 다른 사람들이나 자연을 통해서 하나님의 활동에 대한 반응으로서 어느 때나 일어날 수 있다. 삶에 있어 중요한 것은 성령이다. 의식은 성령 안에서의 삶을 경축하지만 경축 자체는 하나님의 영적 충전을 받아들이는 개인의 개방성에 반드시 상응하지는 않는다. 성령의 은사와 그것을 받아들이는 개방성은 여러 가지 상황에서 발생할 수 있다. 그것은 복음을 듣는 중에, 곧 메시지의 진리와 능력을 신뢰하면서 거기에 굴복할 때 일어날 수도 있고, 그리스도의 몸을 구성한 한 일원의 자기 내어줌 안에서 하나님의 사랑의 성육신에 반응하는 가운데 일어날 수도 있다. 손을 얹거나 기름을 붓거나 십자가를 긋는 의식들은 그와 같은 능력과 완전함을 상징적으로 표현하는 데 사용될 수 있다.

여기에서 우리는 방금 소개한 모델들을 분류하고 상호연관시키는 작업에 착수할 것이다. 그렇게 하는 가운데 우리는 각각의 모델들의 장점과 단점에 대한 평가도 시도할 것이다. 우선 우리는 이 모델들 각각에 대한 보다 상세한 논의와 함께 이야기를 시작한다.

1. 성령의 봉인

견신례라는 개념은 성령의 은사가 하나님의 복음에 믿음으로 반응하는 사람들의 삶에 찾아오는 이야기와, 이 은사를 상징적으로 표현하는 몸짓 곧 (사도행전에 기록된) 안수하는 행위에 관한 이야기를 담고 있는 신약성경 안에서 발견된다. 하지만 성령의 은사가 사람들에게 어떻게 주어지는지에 관해서는 교회 안에서 상당한 혼동이 있어 왔으며 지금도 상황은 동일하다. 이것은 성령의 은사에 대한 신약성경의 묘사 자체가 혼동을 주고 있으며 부분적으로는 모순되고 불완전하기 때문이다. 사도행전 9장의 기록에 따르면, 아나니아가 사울에게 안수했을 때 사울이 성령의 은사를 받았고, 사울이 세례를 받은 것은 그 이후의 일이었다. 여기에서는 살아 계신 그리스도를 만나고 성령을 받아들이는 일이 세례를 받는 것보다 선행하고 있다. 하지만 사도행전 2장에 기록된 오순절 사건에서는 그 순서가 정반대이다. 신자들은 성령의 은사를 받기 위해서 먼저 회개하고 세례를 받도록 권면을 받고 있다. 그런 다음에야 그들은 가르침을 받고 성찬 성례전에 함께 참여했다.

사도행전 8장은 또 다른 유형을 보여준다. 사도 빌립이 많은 사마리아인들에게 복음을 전하고 질병을 고치고 세례를 주었다. 하지만 예루살렘의 사도들은 사마리아인들이 아직까지 성령을 받지 못했다는 소식을 전해 듣는다. 이에 베드로와 요한이 가서 "그들에게 안수했을 때 그들이 성령을 받았다"(행 8:17). 이 구절은 "견신례"가 연기된 사례를 보여주는 결정적인 예로서 서방교회는 이 선례를 자주 인용했다. 여기에서 세례는 안수 없이는 불완전한 것으로 이해된다. 많은 기독교인들에게 이 구절은 기독교 입문예식에 있어 주교의 '사도적' 역할을 입증해 주는 완벽한 본문으로 기능했다. 한편 사도행전 19장에서는 안수가 세례를 뒤이어 곧장 이루어진다. 고린도에서 바울은 스스로 요한의 세례를 받았다고 생각하는 제자들을 만났다. 바울은 "예수의 이름으로" 그들에게 세례를 베풀고 그들에게 안수했다. 그리고 그들은 성령의 은사를 받았다.

요컨대 성경 안에서 견신례 개념의 중요한 원천인 사도행전만 보더라도 성령의 은사와 관련해서 혼동의 여지가 너무도 크다. 사도 바울의 경우와 같이 어떤 경우에는 사람들이 그리스도의 복음에 반응할 때 성령이 세례를 앞서기도 한다. 오순절 사건과 같이 세례 자체가 성령 은사의 원인인 것처럼 보이는 경우도 있다. 한편 사도행전 8장에서 보는 바와 같이 세례 후에 사도들을 통해서 성령이 주어지는 경우도 있고, 사도행전 19장에서처럼 세례를 받은 다음 곧이어 성령을 받는 경우도 있다. 사도행전 외의 다른 신약성경의 구절들도 이러한 혼동을 해소시켜 주지 못한다. 바울의 글에서 우리는 성령의 은사에 대한 수차례의 언급을 발견한다. 디모데전후서는 안수에 대해 언급하고 있다(딤전 4:14, 5:22; 딤후 1:6). 그리고 에베소서에서는 성령의 '봉인'에 대한 언급도 발견된다(엡 1:13). 하지만 이러한 '예들' 가운데 기독교 입문예식에 관한 신약성경의 입장을 한데 묶어서 표현하는 데에 단초를 제공해 주는 것은 하나도 없다.

　신약성경 밖에 존재하는 기독교 입문예식에 관한 그림의 단편들은 우리가 퍼즐을 푸는 데 도움을 주기에는 너무도 불완전하다. 이미 2세기에 도유 예식에 관한 암시들이 발견된다. 180년경 안디옥의 테오필루스(Theophilus of Antioch)가 작성한 글에는 다음과 같은 구절이 있다. "따라서 우리는 하나님의 기름으로 기름부음을 받기 때문에 기독교인이라고 불린다."[8] 이레내우스(Irenaeus)의 『이단들에 맞서서』(Adversus Haeresies)[9]와 일부 영지주의 작품들에서 우리는 안수에 대한 언급을 보

8　Fisher, *Confirmation Then and Now*, 27.

9　위의 책, 21.

게 되지만, 물세례 외에 다른 입문예식에 관한 명확한 증거는 발견되지 않고 있다. 다른 한편, 터툴리안, 키프리안, 히폴리투스, 오리겐 등 많은 신학자들로부터 우리는 분리된 예식들이 아니라, 물세례와 도유와 성찬 성례전을 포괄하는 하나로 통합된 입문예식의 모델을 발견한다. 후대에 '견진'이라고 불리게 되는 예식이 이 초기 자료에서는 새로 세례를 받은 각 사람에게 주교의 도유의식 외에 별도의 독립적인 예식 혹은 두 번째의 성례로는 존재하지 않았던 것으로 보인다.[10]

많은 학자들은 위탁과 더불어 도유를 통해 행해지는 안수 예식[11]이 2세기 후반에 통상적인 의례로 자리잡기 시작했다고 생각한다. 그 이전에는 (보편적으로는 아니더라도 일반적으로) 요한복음 3장 5절에 기록된 예수님과 니고데모의 대화가 암시하는 것처럼 물과 성령을 통한 세례가 베풀어졌다. 사도행전 1장 5절에 기록된 예수님의 말씀 속에서도 동일한 암시가 발견된다. 이 구절에 따르면, 예수님은 부활 후에 제자들을 만난 자리에서 예루살렘에 머무르면서 하나님의 약속을 기다리라고 당부하셨다. "이것은 너희가 내게서 들은 것이다. 요한은 물로 세례를 주었으나, 너희는 여러 날이 되지 않아서 성령으로 세례를 받을 것이다." 이 역사를 연구하는 많은 학자들은 물세례 자체가 성령세례였으며, 사도 이후 시대에는 입문예식 전체가 본질상 성령 사건으로 이해되었다

---

10 Joseph Jungmann, *The Early Liturgy* (Notre Dame, Ind.: University of Notre Dame Press, 1959), 74–86; E. C. Whitaker, *Documents of the Baptismal Liturgy* (London: SPCK, 1970), 2–20; James F. White, *Documents of Christian Worship* (Louisville: Westminster/John Knox, 1992), 148–56; Herman Wegman, *Christian Worship in East and West* (New York: Pueblo, 1985), 34–40.

11 White, *Documents of Christian Worship*, 149에 수록된 세례에 관한 터툴리안의 설교를 보라.

고 믿고 있다.[12] 견신례에 관해 포괄적인 연구를 시도한 제라드 오스틴 (Gerard Austin)의 결론에 의하면, 3세기까지만 해도 잘 확립되어 있는 (세례, 도유, 성찬 성례전의) 통합된 입문예식이 성령을 물에 종속시키고 "성령의 모든 활동을 세례 예식 중에 일어난 일에 국한시키려는" 경향 때문에 훼손되기 시작했다.[13] 오스틴에 따르면, "안타깝게도 성령을 물에 종속시키는 이 같은 경향은 끔찍한 결과들을 낳았다. 그것은 성령의 활동을 특정한 예전의 순간들에 국한시킴으로써 성령의 활동을 방해하였고, 도유, 안수 등과 같은 다른 예전적 요소들로부터 단절시킴으로써 세례(water-rite)를 무력하게 만들었으며, 궁극적으로는 한때 통합되어 있던 입문예식의 해체를 가져왔다."[14] 아마도 이것은 과장된 주장이다. 하지만 입문예식의 해체에 대한 그의 통찰은 여전히 유효하다.

또한 제라드 오스틴은 사도행전 8장 17절과 관련해서 빌립으로부터 세례를 받은 사마리아인들이 성령을 받기 위해서는 베드로와 요한이 그들에게 안수해야 했다고 주장한다. 만약 성령의 은사가 그들의 삶 속에 현존하지 않았다면 사마리아인들은 어떻게 믿고 세례를 받을 수 있었는가? 신앙의 응답 자체가 성령의 은사가 아닌가? 이러한 의문에 대해 오스틴은 세례와 견신례의 분리를 주장하기보다는 성령이 예루살렘의 열두 사도로 대표되는 교회를 통해 전달된다는 것을 보여주기 위해 누가가 안수라는 행위를 도구로 사용했다고 주장하는 학자들의 견

---

12 Aidan Kavanagh, *The Shape of Baptism: The Rite of Christian Initiation* (New York: Pueblo, 1978), 15-23.

13 Austin, *The Rite of Confirmation*, 5-15.

14 위의 책, 5.

해에 의견을 같이한다.[15]

어떻든 3세기까지 기독교 입문예식은 세 가지 상징적/예식적 계기들을 가진 하나의 예식이었다. 시리아 교회에서처럼 세례 이후보다는 세례 이전에 도유가 행해지는 경우도 있고, 세례 이전과 이후에 두 차례에 걸쳐 도유가 행해지는 경우도 있었다. 교회의 급속한 성장과 유아 세례의 시행은 세례를 베푸는 권한을 장로에게까지 확장해야 할 필요성을 야기했다. 서방교회에서는 주교가 입문(initiation)에 있어 자신의 역할을 완전히 내려놓을 수 없었다. 이에 교황 이노센트 I세는 416년 주교의 권위를 세워주었다. 교황은 오직 주교만이 성령을 수여할 수 있는 능력을 갖고 있기 때문에 도유를 통한 봉인은 오직 주교에 의해서만 수행되어야 한다고 주장했다. 아마도 누가는 이 대목에서 미소를 지었을 것이다. 왜냐하면 이노센트가 자신의 주장의 근거를 사도행전 8장 17절에서 발견했기 때문이다.

세례와 견신례와 성찬 성례전 사이의 분리는 성찬 성례전이 점차 세례와 견신례로부터 떨어져 나가면서 더욱 가속화되었다. 예를 들면, 13세기 이후로 유아는 성찬식에서 완전히 제외되었다. 1215년 제4차 라테란 공의회의 결정은 유아의 경우 분별 연령에 이르기 전까지는 성찬 성례전에 참여할 의무가 없다고 선언했다. 그리고 1563년 트렌트 공의회는 유아에게는 성찬이 필요 없다는 결론을 내렸다. 그 이유는 유아는 분별 연령에 이르기 전까지는 세례의 은혜를 잃어버리지 않기 때문이라는 것이다. 이러한 결정은 통합된 입문예식 해체를 완결 짓고

---

15 위의 책, 7. Reginald Fuller, "Christian Initiation in the New Testament," in *Made Not Born*, 14을 보라.

말았다.

종교개혁의 지도자들은 대체로 통합된 세례 예식의 이 같은 해체를 더욱 가속화시켰다. 그들은 견신례를 학습과 공적인 검증 뒤에 따라오는 세례 신앙의 개인적 선언으로 이해했다.[16] 20세기에 들어서야 비로소 우리는 초대교회의 예전적 실천에 관한 보다 정확한 그림을 얻게 되었고 통합된 입문예식의 중요성을 재발견하게 되었다. 즉, 도유 혹은 안수가 물과 성령의 세례로부터 시작해서 개인이 그리스도의 몸 안으로 완전히 편입되었다는 것을 경축하는 성찬 성례전으로 이어지는 하나의 의례 안에 닻을 내리고 있다는 사실을 알게 되었다.

2. 유아세례의 완성과 교회에의 '참여'

이 모델은 유아세례를 시행하는 개신교회들 안에서 흔히 발견되는 모델이다. 많은 사람들은 유아세례를 교회 가족공동체에 소속되는 출발점이라고 생각하지만, 그렇지 않다고 생각하는 사람들도 많이 있다. 예를 들어, 연합감리교회에서 세례를 받은 유아는 '예비신자'의 자격을 가진다. 최근까지 이 명칭의 모순어법에 반감을 가지는 사람은 거의 없는 것 같다. 연합감리교회 교인들은 최근 입문에 대한 자신들의 이해와 예식을 검토하는 연구위원회를 구성했다. 견신례 교육과 교인교육을 구분하려고 애쓰는 교인들도 있었지만, 교단의 전통은 견신례가 가정과 교회학교와 공동예배를 통한 일반적인 준비에 기초한 집중 준비기간의 절정이라는 입장을 고수했다. 이 집중 준비기간을 통해 청소년

---

16 Paul Turner, *The Meaning and Practice of Confirmation: Perspectives From a Sixteenth Century Controversy* (New York: Peter Lang, 1987).

들은 교회 안에서 "완전한 교인 자격"을 얻게 된다. 세례의 확증 혹은 견신례에 관한 이 같은 접근은 일반적으로 기독교에로의 입문에 관한 종교개혁의 이해에 기초하고 있다. 루터교인들과 장로교인들을 비롯한 많은 개신교인들이 새로운 예전이나 보충적인 예전을 통해 세례의 확증을 강조해 온 것은 사실이지만, 여전히 많은 사람들의 생각 속에는 "교회에의 참여"라는 개념이 지배적이다. 감리교인들은 종종 "견신례를 받은 교인들"에 관해 이야기한다. 이 표현은 비록 손을 얹거나 기름을 붓는 행위가 세례 예식의 일부를 구성하긴 하지만 견신례가 입문의 절정임을 내포하고 있다.

　연합감리교회와 마찬가지로 미국복음주의루터교회 역시 견신례 연구에 깊이 참여하였다. 루터교회 내에서는 견신례를 공적인 검증과 신앙의 선언보다는 하나님의 은혜에 대한 경축과 세례의 확증으로 이해하는 새로운 접근이 출현하고 있다. 1979년에 이미 루터교회는 연합위원회를 구성해 견신례에 대한 명확한 이해를 추구하였다. 이 위원회의 선언에 따르면, "견신례 예식을 수행할 때 견신례가 교회에의 참여를 내포하거나 세례의 의미를 퇴색하지 않도록 세심한 주의를 기울여야 한다. 견신례는 세례의 확증, 곧 세례에 대해 '예'라고 말하는 것이다. 따라서 견신례는 반복할 수 없다는 견해는 기독교 입문예식에 대한 신학과 예전을 새롭게 하고자 애쓰고 있는 오늘날의 많은 개신교인들 사이에서 일반적으로 발견된다. 이 같은 생각은 그 자체로 에큐메니칼 운동의 산물은 아니지만, 교단을 초월하여 공통적으로 발견된다는 점에서 에큐메니칼 성격을 지닌다. 그리고 이 같은 생각은 학교와 연구기관과 목회기관 안에서 에큐메니칼 성격을 유지하는 역사적 연구와 신학

적 성찰, 목회적 반성으로부터 생겨난다.[17]

3. 집중 준비와 검증 혹은 평가 후에 따르는 세례의 인준, 그리고 공적인 헌신

이것은 앞의 모델과 유사하지만 세례 헌신과 관련해서 개인의 결단을 더욱 강조한다. 역사적으로 볼 때, 여기에서의 주된 강조는 흔히 신앙에 대한 공적인 검증과 신앙고백문의 암기 및 때때로 목사/주교가 시행하는 요리문답(카테키시스)을 수반하는 준비과정에 놓여 있었다. 오늘날 인준에 대한 접근방법은 인지적인 측면보다 관계적인 측면을 훨씬 더 강조한다. 많은 가톨릭교회가 이 모델의 보다 관계적인 형태를 채택하기도 하지만, 일반적으로 이 모델은 루터교회, 성공회, 장로교회/개혁교회와 연관되어 있다. 종교개혁에 뿌리를 두고 있는 교회들은 특히 이 모델이 신앙에 대한 공적인 검증을 수반할 때 이 모델로부터 점점 거리를 두는 경향이 있다. 이 같은 공적인 작업은 지나치게 인지적이고 형식적이라는 이해가 점점 확산되고 있다. 보다 인격적이고 공동체적이고 감정적이고 순례와 생활방식을 강조하는 모델들이 정확한 신념과 공인된 교회의 관례와 권위에 대한 순응을 강조하던 과거의 예식들을 수정하고 있다.

종교개혁 전통의 인준 모델이 가진 장점은 견신례에 있어 인간의 응답의 중요성을 강조한다는 점이었다. 단순히 비교하면, 견신례에 있어 개신교인들은 인간의 응답을 경축하고, 가톨릭교인들은 성령의 활동

---

17 Laurence H. Stookey, *Baptism: Christ's Act in the Church* (Nashville: Abingdon, 1982), 75-79; Craig Cox, "Rethinking Confirmation: Possible Ways," in *Confirming the Faith of Adolescents*, 165-77; Bausch, *A New Look at the Sacraments*, 111-26을 보라.

을 경축한다. 오늘날에는 신학적 이해와 예전에 있어 두 상반된 입장이 서로에게 근접하는 경향을 보이고 있다. 일부 가톨릭 교구들은 인준 모델의 특징들을 동반하는 견신례 프로그램을 제정하였다. 이것은 주로 젊은이들이 교회 안에 남아 있도록 유도하거나 젊은이들에게 계속해서 도전을 주고 동기를 부여하려는 의도에서 비롯되었다.

가톨릭교회와 개신교회의 견신례 모델에 관한 폴 터너(Paul Turner)의 연구는 일부 가톨릭교회가 전통적인 모델에서 개신교적인 모델로 옮겨가는 이 같은 경향을 묘사하고 있다. 밀워키와 인디애나폴리스, 피닉스, 샌버나디노 등 여러 곳의 가톨릭 견신례 프로그램을 연구한 그는 성령의 은사보다 성숙하고 인격적이고 자발적인 응답과 세례 신앙의 확증이 더욱 강조되고 있다는 사실을 발견하였다.[18] 또한 터너는 일부 가톨릭교회들이 전통적으로 개신교 견신례에 특징적이었던 요소들을 수용하고 있는 것에 병행해서, 루터교회를 비롯한 여러 개신교회들이 손을 얹거나 기름을 붓는 행위를 새로운 예전 안에 포함시키고 있다는 사실을 관찰했다. 터너는 한편으로 에큐메니칼적인 의견수렴을 환영하면서도, 다른 한편으로 개인과 교회의 삶 속에서 일어나는 성령의 활동에 주된 초점이 맞추어지지 않을 경우 견신례의 본질적인 의미가 훼손된다고 지적한다.

가톨릭 종교교육가인 아트 큐빅(Art Kubick)의 구분에 따르면, 견신례 이해에 관한 한 로마교회 내에 세 갈래의 대표적인 전통이 존재한다. 그것은 통합 모델, 교회법 모델, 인준 모델이다. 통합(unitive) 모델

---

18 Turner, *The Meaning and Practices of Confirmation*, 319.

은 물세례를 베푼 다음 곧이어 안수 혹은 도유를 실시하고, 이어서 성찬 성례전을 행하는 통합된 입문예식을 통한 성인세례를 주장한다. 이 모델에 따르면, 유아들은 예비신자로 등재되고 후에 종교교육을 받은 다음 세례와 견신례와 성찬 성례전을 통해 입교한다.

교회법(canonical) 모델은 형식적으로는 통합된 입문예식을 따르지만, 정교회와 달리 세례와 견신례와 성찬 성례전의 결합을 유아들에게 적용시키지는 않는다. 통일에 관한 대부분의 교회법 전문가들의 해석에 따르면, 아이들은 유아일 때 세례를 받고, 일곱 살 즈음 첫 번째 성찬 성례전에 참여하며, 교구 정책에 따라 일정 기간이 지난 다음 견신례를 받는다.

인준(ratification) 모델에 따르면, 입문의 순서는 유아기의 세례, 일곱 살 전후의 첫 번째 성찬 성례전 참여, 보다 자발적인 응답이 가능한 청소년기의 견신례로 구성된다. 큐빅은 오늘날 가톨릭교회 안에 지배적인 경향이 세 번째 인준 모델을 향하고 있다고 본다. 통합된 입문예식의 세 가지 요소들이 여전히 존재하지만, 개인의 자발적인 응답을 입문 과정의 절정으로 만들기 위해 그 요소들의 순서가 바뀌고 있다. 요컨대 인준 모델은 견신례를 자율적인 신앙 확증의 성례로 이해한다. 이것은 "입문의 성례이다. ⋯ 유아세례로부터 견신례에까지 이어지는 오랜 요리문답 과정의 종착역이다. ⋯ 개인에게 공적 교회의 사명을 감당하도록 위임하는 성례이다. ⋯ 젊은이들과 어른들이 성령의 인도를 받기 시작하는 지점이다. 교회공동체 안에서 세례라는 근본 성례를 회상하고 재개하는 것이다."[19]

사실 많은 개신교인들은 견신례에 관한 자신들의 인준 프로그램에 불만을 갖고 있었다. 왜냐하면 젊은이들이 견신례를 교회학교로부터의 졸업이라고 해석하고, 이제는 어른처럼 행동할 수 있고 또 원할 때에만 교회에 가도 된다고 생각하게 되었기 때문이다. 하지만 바로 이런 시점에 일부 가톨릭교회는 그들 나름의 인준 모델에 매료되고 있었다. 많은 가톨릭교회는 견신례를 청소년기(14-18세)에 시행함으로써 견신례 프로그램 중에 젊은이들이 덜 빠져나가고 더 성공적인 열매를 거두고 있다고 믿고 있다. 하지만 이러한 프로그램들이 실제로 세례를 확증하고 세상 속에서의 교회의 사명에 헌신하는 보다 성숙한 결단으로 연결되는지의 여부는 아직까지 확실하지 않다.

4. "세례의 확증" 혹은 세례 갱신으로서의 견신례

이 모델에 따르면, 견신례는 개인의 세례언약에 대한 확증이다. 확증이라는 용어는 여기에서 견신례라는 용어를 대체하고 있다. 이때 강조점은 그리스도 안에 나타난 하나님의 은혜에 대한 개인의 응답에 있다. 미국복음주의루터교회의 "확증"(Affirm) 시리즈는 이와 같은 접근방법을 따르고 있다.[20] 마찬가지로 연합감리교회 역시 이와 같은 방향으로 움직여 가고 있다. 세례에 대한 새로운 연구문서는 "견신례"라는 용어를 "세례언약의 확증"이라는 용어로 대체할 것을 권면하고 있다. 이 같은 새로운 태도는 세례와 견신례 양자 모두의 의미에 상당한 변

---

19 Arthur J. Kubick, *Confirmation Notes: Current Developments, PACE 29* (New York, 1986).
20 *Affirm Planning Guide* (Minneapolis: Augsburg, 1984), 84.

화를 가져온다. 과거에 연합감리교회의 유아들은 세례를 받고 교회의 '예비신자' 자격을 얻은 다음 후에 견신례를 받으면서 "교회에 참여하게" 되고 신앙 안에서 굳건해졌다. 하지만 새로운 연구보고서에 따르면, "성장과정의 어느 순간에 '우리가 세례 받은 신앙에 대한 고백'의 사건을 위한 특별한 준비가 있어야 한다. 그리고 이것은 개인의 자아에 대한 이해와 기독교 신앙과 영적 훈련 및 제자도에 관한 개인적인 전유에 초점을 맞추어야 한다. 세례가 우리를 그리스도의 몸된 교회 안에 포함시키기 때문에, 이 과정은 교인 자격을 얻기 위한 준비과정으로 이해되어서는 안 된다. 오히려 이 과정은 하나님의 은혜를 경험하고 그 은혜에 대해 반성하고 그 은혜 안에서 성장하고 또 그 은혜를 나누는 특별한 시간이다. 이것은 예수 그리스도에 대한 신앙과 그리스도의 제자로서의 헌신을 공적으로 고백할 수 있는 환경과 기회를 마련해 준다. 이 시간을 통해 젊은이들은 그들이 세례를 받을 때에 받았던 기독교인으로서의 소명을 예식적으로 받아들이게 된다. 일단 예식적으로 이러한 응답을 한 후에 젊은이들은 이 사건을 경축하는 특별한 의례에 참여해야 한다."[21]

그리스도연합교회, 감리교회, 캐나다연합교회, 장로교회 등 여러 다른 교단들도 이와 같은 방향으로 나아가고 있다. 여기에서 우리는 청소년 혹은 성년 개인에 의한 세례의 확증을 공통적으로 발견한다. 이때 성령 충만한 신앙공동체의 맥락 안에서 개인의 헌신이 강조된다. 그리

---

21 "By Water and the Spirit: A Study of the Proposed United Methodist Understanding of Baptism," in *Faith and Mission*, The General Conferences of the United Methodist Church. Vol I., February 20, 1992, Nashville, Tenn., 258.

고 신앙공동체는 자신의 신앙을 강조하는 개인을 후원하고 지지한다. 감리교회와 로마가톨릭교회와 같은 일부 교회에서는 성령에 대한 강조가 더욱 강하게 나타나고, 그것은 견신례를 베푸는 성직자로서 주교의 현존으로 상징된다. 여러 신앙공동체들 안에서 점차적으로 후원자들과 가족 구성원들이 참여하는 비율이 높아지고 있다는 사실은 이 같은 변화 이면에 자리잡고 있고 보다 관계적인 신학을 반영하고 있다.[22] 로마가톨릭교회와 정교회 외의 다른 교회들은 견신례를 성례로 이해하지 않는다. 개혁교회들은 세례 성례전과 성찬 성례전을 두 성례로 이해하고, (세례의 확증으로서의) 견신례는 당사자의 개인적인 응답과 신앙공동체의 공동체적 후원을 상징하는 능력을 가진 의식(rite) 혹은 예식(ordinance)으로 간주한다.

5. 축복 혹은 재헌신으로서의 견신례

견신례 혹은 세례 갱신이 자기를 내어주고 서로를 돌아보는 일을 평생의 삶에 걸쳐 확장시킴으로 하나님의 축복을 받을 수 있는 창조적이고 의미 있는 방법이라는 생각은 최근 연구에 기초한 신선한 제안이다.

에이단 카바나(Aidan Kavanagh)는 자신의 책에서 과거에 자신을 포함하여 많은 사람들이 초대교회에서의 견신례의 의미를 잘못 해석했다고 주장한다. 카바나의 주장에 따르면, 『사도전승』(Apostolic Tradition, 215년경)에서 주교가 행하던 기도와 안수는 새롭게 세례를 받은 사람들에게 성령을 내려주는 행위가 아니라, 오히려 세례 예식을 마치고 성찬

---

22   Robert L. Browing and Roy A. Reed, *The Sacraments in Religious Education and Liturgy: An Ecumenical Model* (Birmingham, Ala.: Religious Educatiion Press, 1985)

성례전을 받기 위해 준비하는 새신자를 위한 일종의 '해산의 예전'(dismissal liturgy)이자 '축복'이었다.[23] 그 같은 특권은 예비신자의 과정을 완전히 마치고 해산된 사람들에게만 주어졌다. 해산 혹은 미사(missa)는 아주 중요해져서 결국 후에 성찬 성례전 자체를 가리키는 이름이 되었다.

카바나는 세례 성례전 후의 기도와 안수를 해산과 축복으로 보던 견해가 나중에 세례와는 다른 방식으로 세례를 받은 사람에게 성령으로 인치는 말과 행위로 보는 해석으로 바뀌게 되는 과정을 추적한다. 카바나는 이 같은 '발견'으로부터 특별히 급진적인 예전적 제안을 내어놓지 않는다. 그는 입문이 삼중적이어야 한다고, 즉 세례 성례전과 견신례와 성찬 성례전으로 구성되어야 한다고 믿고 있다. 또한 그는 (물과 성령으로 행해지는) 세례가 반복될 수 없는 핵심요소이고, 견신례는 개인을 그리스도의 몸에 접붙이는 작업을 마무리하는 성찬으로 나아가는 다리 역할을 한다고 믿는다.

우리는 견신례를 축복으로 보는 견해가 견신례를 설명하는 하나의 흥미로운 이론이 될 수 있다고 생각한다. 축복은 성경연구와 신학에서 자주 간과된 범주이다. 견신례가 실제로 무엇이든 간에, 그것은 우리를 그리스도에 대한 신앙으로, 그리고 하나님의 축복의 '경륜'으로 우리를 인도하려는 목적을 갖고 있다.

---

23 Kavanagh, *Confirmation: Origins and Reform*.

6. 정체성과 영원한 구원의 관점에서 기독교적인 성품을 심어주는 단번의 성 례로서의 견신례

이전 모델들에 대한 논의에서 보았듯이, 견신례가 별개의 성례로 등장하기 시작한 것은 3-4세기에 이르러서였다. 일반적으로 견신례는 통합된 입문예식의 한 부분으로 등장했다. 안수나 도유 혹은 십자가 그음을 통한 성령의 수여가 점점 강조됨에 따라 통합된 입문예식에서 이 부분의 중요성이 더욱 커져갔다. 터툴리안의 『세례에 관하여』(De Baptismo, 200년경), 『사도전승』(Apostolic Tradition, 215년경), 교황 이노센트 I세가 굽보의 주교 데켄티우스에게 보낸 편지들(416년), 그리고 교회의 일반적인 관습에서 우리는 견신례에 대한 점증하는 강조를 확인할 수 있다.

특히 교황 이노센트의 편지는 강조될 필요가 있다. 왜냐하면 이 편지는 세례를 넘어 고유한 방식으로 성령을 수여하는 별개의 성례로서 이해되는 견신례의 예비적인 형태를 보여주고 있기 때문이다. 그의 말을 인용하면, "유아의 위탁은 오직 주교 외에 다른 사람이 수행해서는 안 된다. 장로 역시 사제이긴 하지만 최고의 직위에 오르지는 못했기 때문이다. 보혜사 성령을 봉인하고 전달하는 주교의 고유한 권리는 교회의 관습을 통해서 뿐 아니라 베드로와 요한이 이미 세례 받은 사람들에게 성령을 전달하도록 위임받았다는 사도행전의 이야기를 통해서도 입증된다. 장로들은 주교가 부재할 경우나 혹은 주교의 입회하에 그들이 세례를 베풀 경우 세례를 받는 사람에게 기름을 부을 수는 있다. 하지만 이때에도 그들은 주교가 성별한 기름을 사용해야 한다. 또한 그들은 이 기름으로 성호를 그을 수는 없다. 왜냐하면 그것은 보혜사 성령을 수여하는 주교들에게만 주어진 권한이기 때문이다."[24]

5-6세기경 예비신자 제도가 자취를 감추고, 또 주교가 주재하던 도심에서부터 멀리 떨어진 시골 지역으로 교회가 확장되면서 이 모델은 일종의 준비 단계로 받아들여졌다. 교회가 시골로 확장됨에 따라 장로들이 행하는 세례와 주교 혹은 부주교가 행하는 견신례 사이에 시간적 간극이 더욱 벌어지게 되었고, 주교 혹은 부주교는 몇 해가 걸리든 세례 받은 모든 사람들에게 견신례를 베풀기 위한 여정에 올랐다.[25]

13세기 토마스 아퀴나스에 이르면, 우리는 견신례를 세례나 서품과 마찬가지로 "그리스도의 사제직에 참여하는" 성품을 각인하는 성례로서 변호하는 조직신학자의 논증을 발견하게 된다. 제라드 오스틴(Gerard Austin)이 지적하듯이, 아퀴나스는 견신례가 통합된 입문예식의 한 부분이었다는 사실에 관해서 우리가 오늘날 가진 지식을 결여하고 있었다. 때문에 견신례를 성령께서 단번에 힘을 북돋우어 주시는 별개의 성례로서 이해하는 아퀴나스의 견해는 수 세기 동안 교회지도자들의 예식 속에 새겨졌다. 이것은 "세례와는 다른 목적을 위한 힘을 부여해 준다. 세례를 통해서는 개인이 자신의 구원에 관계된 일들을 수행할 수 있는 힘을 부여받지만, 견신례를 통해서는 개인이 신앙의 대적들에 대항해서 싸우는 영적인 전투에 참여할 수 있는 힘을 부여받는다."[26]

---

24 J. Neuner and J. Dupuis, *The Christian Faith in the Documents of the Catholic Church* (Staten Island, N.Y.: Alba House, 1982), 387.

25 견신례를 별개의 성례로 보는 관점의 발전 역사에 관해서는 Austin, *The Rite of Confirmation*, 27을 보라.

26 Thomas Aquinas, *Summa Theologiae* III, Vol. 57, Blackfriars in conjunction with McGraw Hill Book Co. (New York) and Egre & Spottiswood (London), 1975.

이러한 견해는 트렌트 공의회(1545-1563)를 비롯해서 제2차 바티칸 공의회에 이르기까지 많은 다른 선언문들을 통해 강화되었다. 하지만 제2차 바티칸 공의회에서는 견신례가 기독교 입문예식 전체의 한 부분으로 이해되었다.[27] 한편 말과 행동을 통해 신앙을 전파하기 위해서 성령께서 힘을 북돋우어 주신다는 점은 여전히 강조된다. 이렇게 다소 불행한 역사에 있어 한 가지 일관된 요소는 견신례가 언제 행해지든 성례전적 성격을 갖는다는 점이 지속적으로 강조되었다는 사실이다.

루터, 쯔빙글리, 칼뱅을 비롯한 개신교인들은 견신례를 별개의 성례로 취급하는 이 같은 견해를 배척했다. 이것은 그들이 견신례가 원래부터 통합된 입문예식의 한 부분이었다는 사실을 알고 있었기 때문이 아니라, 그 같은 견해가 내포하는 성례전의 본성에 관한 기본적인 이해를 그들이 받아들일 수 없었기 때문이다.[28] 그들은 성례전에 관한 실체론적인 해석을 거부하고 일곱 성례 대신 세례 성례전과 성찬 성례전의 두 성례만을 인정했다.[29] 그들이 일곱 성례를 부정했다는 사실은 불행한 결과를 가져왔다. 왜냐하면 개신교회들이 다른 다섯 가지 예전의 성례전적 능력을 인정하고, 로마가톨릭교회가 성례전의 본성에 관해 실체론적 관점이 아니라 관계론적 관점을 수용하는 데 근 사백 년이 넘는 시간이 필요했기 때문이다. 우리는 견신례를 지워지지 않는 성품을 각인시키는 단번의 성례로 이해하지는 않지만, 견신례가 성례전적 속성

---

27 Turner, *Confirmation: The Baby in Solomon's Court*, 5-18.

28 Martin Luther, "The Pagan Servitude of the Church," in *Martin Luther: Selections from His Writings*, ed. John Dillenberger (New York: Doubleday, 1961), 124ff.

29 Browning and Reed, *The Sacraments in Religious Education and Liturgy*, 1장을 보라.

을 지닌다는 점을 강조하고자 한다. 우리가 발전시키고자 하는 모델에 따르면, 견신례 혹은 세례 신앙의 확증은 통합된 입문예식 안에 관계적으로 기초하고 있고, 그리스도의 몸 안에서 개인의 자기 이해와 사역에의 헌신에 변화가 생기는 인생의 여러 시점에서 반복적으로 시행될 수 있는 하나의 성례이다. 이 같은 이해는 앞의 여러 모델들 안에 내포되어 있지만, 대부분의 개신교인들은 견신례를 하나의 성례로 이해하거나 시행하지 않는다.

7. 반복 가능한 성례로서의 견신례 혹은 세례의 확증

성례는 (세례와 안수 혹은 도유, 그리고 성찬 성례전의) 통합된 입문예식에서 처음으로 경험된다. 이것은 이후에 반복될 수 있고 또한 반복되어야 한다. 이 같은 입장을 취하는 이유는 고유한 성례 개념과 인간은 주기적으로 재평가와 재헌신을 필요로 한다는 견해 때문이다.

과거에 견신례를 하나의 성례로 보는 이해들은 견신례를 이미 세례를 받은 사람들에게 성령이 실체론적으로 수여하고 신자들이 섬김의 삶을 살도록 힘을 북돋우어 주는 사건으로 보았다. 이에 따라 견신례는 전통적으로 한 번만 시행되는 것으로 간주되었다. 견신례가 반복될 수 있다는 생각은 실로 혁신적이지만, 예전이나 교육 프로그램으로서의 예식에 관한 오늘날의 에큐메니칼 대화에서는 전혀 낯선 개념이 아니다.

이 같은 입장을 온전하게 주장하기 위해서는 성례의 본성에 관한 새로운 정의가 요구된다. 그와 같은 새로운 정의는 에큐메니칼적 특징을 갖고 등장하고 있으며, 개신교회와 가톨릭교회와 정교회 신학자들의 공헌들을 모두 포함하고 있다. 그래서 이것을 "성례에 관한 이해와 실천에 있어서의 조용한 혁명"이라고 불렀다.[30] 성례와 성례의 본성에 관한 이 같은 조용한 혁명은 부분적으로 실체론적 이해에서 관계론적 이해로의 전환을 수반하고 있다. 실체론적 이해에 따르면, 하나님의 은혜는 영적 능력을 매개하는 능력을 가진 사람들에 의해 주어지기도 하고 거두어지기도 한다. 하지만 관계론적 견해에 따르면, 하나님의 은혜는 세상 안에 현존하고 사랑과 돌봄과 용서와 정의 구현을 특징으로 하는 그리스도의 몸 안에서 교회 안에 관계적으로 현존한다. 특정한 성례 안에서 하나님 나라의 표지들이 공유되고 눈에 보이게 될 때, 이 같은 실재는 지시되고 또 경험된다. 원초적 성례로서 그리스도 안에 참여하는 이 같은 사건들은 그리스도의 몸이 지정하는 것에 따라 많기도 하고 적기도 하다. 전통적으로 그러한 사건들은 세례 성례전, 견신례, 성찬 성례전, 결혼, 화해, 서품, 사역을 위한 평신도의 성별, 삶과 죽음에 있어 치유와 온전함, 망각된 섬김의 성례, 세족 등을 포함한다. 이 모든 헌신의 몸짓들은 그리스도의 사랑이 인간의 삶 속에서 눈에 보이게 드러나도록 만든다. 하지만 이것은 자동적으로 혹은 기계적으로 일어나는 것은 아니다. 이 몸짓들은 인격적이고 사회적인 상호관계 안에서 실제로 사랑과 용서와 헌신과 치유를 창조하고 그것을 경축할 때에만 진정한 것이 된다.

이와 같은 성례 이해에 따르면, 견신례는 성찬 성례전과 마찬가지로 인생을 살아가면서 개인의 신앙이 검증되고 확장되고 성숙될 때 반복될 수 있고 또 반복되어야 하는 하나의 성례로서 자리매김할 수 있다.

---

30 위의 책.

견신례 혹은 세례의 확증을 하나의 성례로 보는 관점은 그리스도의 몸
의 사역으로 우리를 부르시는 하나님의 은혜와 인도를 진정으로 경축
하고 그 부르심에 헌신으로 응답하는 사건으로서의 견신례에 대한 이
해와 경험을 심화시킨다.

8. "성령 안에서의 삶"을 상징하고 경축하지만 성령의 특정한 수여 혹은 수용과 동일시될 수는 없는 의례로서의 견신례

이 모델에 따르면, 견신례는 모든 사람에게 필요하다. 왜냐하면 여
기에서 견신례는 성령을 통한, 그리고 개인의 살아 있는 신앙을 통한
하나님의 은혜의 예식적인 수용을 의미하기 때문이다. 따라서 안수나
도유 등 개인이 하나님의 성령을 받아들이는 경험의 표지들은 예식으
로서 가능하지만, 그러한 표지들이 원하는 실재를 '보장하지는' 못한
다. 테오도르 융쿤츠(Thodore Jungkuntz)는 이러한 관점을 대변한다. 그
의 주장에 따르면, 예수님 역시 요한의 세례 이후에 자신의 소명에 대
해 수차례에 걸쳐 견신례(확증)를 받으셨다. 이 같은 견신례는 자신의
사명 및 그 사명을 완수하도록 그에게 힘을 불어넣어 주시는 하나님의
영에 대한 예수님의 예식을 분명하게 만들고 집중시켰다. 여기에서 그
는 변화산(마 17:1-8), 겟세마네 동산(마 26:30-35) 등 여러 구절을 인용
한다.[31]

이것은 사도들의 경우에도 마찬가지이다. 그들은 "자신의 그물을 버
려두고 예수님을 좇았을 때에 예수님의 부르심에 대한 분명한 응답을

---

31 Theodore R. Jungkuntz, *Confirmation and the Charismata* (New York: University Press of
    America, 1983).

했다는 의미에서 세례를 받았다"(막 1:17-18). 그들의 이 같은 응답은 후에 특별히 성령의 능력을 경험하는 오순절 사건에서 견신례(확증)를 받았다. 오순절의 이 경험은 사실상의 견신례이자 "하나님의 자녀로 입양된 그들의 소명을 눈에 보이게, 또 귀에 들리게 드러내는 사건"(행 2:32-33)이었으며, 그들의 사도적 사역에 '기름을 붓고' 공적으로 위탁하는 사건(행 2:33, 43)이었다. 그리고 그것은 반복 가능한 사건이었다 (행 4:5-13, 23-25).[32]

이러한 관점에서 볼 때 성령을 통해 견신례를 행하시는 분은 다름 아닌 하나님이시다. 이 같은 경험은 하나님의 활동과 인간의 신앙 응답의 결과이다. 고린도후서 1장 20-22절은 이것을 매우 잘 표현하고 있다. "하나님의 약속은 얼마든지 그리스도 안에서 예가 되니 그런즉 그로 말미암아 우리가 아멘 하여 하나님께 영광을 돌리게 되느니라. 우리를 너희와 함께 그리스도 안에서 굳건하게 하시고 우리에게 기름을 부으신 이는 하나님이시니, 그가 또한 우리에게 인치시고 보증으로 우리 마음에 성령을 주셨느니라." '아멘'이라는 인간의 응답은 성령을 통한 하나님의 인침과 기름부음을 위한 문을 열어놓는다. 신약성경은 인간의 '아멘'이 가진 중요성에 대해 지적한다. 베드로후서 1장 10절에서 우리는 그러한 확증의 경험이 얼마나 중요한지를 확인한다. "그러므로 형제들아, 더욱 힘써 너희 부르심과 택하심을 굳게 하라(confirm). 너희가 이 것을 행한즉 언제든지 실족하지 아니하리라."

세례는 물과 성령으로 베풀어지지만, 개인에게 능력을 주시는 하나

---

32 위의 책, 3-5.

님의 표지(seal)와 보증(guarantee)은 신앙 안에서 응답하는 사람들에게 주어지는 성령의 선물이다. 우리는 그러한 선물을 예식할 수는 있지만 그것을 우리 마음대로 통제할 수는 없다. 성령에 의한 견신례[확증]는 우리가 준비하며 기도할 수 있지만 궁극적으로는 우리가 기다려야 한다(행 1:4). 때문에 융쿤츠는 안수와 도유와 성호 등 표지들의 효과성에 관한 모든 논쟁이 초점을 빗나간 것이라고 생각한다.

융쿤츠는 마지막으로 다음과 같이 결론을 내린다. "이러한 개념들에 예식적 표현을 부여하는 것이 반드시 신앙으로부터 멀어지는 행위라고 볼 수 없다는 사실은 분명하다. 하지만 여기에서 표현되고 지시되는 실재가 오직 예식을 통해서만 경험된다고 주장하고 성령의 현존과 사역을 대면하는 주관적이고 인격적인 만남을 통해서 경험된다고 말하지 않는다면, 이것은 교회가 자신의 신앙과 자신의 근원을 잃어버리고 더 이상 '약속을 기다리는' 공동체가 되지 못하고 있다는 것을 의미한다."[33] 그러한 예식들은 성령의 현존에 대한 보증이 될 수는 없다. 궁극적으로 그러한 보증은 우리의 진정한 신앙에 대한 하나님의 선물이다.

그리스도께서 세상을 향한 하나님의 사랑의 성육신이었듯이 용납과 사랑과 신뢰와 용서와 심판과 정의의 영인 하나님의 성령이 공동체 안에 성육신했을 때, 곧 의례적 표현들이 그와 같은 성령 충만한 신앙공동체의 본질적인 확장으로 이해될 때 그러한 의례적 표현들은 진정으로 영적인 능력을 가진다고 우리는 믿고 있다. 우리는 예식 행위와 성령의 움직임 사이에 완벽한 상관관계가 가능하다고 생각하지 않는다.

---

33 위의 책, 21.

또한 외적으로나 공적으로 세례를 확증하는 사건과 내적으로나 주관적으로 하나님의 현존에 굴복하는 개방되는 사건 사이에 절대적인 상관관계가 있다고도 생각하지 않는다. 그럼에도 불구하고 우리는 신앙공동체 안에서 이루어지는 그와 같은 공적인 확증 안에서 실제적으로 영적인 능력이 발견된다고 믿고 있다.

제2장

예전과 종교교육의
주요한 흐름

견신례의 실행과 의미를 다시 고려하도록 동기 부여하는 데에는 많은 요소의 영향이 있었다. 그 중에 대표적인 것은 목회적 관심이다. 목회적 관심은 우리의 기독교인 양성방법의 적절성에 대해 의문을 제기하고 입문(initiation)과 복음전도의 다양한 측면을 새롭게 보도록 촉구하고 있다. 입문의 모든 과정은 우리가 제안하고 주장하는 방법에 있어 결정적인 중요성을 가진다. 왜냐하면 그 과정은 헌신의 핵심에 놓여 있기 때문이다. 기독교인에게 있어 세례 성례전과 견신례를 둘러싼 문제들은 언제나 복음전도와 그것이 종교교육 및 예전과 맺는 관계를 둘러싼 문제들이 겉으로 드러난 증상이다.

과거와 현재와 또한 가능한 미래의 모델들에 대한 논의에 있어 에큐메니칼 차원에서, 그리고 교단적 차원에서 견신례 혹은 세례 확증에 관한 신선한 이해와 예식들을 발전시키도록 동기 부여하고 있는 예전과 종교교육의 주요한 흐름을 살펴보는 것은 중요한 일이다. 여기서 예전과 종교교육에 있어 주요한 흐름을 살펴볼 때 이 책을 읽는 사람은 구체적 교회 상황에서 최근 벌어지고 있는 일들과 연결고리를 발견할 수 있을 것이다. 그래서 이 장에서는 이러한 보다 일반적인 경향들이 견신례 혹은 세례 확증에서 어떻게 표현되고 있는지 설명하려고 한다.

예전의 주요한 흐름

1. 신약성경의 증거의 애매성

기독교 입문예식의 목회적 측면에 대한 새로운 사고가 가능해진 것은 신약성경 안에서 입문예식에 관한 명확하고 일관적인 유형을 발견할 수 없다는 점증하는 공감대 때문이다. 모든 학자가 이 점에 동의하는 것은 아니지만,[1] 이러한 문제를 다루는 대부분의 역사가들과 신학자들은 기독교 입문예식을 오로지 신약성경의 모델에만 정초시키려는 시도에 대해 효과적이지 않다는 평가를 내린다.[2]

성경에서 견신례 성례를 입증하는 데 일반적으로 사용되는 본문은 사도행전 8장과 19장 두 부분이다. 사도행전 8장에서는 베드로와 요한이 사마리아인들에게 안수하고, 사도행전 19장에서는 바울이 에베소의 제자들에게 안수한다. 사도행전의 이 두 구절을 비롯한 여러 구절에서 분명하게 드러나는 사실은 누가가 안수라는 상징적 행동을 성령의

---

1 Thomas A. Marsh, *Gift of Community: Baptism and Confirmation* (Wilmington, Del.: Michael Glazier, 1984).

2 G. R. Beasley-Murray, *Baptism in the New Testament* (Grand Rapids, Mich.: Eerdmans, 1962). G. W. H. Lampe, *The Seal of the Spirit* (London: Longmans, Green, 1951). 견신례에 관해서는 Fisher, *Confirmation Then and Now*, 1-3과 Austin, *The Rite of Confirmation*, 6-9을 보라.

수여와 관련시킨다는 점이다. 이것을 행하는 정상적인 방법이 설혹 있었다 하더라도 누가는 그것에 관한 명확한 해명을 주지 않는다. 이방인 고넬료의 가정은 물세례를 받기 전에 먼저 성령을 받는다(행 10:44-48). 사도 바울 역시 세례 전에 성령을 받는다(행 9:17-19). 뿐만 아니라 신약성경 안에서 안수를 언급하는 대부분의 구절들이 사역 혹은 선교에 관계되지만 구체적으로 성령의 선물에 대해 언급하는 구절들은 많지 않다는 사실을 기억할 필요가 있다.

신약성경에서 세례 성례전은 교회에 소속되는 수단이 되었다. 그리고 세례 성례전은 의미상 죄의 용서 및 성령의 수여와 결합되었다(행 2:38-42). 안수가 정확히 어떤 역할을 수행했는지는 명확하지 않다. 누가의 기술에 따르면, 안수는 성령의 선물 및 (아마도) 그 효과의 표지이다. 다른 신약성경 구절들에서 이 같은 이해는 자명하지 않다. 만약 이것이 보편적인 관행이었다면, 바울이 그것에 관해 전혀 언급하지 않았다는 사실과 목회서신들과 요한복음에서 구체적인 언급이 없다는 사실은 이상하게 여겨진다.

물로 씻고 손을 얹는 두 상징적 행동을 서로 구분하고 각각을 죄의 용서와 성령의 선물이라는 별개의 의미와 연결시키려는 시도는 물이 성령의 상징으로 등장하는 구절 앞에서 무력하게 된다. 예를 들어, 요한복음 7장 37-39절을 보라. "누구든지 목마르거든 내게로 와서 마시라. 나를 믿는 자는 성경에 이름과 같이 그 배에서 생수의 강이 흘러나리라 하시니, 이는 그를 믿는 자들이 받을 성령을 가리켜 말씀하신 것이라." 이러한 이미지는 세례반의 물을 기도의 힘을 통해 성화된 물로, 그리고 성화시키는 힘을 가진 물로 이해하는 교부들의 일반적인 태도에서 더욱 강화되었다.[3] 누가가 묘사하는 입문예식에서 사도들의 행동 유형은 누가가 속한 교회의 일반적인 예식 관행을 표현하기보다는 오히려 세례 성례전에 있어 사도들의 권위를 신장시키기 위한 필요를 보여주고 있을 가능성이 있다.

2. 회심과 헌신을 위한 실제적인 초점으로의 세례 성례전

기독교 입문예식과 특별히 "견신례"에 관한 목회적 재검토를 촉발한 역사적, 신학적 연구의 두 번째 결론은 세례 성례전이 회심과 헌신을 위한 실제적 초점이라는 점이다. 이것은 전통적으로 유아세례에 친숙한 많은 기독교인들에게는 받아들여지기 힘든 결론이다. 유아는 회심과 헌신의 온전한 주체가 되지 못하는 것처럼 보이기 때문이다. 이러한 모순의 관점에서 볼 때, 과거의 저주를 무효화시키고 새 생명에게 성령의 선물을 수여하는 신약성경의 능력 있는 세례는 세례가 단지 불완전하게 전해 준 것을 완전하게 전달해 주는 힘을 가진 이후의 성례가 덧붙여짐으로써 사실상 그 성격이 변화되었다.

이 같은 변화는 유아세례의 전통 안에서 견신례의 시행이 세례 성례전의 권위를 떨어뜨리는 결과를 낳았다. 이제 초점은 견신례 지원자로 하여금 "하나님의 은혜에 응답하고 자신의 신앙을 공개적으로 고백하고 기독교적인 삶을 살도록" 촉구하는 데 놓이게 되었다.[4] 에를 들어, 연합감리교회의 한 목사는 자신의 교단 내의 많은 사람들이 세례 성례전에 우선적인 지위를 부여하려고 시도하는 데 대해 그들이 세례 성례

---

3   E. C. Whitaker, *Documents of the Baptismal Liturgy* (London: SPCK, 1970), 7을 참고하라.
4   *The Book of Services* (Nashville: United Methodist Publishing House, 1985), 55.

전과 신앙을 혼동하고 있다고 불평했다. 우리가 기독교인들을 입문시키고 세례 성례전을 '행하는' 방식을 생각할 때, 그와 같은 판단은 충분히 이해할 만하다. 하지만 신약성경의 관점에서 볼 때 그러한 견해는 타당성이 없다. 세례 성례전을 기독교인의 증거와 신앙의 응답에 본질적인 요소로 만들고자 하는 시도는 성경에 충실하고자 하는 노력에 다름 아니다.[5]

복음 이야기는 세례 성례전과 함께 시작한다. 실제로 마가복음은 요한의 세례와 함께 하나님의 아들 예수 그리스도의 복음이 시작된다. 오순절에 행한 베드로의 설교에서 발견되는 세례 성례전의 의미, 곧 세례 성례전이 죄의 용서와 성령의 선물을 위한 것이라는 생각은 예수님이 요한으로부터 세례 받는 장면에서 이미 예견되고 있다. 요한의 세례는 "회개와 죄의 용서"를 위한 세례였다. 요한의 상징적 행동들이 끝났을 때 예수님은 "하늘이 갈라지고 성령이 비둘기 같이 자신에게 내려오는 것을 보았다."[6] 신약성경은 신자들의 세례를 예수님의 이 같은 강력한 경험의 재현으로 묘사한다. 최초의 제자들은 새로운 신자들을 신앙 안으로 불러들이면서 요한을 따라 그들을 위해 세례 성례전을 베풀었으며, 그들을 회개와 용서로 초청하였고, 여기에 "예수님의 이름으로"라는 고백 문구를 첨가하고 성령의 선물이라는 축복을 덧붙였다. 설혹 사

---

5 수많은 연구들이 이 점을 지적했다. 그 중에서 특별히 설득력 있는 연구들을 열거하면 다음과 같다. Laurence H. Stookey, *Baptism, Christ's Act in the Church* (Nashville: Abingdon, 1982), 김운용 역, 『하늘이 주신 선물, 세례: 교회 안에서의 그리스도의 구원 행동』(서울: 예배와설교아카데미, 2013); Osborne, *The Christian Sacraments of Initiation: Baptism, Confirmation, Eucharist*; Thurian, 『평신도의 제사장적 역할』; Kilian McDonnell and George T. Montague, *Christian Initiation and Baptism in the Holy Spirit* (Collegeville, Minn.: Michael Glazier/Liturgical Press, 1991).

6 마가복음 1:4-11.

도행전 2장에 기술된 입문 초청이 구체적인 예전을 묘사하거나 확립하고 있지 않다 하더라도, 이 구절은 그리스도의 몸 안에 지속하는 입문과 관련된 주제들의 "유전자 코드"를 담고 있다. 그리고 그 주제들이 회심과 헌신이라는 점은 분명하다.

아마도 초대교회가 세례 성례전에 덧붙인 회심과 헌신의 차원을 마가복음 10장에서 예수님과 세베대의 아들들이 만나는 장면보다 더 잘 드러내 보여주는 본문은 없을 것이다. 야고보와 요한은 영광 중에 계신 예수님의 좌우편에 앉길 원한다. 그들의 질문에 대한 응답에서 예수님은 세례에 관해 말씀하신다. "너희가 나의 마시는 잔을 마시며 나의 받는 세례를 받을 수 있느냐?" 이제까지 이 구절에 관해 많은 질문들이 제기되었으며, 적지 않은 학자들이 예수님이 이 구절의 말씀을 직접 내뱉지 않았을 것이라고 생각하고 있다. 하지만 그럼에도 불구하고 부인할 수 없는 사실은 이 구절이 신약 교회 내의 세례 성례전 이해와 관행에 관해 특정한 이미지를 전달하고 있다는 점이다. 신자들의 세례는 주님의 세례를 반복해서 재현한다. 그리고 세례의 의미는 단순히 예식적이거나 개념적이지 않다. 오히려 그것은 헌신의 역동성이다.

신약성경 안에서 세례 성례전에 관한 대표적인 신학자인 사도 바울 역시 세례에 대해 그리스도의 신실함이 제자 안에서 재현되는 것을 상징한다고 본다. 바울에게 있어 구원을 가져다주는 믿음은 하나님의 계시가 보여준 신앙 형태 안에 참여하는 것이다. "무릇 그리스도 예수와 합하여 세례를 받은 우리는 그의 죽으심과 합하여 세례 받은 줄을 알지 못하느냐? 그러므로 우리가 그의 죽으심과 합하여 세례를 받음으로 그와 함께 장사되었나니, 이는 아버지의 영광으로 말미암아 그리스도를 죽은 자 가운데서 살리심과 같이 우리로 또한 새 생명 가운데서 행하게 하려 함이라."[7]

마태복음은 기독교인 양성에 대한 도전으로 끝맺는다. 여기에서 제자도로의 초청과 세례에의 초청은 동일한 의미를 가진 것으로 기술된다. "그러므로 너희는 가서 모든 민족을 제자로 삼아 아버지와 아들과 성령의 이름으로 세례를 베풀고"(마 28:19).

만약 우리가 성경에 충실하여 회심과 헌신을 특징으로 하는 기독교인 양육에 있어 세례 성례전이 핵심적인 위치를 차지한다고 결론을 내린다면, 대부분의 기독교인들 안에서 발견되는 기독교 입문예식의 신학과 예식은 근본적인 수정을 필요로 한다.

3. 견신례: 세례 성례전의 선물의 일부

기독교 입문예식의 수정을 요구하는 세 번째 요소는 우리가 견신례라고 부르는 성령의 인침이 세례 자체의 불가분리한 한 부분이라는 역사적, 신학적 연구 결과이다. 사도 직후 시대에는 견신례라고 불리는 예식이 존재하지 않았다. 손을 얹거나 기름으로 인치는 행위는 물세례에 뒤이어 행해졌으며, 세례 성례전의 본질적인 부분으로 간주되었다. 초창기에는 안수의 한 측면이었던 도유와 안수 자체는 일반적으로 성령의 선물과 동일시되었다. 이 점에서 초기의 목회적 신학자들은 사도행전에서 묘사된 예식을 따랐다. 우리가 이것을 보편적인 발전이라고 확정지을 수는 없지만, 이것은 일반적으로 초대교회 안에서 행해지던

---

7 로마서 6:3-4.

관행이었다. 예를 들어, 시리아교회는 물세례에 이어 도유 예식을 행하지 않았다. 오히려 세례 전에 도유를 행했는데, 이것은 성령의 선물보다는 귀신축출과 더 연관되어 있었다.[8]

서방교회에서 물세례와 안수가 서로 분리되었을 때, 그것은 신학적인 이유보다는 행정적인 이유 때문이었다. 주교들은 급속하게 성장하는 교회 안에서 점증하는 세례 성례전의 임무를 모두 감당할 수 없었다. 동시에 그들은 자신들의 역할을 포기하려고 하지 않았다. 결국 주교들은 장로들이 적당한 시기에 행한 것을 후에 편리한 시간에 "견신례[확증]하는" 역할에 만족해야 했다. 늦어도 5세기 초반에 확립된 이같은 이해에 따르면, 견신례는 기독교인이 신실한 삶을 살 수 있도록 성령의 능력을 부여하는 일종의 마무리이다.

동방교회에서는 입문예식의 이와 같은 분화가 발생하지 않았다. 동방교회는 주교의 역할을 희생시켜 가면서까지 예식의 통일성을 유지시켰다. 이것은 서방교회가 주교의 참여를 위해 예식의 통일성을 희생시켰던 것과 대조된다. 서방에서 발전된 안수는 그 예식이나 이해에 있어서 개인의 헌신, 평신도의 성별, 혹은 기독교인의 삶의 본질적인 요소들에 대한 이해 등 오늘날 교회 안에서 발견되는 견신례에 관한 여러 생각들과 아무런 관련이 없다.

근대 학자들은 이 같은 발전에 있어 논리적인 요소와 비논리적인 요소를 지적했다.[9] 입문예식의 분열 안에 내포된 비논리적인 요소들 가운

---

8 Thomas M. Finn, *Early Christian Baptism and the Catechumenate: West and East Syria* (Collegeville, Minn.: Liturgical Press, 1992), 18–22.

9 Nathan D. Mitchell, "Dissolution of the Rite of Christian Initiation," in *Made Not Born*, ed. John Gallen (Notre Dame, Ind.: University of Notre Dame Press, 1976), 50–82.

데 대표적인 것은 세례 성례전 자체의 권위가 떨어지고 신약성경과 초대교회의 풍부한 세례 성례전 이미지가 모호하게 되었다는 점이다. 물세례와 안수의 분리는 세례 성례전에 대한 우리의 이해에 혼동을 가져왔고, 세례 실재의 한 부분이면서 동시에 별개의 목적과 효과로 인해 세례와 구분되는 두 번째 단계의 성례/준성사/예식을 우리에게 남겨 놓았다. 그것은 성령을 수여하는가? 그것은 그리스도의 군사로서 신실한 삶을 살 수 있도록 기독교인에게 힘을 북돋우어 주는가? 그것은 기독교의 성숙과 헌신을 경축하는가?

우리가 견신례를 하나의 성례로 보든 그렇지 않든지 간에 견신례가 세례 선물의 한 부분으로 이해되어야 한다는 점에 대해서는 점점 폭넓은 공감대가 형성되어 가고 있다. 사도행전과 속사도 교회에서 보듯 안수는 세례 받은 사람들의 견신례(확증)가 아니라 세례의 견신례(확증)이며, 견신례는 세례를 완성하는 어떤 것이 아니라 세례의 본질적인 한 부분이라는 결론을 뒷받침하는 증거들이 점점 늘어가고 있다.[10]

4. 헌신의 예전의 필요성

우리가 기독교 입문예식의 역사와 신학으로부터 어떤 결론을 이끌어 내건 간에 결국 그것은 목회적 관심에 적절하게 응답할 때에만 의미를 갖는다. 회심과 헌신을 핵심에 두지 않고서 입문예식의 수정과 개혁을 생각하는 것은 있을 수 없는 일이다. 물세례와 안수를 하나의 소속 예식으로 다시 결합시키는 것은 그것이 단지 '진정한' 역사를 회복

---

10 Leonel L. Mitchell, *Initiation and the Churches* (Washington, D.C.: Pastoral Press, 1991), 195-207.

하는 것이라면 쓸데없는 일이다. 이러한 예식적 상징들을 결합하는 것은 그와 같은 수정이 기독교 신앙의 역동성 안에 필연적으로 함께 귀속된 요소들, 곧 용서의 자유와 성령 안에서 새로운 삶의 축복을 우리가 결합할 수 있도록 도와줄 때에만 효과적이고 긍정적인 개혁이 될 것이다. 그러한 수정은 또한 종교교육의 중요성과 의미에 관해서 근본적으로 새로운 견해를 수용할 것을 촉구할 것이다.

물세례와 안수 예식을 결합하는 식의 수정은 유아세례를 허용하는 전통에 속한 기독교인들에게 특별히 문제가 된다. 이와 같은 전통에서는 개인의 헌신이라는 요소가 '연기된' 안수 예식과 동일시되고 있기 때문이다. 견신례를 경축하는 교회들 안에서 제안되거나 채택되고 있는 수정안들에 따르면, 개신교회의 접근과 로마가톨릭교회의 접근 사이에 분명한 차이점이 존재한다.

개신교회는 일반적으로 1960년대에 맥스 튀리앙(Max Thurian)이 생각했던 견신례의 모델을 채택하고 있다. 이 모델에 따르면, 안수는 반복 가능한 행위이며 개인이나 그룹, 혹은 전체 회중을 수반하는 특정한 헌신의 순간에 적절하게 행해질 수 있다. 안수 예식은 본질적인 요소로서 세례 예식으로 돌아가며, 세례 성례전과 분리되기보다는 반복 가능한 세례 예식의 한 차원이다. 쉽게 짐작할 수 있듯이, 개신교회는 다양한 수정안들을 내놓았다. 하지만 그 안에서 적어도 두 가지 요소가 공통적으로 발견되는 것 같다. 첫째는 안수 예식이 세례 예식으로 되돌아간다는 것이고, 둘째는 후속되는 예식에 대한 명칭이 바뀐다는 점이다. 이때 "세례 갱신" 혹은 "세례언약의 재확인"과 같은 직접적인 표현들이 사용되기도 하고, 그리스도연합교회의 『예배서』에서 발견되는 것과 같이 "견신례: 세례의 확증" 혹은 "교인의 수용: 세례의 확증" 등과 같은 결합된 표현이 사용되기도 한다.[11]

　　그리스도연합교회의 예전은 안수와 관련해서 "견신례" 이후에 계속되는 기능에 대해서는 전혀 언급하지 않고 있다. 다른 개신교 예전들의 경우에는 이 예식의 반복 가능성을 강조한다. 장로교회의 『공동예배서』는 "세례의 재확인"을 위한 구체적인 경우를 명시한다. 예를 들면, "신앙의 공적인 고백", "회중과의 연합", "회중을 위하여", "신앙 성숙의 표시", "목회상담 받은 사람" 등 각 경우에 적절한 개별적인 예전을 제시하고 있다.[12] 대부분의 수정안이나 제안은 단순히 그 예식이 반복될 수 있다고 언급할 뿐 그 구체적인 경우를 명시하지도, 심지어 암시하지도 않는다. 성공회와 루터교회는 그 예식의 반복 가능성을 인정하면서, 동시에 일반적인 종교개혁적 이해를 따라 입문과정의 종지부로 기능하는 지정된 한 번의 "견신례"를 여전히 존속시키고 있다. 실제로 세례의 확증을 반복하는 경우는 최근 여러 교단 사이에서 조금씩 증가하기 시작하고 있다. 일부 개신교회 안에서는 반복적인 "견신례"를 통해서 이루어지는 세례 갱신이 보다 일반적으로 시행되고 있다. 예를 들어, 연합감리교회의 경우 비록 공식적인 예전인 '세례 갱신'에 관련해서 그다지 명확하지는 않지만, 그와 같은 관행이 교회 내의 다양한 조직 안에서 일반화되고 확산되었다.

11　*Book of Worship: United Church of Christ* (New York: UCC Office for Church Life and Leadership, 1986), 127.

12　*Book of Common Worship* (Louisville: Westminster/John Knox Press, 1993), 446-88. 이러한 예전들은 "세례언약의 재확인"이라는 제목 아래 함께 묶여 있다. 이 책은 한국장로교출판사에 의해 『공동예배서』(서울: 한국장로교출판사, 2001)라는 제목으로 번역 출간되었다.

로마가톨릭 안에서는 개혁을 위한 제언들이 다른 형태를 취한다. "견신례"의 반복 가능성에 관해서는 일부 연구가 이루어지긴 했지만 아직까지는 진지하게 고려되지 않고 있다. 성례는 여전히 서로 분리되어 있고 반복 불가능하다. 안수는 "세례 후 도유"라는 이름으로 세례 성례로 돌아갔다. 이때 세례를 주관하는 사제는 다음과 같은 본문을 읽는다.

> 우리 주 예수 그리스도의 아버지 되신 능력의 하나님께서
>> 물과 성령을 통해
>> 당신을 죄에서 자유하게 하시고
>> 새 생명으로 당신을 인도하셨습니다.
> 이제 하나님께서 구원의 거룩한 기름을 당신에게 부으시고
>> 당신이 그분의 백성들과 연합하여
>> 제사장과 예언자와 왕이신
>> 그리스도의 한 지체로 영원히 남게 하셨습니다. [13]

후에 견신례를 시행하는 주교가 사용하는 본문에는 "성령의 선물로 봉인(sealed)하다."라는 문구가 들어가 있다.[14] 성령께서 한 사람을 '새 생명으로' 인도하실 때 하시는 일과 성령께서 '봉인하신' 때에 하시는 일이 정확히 어떻게 다른지는 그렇게 명확하지 않다. 세례 때 행해진 도유의 행위가 견신례 시에 반복되기는 하지만 어떻든 견신례는 여전

---

13 *The Rites* (New York: Pueblo, 1988), 416.

14 위의 책, 491.

히 세례와 분리된 별개의 성례로 존재한다. 그리고 견신례 성례는 지워지지 않는 '성품'(character)을 전달해 준다고 여겨진다. 『가톨릭 헌법』(Catholic Constitution)의 설명에 따르면, 성품은 "형언할 수 없는 선물, 특별한 능력을 부여하시는 성령 자신"이다. "이 성례의 성품으로 날인된 사람들은 교회에 더욱 강한 소속감을 갖고, 그리스도의 참된 증인으로서 말과 행실을 통해 신앙을 전파하고 변호할 책임을 더욱 강하게 느낀다."[15]

서방교회 전통의 견신례에 대한 이 같은 완강한 변론에도 불구하고 로마가톨릭교회 안에서는 물세례와 안수를 하나의 입문 성례 안에 통합하고 진정한 회심과 헌신을 유도할 수 있는 개혁을 단행해야 한다는 목소리들이 들려오고 있다. 한 부류의 사람들은 성인세례로 돌아가거나, 혹은 적어도 성인세례를 교회 내의 규범으로 이해하는 세례 이해와 관행을 장려해야 한다고 주장한다. 이들은 유아세례를 허용하지만 그것을 이차적인 것으로 간주하고 유아세례로부터 거리를 두려고 한다. 에이단 카바나(Aidan Kavanagh)는 이러한 입장을 정교하게 발전시켰다. 카바나의 주장에 따르면, 성인 입교의 "정신과 원리"는 사실상 다른 입문예식 안에서 작동하고 있으며, 따라서 다른 모든 예식을 그 아래 '종속시켜야' 한다.[16] 이러한 '개혁'이 어떤 결과를 낳았는지는 명확하지 않다. 여전히 유아세례는 로마가톨릭 안에서 안정적으로 자리잡고 있다. 다른 한편으로 『어른 입교 예식서』(Rite of Christian Initiation of Adults)는 많은 가톨릭 교구에서 개혁의 강력한 수단이 되었다. 예를 들어, 새로

---

15 위의 책, 474.

16 Kavanagh, *The Shape of Baptism*, 109ff.

운 의례와 세례준비교육 과정(catechumenal process)은 매우 중요한 종교교육 시스템이 되고 있다. 예전은 물세례와 안수와 도유를 통합하고 있고, 통합이라는 마지막 예전을 향해 나아가는 세례후보자 교육 (catechumenate)은 헌신을 낳는 산실이 되고 있다. RCIA가 로마가톨릭 전반에 미친 영향은 무엇보다도 통합된 입문 예전을 통해 강력하게 표현되는 성인들의 헌신에 대한 강조에서 발견되어야 한다. 아마도 새로운 예식과 그것이 가져온 새로운 활력은 궁극적으로 교회 내에 성인세례의 정상화를 가져올 수 있을 것이다. 하지만 아직까지 그날은 오지 않았다.

성례의 이해와 예식에 관해 개혁적인 성향의 탁월한 연구 결과물을 내어놓은 사람 중에 하나인 윌리엄 바우쉬(William Bausch)는 새로운 입문예식의 가능성을 제시한다. 그의 관찰에 따르면, "일부 예전 전문가들은 세례 성례전과 견신례와 성찬 성례전이 결합한 통합된 입문예식을 회복하고, 아울러 인생의 중요한 순간들에 세례 시의 헌신을 다시 고백할 수 있는 다른 준예전적 예식을 고안해야 한다고 제안해 왔다."[17] 사실 바우쉬는 이 같은 생각을 더 이상 발전시키지 않는다. 그가 제안하는 것은 "세례에 관해 질문을 제기하고 세례 중심으로 철저한 세례후보자 교육을 실시하고 … 거기에 맞추어 예비신자 제도를 회복시켜야" 한다는 것이다. "왜냐하면 무차별적으로 세례를 베푸는 것은 세례 자체에 뿐 아니라 견신례에도 해가 되기 때문이다."[18]

이와 같은 생각은 많은 사람을 당혹스럽게 만들었다. 예를 들어, 줄

---

17 Bausch, *A New Look at the Sacraments*, 107.

18 위의 책, 108.

리아 업턴(Julia Upton)은 "유아세례가 무차별적으로 시행되는 것은 그것을 대체한 다른 목회적 대안이 존재하지 않기 때문이다."라고 주장한다.[19] 대신 업턴은 아이들을 위한 예비신자 제도를 주장한다. 그녀는 교회가 아이들에게 세례를 주고서 취학연령에 이르기 전까지 그 아이들을 무시하고 있는 현실에 대해 "충격적인 모순"이라고 지적한다. "예비신자 제도의 가능성으로 인해 아이가 세례를 받도록 해야 할지 말아야 할지 여부에 대한 결정은 보다 실제적인 의미에서 부모에게로 귀속될 것이다. 예비신자 제도에 참여하는 아이들은 예비신자 공동체의 다른 구성원들과의 접촉을 통해서 신앙생활에 대한 보다 인격적인 이해를 얻을 수 있을 것이다. 세례를 받을 때 그들은 그들의 헌신을 극적으로 보여주는 예식을 통해 자발적인 결단을 내릴 수 있게 될 것이다."[20]

업턴은 이미 목회 현장에서 시행되고 있는 일부 교육 프로그램 안에서 이와 같은 예비신자 제도 모델을 발견한다. 그리고 그녀는 RCIA가 요리문답 연령의 아이들을 입교시키기 위한 예식을 제공해 준다고 지적한다. 우리가 아는 한, 개신교회 안에서는 이와 같은 생각이 아직까지 발견되지 않고 있지만, 아마도 조만간 등장하게 될 것이다.

5. 기독교 입문예식의 절정의 순간으로의 성찬 성례전

『디다케』, 저스틴, 터툴리안을 비롯한 니케아 공의회 이전의 증언들은 주님의 만찬을 예비신자 제도와 모든 기독교 입문예식의 절정으로

---

19 Julia Upton, *A Church for the Next Generation* (Collegeville, Minn.: Liturgical Press, 1990), 74.
20 위의 책, 75.

기술하고 있다. 성경과 초대교회의 입문에 관해서는 의아한 점이 한두 가지가 아니다. 하지만 성찬 성례전의 역할에 관해서는 의심의 여지가 거의 없다. 주님의 가족공동체에 편입된 사람들은 그 즉시로 주님의 식탁으로 초대받는다. 기름을 바르고 손을 얹는 예식은 "세례의 실질적인 견신례로서 성찬 성례전 예식으로 나아가는 중간 단계의 예식"이었다.[21]

물로 행하는 예식과 손을 얹거나 기름을 바르는 예식에서 성령이 행하는 역할에 관해서는 많은 글들이 기록되었다. 하지만 입문의 절정인 성찬 성례전 예식에서 성령이 어떤 역할을 하는지에 관해 기록된 글은 많지 않다. 이 상관관계는 두 가지 이유에서 매우 중요하다. 첫 번째 이유는 개인적인 것인데, 주님의 성찬에서 우리가 하나님의 성령에 의해 인격적으로, 그리고 개인적으로 우리에게 매개된 현존으로서의 예수 그리스도를 영접한다는 점이다. 그리고 두 번째 이유는 공동체적인 것인데, 감사의 잔치에서 우리가 한 성령 안에서 그리스도의 몸 안에 있는 다른 모든 기독교인과 연합한다는 점이다.

세례(bath)와 안수/도유와 성찬 성례전을 결합한 통합된 입문예식은 적어도 2세기 말부터 기독교 문화화와 편입 축하가 결합된 형태였다. 그리고 점점 더 많은 수의 기독교인들이 이 모델을 적합하다고 생각하고 수용하였다.

---

21 Quinn, in *The New Dictionary of Sacramental Worship*, 283.

6. 기독교 입문예식의 공동체적 성격

방금 우리는 주님의 만찬이 기독교 입문예식 과정에 있어 교회와 입문 사건의 공동체적 성격에 관해 특별한 통찰을 주는 순간이라고 언급했다. 이 같은 경험과 이해는 그 자체로 조금 더 살펴볼 가치가 있다. 기독교 입문예식은 분명 성령의 선물과 관계하며, 성령은 공동체에 주어진 선물이다. 성령의 능력을 묘사하고 있는 사도행전 2장, 한 성령의 많은 은사들에 대해 이야기하고 있는 고린도전서 12장, 그리스도께서 사도들에게 약속하신 성령의 축복을 기록하고 있는 요한복음 12장 등이 모든 본문은 성령의 선물을 받는 것이 성령 충만한 백성의 일원이 되는 것과 같은 것이라고 기술하고 있다. 신약성경의 증거에 따르면, 성령을 받는 존재는 결코 고립된 개인이 아니라, 공동체 안에 있는 개인들이다. 성령을 받는 존재는 우선적으로 교회이며, 회심한 사람들은 성령 충만한 백성의 일원이 됨으로써 성령의 선물을 받는다. 고립과 소외의 시대를 살고 있는 우리에게 이 같은 이해는 아무리 강조해도 지나치지 않다. 그리스도께서 신앙을 성령의 선물로서 내려주시는 일과 신앙 자체는 결코 교회로부터 분리시킬 수 없다.

7. 성령의 독립성

신학이 하나님의 근본적인 독립성을 점진적으로 더 강하게 인식하게 되었다는 주장은 정당성을 갖고 있다. 혹은 다른 말로 하면, 일반적으로 기독교인들이 하나님에게 무언가를 강요하거나 하나님의 성령의 움직임을 재촉하는 주문 같은 기도의 능력에 점점 흥미를 잃어가는 것으로 보인다. 믿음 혹은 헌신이 문제가 될 경우 성령으로 말미암지 않고는 누구도 "예수는 주"라고 고백할 수 없다는 바울의 주장(고전 12:3)이 널리 인정을 받고 있다. 성례에 관해 탁월한 연구를 선보인 조셉 마르토스(Joseph Martos)의 견해 역시 폭넓게 인정받고 있다. 그의 주장에 따르면, "성령, 곧 하나님의 영은 특정한 예식에 제한받지 않으신다. … 요한복음의 표현을 따르면, (그분은) 자기 뜻대로 움직이신다."[22]

공인된 사람이 공인된 말을 내뱉으면 예식에서 사용되는 말 그대로 사태가 전개된다고 믿는 실체론적인 예식 이해는 오늘날 점차 의문에 붙여지고 있다. 이것은 점점 더 많은 사람들이 성례와 관련해 우리의 말과 몸짓이 하나님의 임재와 활동을 가져온다고 가정하지 않은 채 성례를 하나님이 행하셨고 행하시고 계신 일들에 대한 경축 예식으로 이해하고 있다는 것을 의미한다. 말하자면, 예전은 기계적이지 않다. 이것은 우리는 항상 진정성과 헌신의 문제에 관심을 가지지만 결코 이러한 문제들을 당연하게 생각하지 않는다는 것을 의미한다. 즉, 예식은 이미 가꾸어진 정원을 가진 집이 아니라 하나님의 모종과 돌봄을 기다리고 있는 비옥한 땅으로 이해된다.

여기에는 두 가지 방향의 유혹이 존재한다. 하나는 무엇을 해야 하는지 항상 알고 있다고 생각하는 것이고, 다른 하나는 무엇을 해야 할지 결코 알 수 없다고 생각하는 것이다. 만약 우리가 더 이상 예식이 기계적으로 '작동하다'고 믿지 않는다면, 우리는 전통을 신뢰하고 의미와 예식적-형식적 행동과 삶에 미치는 영향에 있어 전통이 가지고 있는 풍부함을 탐구할 필요가 있다. 또한 우리는 성경이 묘사하는 입문

---

22 Joseph Martos, *Doors to the Sacred* (New York: Doubleday, 1981), 229.

양식과 거기에 기초한 예식, 그리고 하나님의 백성의 삶 속에서 역사하시는 하나님의 영의 역동성을 신뢰할 필요가 있다.

종교교육의 흐름

20세기의 막바지에 접어들면서 우리는 종교교육의 이론과 실제에 있어 몇 가지 주요한 흐름을 식별할 수 있다. 이러한 흐름은 이미 견신례 혹은 세례 확증을 준비하는 양태에 영향을 미치고 있다. 이 흐름의 대표적인 종교교육 이론가들의 작품, 교회의 교육 사역의 토대에 관한 에큐메니칼 그룹과 교단들의 결정사항, 종교교육과 예전 사이의 관계에 대한 조사, 인간발달과 신앙발달에 관한 연구 등이다. 물론 이러한 흐름은 서로 중첩되고 때로는 창조적 긴장관계 속에 놓여 있다.

1. 올바른 신앙내용에 대한 동의를 위한 종교교육으로부터 삶의 전영역과 통합될 수 있는 진리의 추구와 신앙내용을 상호 연관시키는 종교교육으로의 전환

'요리문답'(catechism)이라는 용어는 기독교 신앙의 근본적인 가르침에 관한 지식 전달을 목적으로 하는 종교교육의 핵심을 상징적으로 보여준다. 시간이 지나면서 각 교단은 죄와 구원, 그리스도, 성경, 교회, 인간의 본성과 운명에 관한 자신들의 교리적 입장을 정교하게 다듬어 왔다. 그리스도의 몸에 대한 헌신과 소속감을 위한 교육은 흔히 이러한 심오한 신념체계에 대한 노출과 암기와 동의의 관점에서 이해되었다. 성인의 세례나 어린이나 청소년의 견신례를 위한 준비과정은 특별히 그러한 관점에서 이루어졌다.

오늘날에는 신앙공동체의 가치관 및 정체성과 관련해서 개인이 어디에서 왔고 어디에 서 있는지 알기 위해 필요한 핵심적인 신앙내용을 가르치는 일의 중요성이 새롭게 강조되고 있다. 하지만 그러한 교육은 언제나 "왜?"라는 질문을 던지는 진리의 추구에 초점을 두고 있으며, 내면화와 검증, 정화, 정직한 판단 등을 장려한다. 사라 리틀(Sara Little)은 종교교육 모델에 대한 긍정적인 해석을 제시한다. 그녀는 "가르침은 특정한 주제의 진리를 학생들이 그들의 고유한 관점에서 평가할 수 있도록 그것을 다루는 과정"이라고 주장하는 토마스 그린(Thomas Green)의 견해에 동의한다.[23] 그녀의 주장에 따르면, 사람들이 자신의 신앙내용을 이해하고 그것을 보다 폭넓은 신앙의 응답과 연결시키며 자신의 일상적인 행동의 토대가 될 핵심적 신앙내용에 관해 판단을 내리기 위해서는 생각하는 과정의 중요성이 강조되어야 한다. 종교교육에 관한 이와 같은 긍정적인 접근은 목회자 혹은 평신도 팀이 인도하는 많은 견신례 교과과정에서 오늘날 실제로 일어나고 있는 일들과 잘 맞아떨어진다. 여기에서 우리는 올바른 대답을 하는 것으로부터 그 의미를 이해하고 신앙공동체를 넘어서 나아가기 위해 공동체와 함께 그것을 나누는 것으로 초점이 이동하고 있음을 확인한다.

자신의 삼부작[24]에서 대표적인 종교교육 모델을 제시하고 있는 제임

---

23 Sara Little, "Religious Instruction," in *Contemporary Approaches to Christian Education*, ed. Jack L. Seymour and Donald E. Miller (Nashville: Abingdon Press, 1982), 39.

24 James Michael Lee의 다음 세 권의 책들을 보라. *The Shape of Religious Instruction: A Social Science Approach* (Birmingham, Ala.: Religious Education Press, 1971); *The Flow of Religious Instruction: A Social Science Approach* (Birmingham, Ala.: Religious Education Press, 1973); and *The Content of Religious Instruction* (Birmingham, Ala.: Religious Education

스 마이클 리(James Michael Lee)는 인식적 배움뿐 아니라 기독교적 행실과 생활양식으로 연결되는 광범위한 신앙내용과 관련해서 분명한 교육목적을 설정하는 것이 결정적으로 중요하다는 사실을 강조한다. 종종 지성의 종교보다 따뜻한 감정의 종교를 우선시하는 감상적인 태도에 맞서 그는 종교적 문제들에 관한 명확한 사고의 추구를 중시한다. 그는 인식적인 내용을 넘어 여러 다양한 종류의 내용들에 관한 상세한 논의를 통해 큰 공헌을 하고 있다. 그는 우리가 감정적인 내용(배움의 상황 속에서 경험되는 긍정적이거나 부정적인 감정들), 언어적인 내용(가르치고 배우는 상호관계 속에서 사용되는 모든 언어적 요소), 비언어적인 내용(수반되는 모든 언어-외적 요소), 무예식적인 내용(심층심리학적 내용, 곧 무예식적 차원에서 이루어지는 자아와의 내적인 의사소통 및 선생과 학생 사이에 이루어지는 의사소통), 생활양식적인 내용(개인행동의 일반적인 양태, 곧 개인이 자기체계를 조직하고 삶을 살아가는 방식) 등의 중요성을 인식하는 데 도움을 준다. 종교교육에 관한 이와 같은 폭넓고 심화된 이해는 견신례 교육이 올바른 신앙내용의 기계적 학습과 반복에서 벗어나 생활양식, 행실, 감정, 기독교 신앙의 핵심적인 신앙내용의 관점에서 분명한 목표를 가진 새로운 접근방법을 채택하는 데 도움을 주었다. 여기에서 목적은 이 모든 차원들이 "극도로 인격적인 차원에서" 상호작용하도록 하는 데 있다.[25]

Press, 1985).

25 Lee, *The Content of Religious Instruction*, 743.

2. 이론-실제(theory-practice)의 접근방법으로부터 이론과 실제가 지속적인 상호작용 속에 있는 실천(praxis)의 접근방법으로의 전환

이론-실제의 접근방법은 일반적으로 신학적, 성경적 통찰로부터 시작한 다음 그것을 배우는 사람의 삶 속에 적용시키려고 하거나, 혹은 배우는 사람이 느끼고 있는 필요로부터 출발한 다음 그러한 필요를 채우는 데 도움을 줄 수 있는 성경적, 신학적 규범으로 나아갔다. 이러한 이론-실제 접근방식은 1950년대 말에서 1960년대 초까지 열여섯 개 교단의 대표자들이 기독교교육의 근본 철학을 발전시키고자 했던 에큐메니칼적 기도에도 잘 대변되고 있다. 이러한 노력의 결과는 『교회의 교육 사역: 교과과정 구상』(*The Church's Educational Ministry: A Curriculum Plan*)이라는 책으로 출판되었다. 이 연구는 복음과 학습자의 삶의 문제들 사이의 교차점 원리라는 지도 원리를 양산했으며, 이러한 교차점을 가져오기 위해 다음 다섯 가지 학습 과제들을 고안해 냈다.

(1) 점증하는 경각심을 갖고 복음을 듣고 신앙과 사랑 안에서 응답하기

(2) 복음의 관점에서 관계의 전 영역을 돌아보기

(3) 복음의 관점에서 관계 영역의 의미와 가치를 발견하기

(4) 복음의 관점에서 발견한 관계 영역의 의미와 가치를 개인적으로 전유하기

(5) 복음의 관점에서 개인적, 사회적 책임을 감당하기[26]

이러한 접근방법은 견신례 교육의 구상을 비롯해서 협력교회들의

---

26 *A Design for Teaching-Learning* (St. Louis: Bethany Press, 1967), 33.

모든 교육/학습 활동에 큰 영향을 미쳤다. 이러한 강조 때문에 견신례 프로그램은 그리스도 안에서 모든 사람을 향한 하나님의 무조건적인 사랑에 대한 복음과 견신례 프로그램이 목적으로 삼고 있는 청소년과 성년들의 실제적인 삶의 문제들 사이에서 교차점을 발견하는 방향으로 크게 선회했다.

"점증하는 경각심을 갖고 복음 듣기"에 대한 강조는 제2차 세계대전 기간부터 이후로 전개된 "종교교육" 운동에 대한 비판에서부터 촉발되었다.[27] 아이들이 자신들이 기독교인이 아니었을 때에 대해 전혀 알지 못하고서 성장하도록 가정과 교회에서 양육이 이루어질 수 있다는 생각은 인간 본성에 관해 지나치게 낙관적이라는 이유에서 날카로운 비판을 받았다. 캠벨 위코프(D. Campbell Wyckoff)[28]와 랜돌프 크럼프 밀러(Randolph Crump Miller)[29]와 같은 이론가들은 가정과 교회 안에서 관계를 통한 교육이 중요하다는 생각을 갖고 있었지만 기독교 신앙의 핵심적인 신학적 이해에 더욱 많이 노출될 필요가 있다는 점을 강조하였다. 이러한 도전들은 "공동교과과정 프로젝트"(Cooperative Curriculum Project)에서 매우 영향력이 있었으며, 아울러 이 프로젝트에 참여하는 교단들의 견신례 프로그램들에 간접적인 영향력을 행사했다.

오늘날에는 우리의 활동 안에 이론과 실제가 항상 공존하고 있다는 사실을 인정하는 실천에 기초한 "기독교 종교교육" 이론이 대세가 되

---

27 이러한 비판은 예일신학교의 Luther A. Weigle 교수가 주재한 *Christian Education Today* (Chicago: International Council of Religious Education, 1945)에 담겨 있다.

28 D. Campbell Wyckoff, *The Gospel and Christian Education* (Philadelphia: Westminster, 1959).

29 Randolph Crump Miller, *The Clue to Christian Education* (New York: Charles Scribner's Sons, 1950).

어가고 있다. 전제 없이 곧 선행하는 '이론' 없이 삶을 살아가는 것은 불가능하다. 개인적인 차원에서나 사회적 차원에서나 우리는 그와 같은 '이론'을 통하여 우리의 일상적인 활동의 의미를 발견하고 해석한다. 이와 같은 접근은 "기독교 종교교육"을 구상하고 실행해 가는 방식에 상당한 변화를 가져오고 있다. 토마스 그룹(Thomas Groome)이 공유하는 기독교 실천 모델은 자신이 속한 로마가톨릭공동체 안에서 뿐 아니라 에큐메니칼적으로 매우 큰 영향력을 발휘했다.[30] 그가 제시한 다섯 가지 단계와 "공동교과과정 프로젝트"가 제안한 다섯 가지 학습 과제 사이에서 발견되는 차이점은 기독교 종교교육 안에서 일반적으로 일어나는 변화와 특별히 세례와 견신례 교육 분야에서 일어나고 있는 변화를 드러내 보여주고 있다. 그는 이 다섯 단계를 운동들(movements)이라고 부른다. 그리고 각 운동 안에서 교육-학습 경험을 역동적이고 인격적이고 유동적이고 진정한 의미에서 공동체적이고 결단/행동 지향적이도록 만드는 여러 세부 단계를 구분한다.

제1운동: 현재의 활동을 명명하기/표현하기. 첫 번째 운동은 모든 참가자로 하여금 기독교적 이야기 혹은 비전과 개인적 삶 사이의 상호작용에서 발생하는 특정한 주제나 상징을 중심으로 자신들의 삶에서 일어나고 있는 일들을 명명하도록 초청한다. 참가자들은 자신의 삶 혹은 사회에서 어떤 일들이 벌어지고 있는지, 실천을 어떻게 인식하고 있는지, 그것에 관해 어떻게 느끼고 있는지 표현하도록 초청받는다. 고려

---

30 Thomas H. Groome, *Christian Religious Education: Sharing Our Story and Vision* (San Francisco: Harper & Row, 1980)을 보라. 그룹의 작품은 실천신학이 학문 분야로 재탄생하는 데에도 중요한 공헌을 했다. 또한 Don S. Browning, *Fundamental Practical Theology* (Minneapolis: Fortress, 1991)을 보라.

중인 혹은 논의 중인 현재의 활동 안에서 지배적인 가치와 의미와 신념은 무엇인가? 그들은 그들에게 일어나고 있는 일에 관해 이야기할 수도 있고 드라마나 춤이나 음악 혹은 미술작품을 통해 그것을 표현할 수도 있다. 각 사람은 현재의 활동과 관련해서 자신이 가진 고유한 생각과 질문과 관심을 표현해야 한다. 참가자들은 적어도 한 사람 이상 다른 사람에게 자신의 인식을 표현하도록 권면을 받는다. 하지만 여기에 강제는 없다. 학습방법에 있어 개인들 사이에 존재하는 차이점은 존중되어야 한다.

제2운동: 현재의 활동에 대한 비판적 성찰. 두 번째 운동은 참가자들로 하여금 현재의 활동과 관련한 가정, 이유, 선입견, 문제들에 대해 비판적인 예식을 갖도록 촉구한다. 이 운동은 또한 참가자들이 자신의 고유한 삶의 '이야기'와 '비전'을 학습그룹의 다른 구성원과 나누기 시작하도록 유도한다. 참가자들의 나눔은 냉정한 분석보다 정직하고 열정적이어야 한다. 냉정한 분석은 학습공동체를 너무 '무겁게' 만들고 사람들이 실제로 갖고 있는 감정이나 희망에서 동떨어지게 만든다.

제3운동: 기독교적 이야기와 비전을 접근 가능하게 만들기. 세 번째 운동은 신앙공동체 안에서 배움/섬김의 과정 속에 있는 사람들의 현재의 활동에 대한 명명과 성찰에서 발생하는 문제들과의 직접적인 관계성 안에서 위대한 기독교적 이야기와 비전을 나누는 시간이다. 이러한 나눔은 우선적으로 교육하는 사람의 책임이지만, 모든 사람이 그들이 알거나 경험한 기독교적 이야기와 비전을 나누도록 초청받는다. 교육을 담당하는 책임자는 특별히 "회복의 해석학"을 활용해서 하나님의 자기계시와 의지의 위대한 역사에서 발생하는 구체적인 이야기와 비전을 창조적이고 흥미로운 방식으로 제시할 수 있어야 한다. 이때 성경과 역사 속에 기록된 창조, 언약, 그리스도, 교회 등의 주제들이 등장한다. 또한 교육담당자는 "의혹의 해석학"을 활용해서 각 그룹이 본문에 대한 과거와 현재의 이해 속에서 가능한 왜곡들을 발견할 수 있도록 도와주어야 한다. 예를 들면, 역사의 특정한 시점에 기독교 교회들이 어떻게 노예제도를 지지할 수 있었는지 질문하고, 사랑과 정의에 대한 기독교적 이해를 통해 그러한 입장의 모순을 볼 수 있도록 도움을 주어야 한다. 마지막으로, 제3운동에서 참가자들은 현재의 실천과의 관계 속에서 오늘날을 위한 기독교적 이야기/비전에 대한 보다 적절한 이해를 구성하도록 요청받는다.

제4운동: 기독교적 이야기와 참가자의 이야기 사이의 변증법적 해석학. 네 번째 운동에서 참가자들은 신앙공동체의 이야기가 자신의 삶에서 발생한 이야기 안에서 가지는 의미에 관해서 대화하는 시간을 갖는다. 또한 여기에서 그룹 구성원들은 자신들의 고유한 이야기가 제3운동에서 다룬 이야기/비전에 어떻게 응답하는지, 그것을 어떻게 긍정하는지, 또 그것을 어떻게 넘어서는지 질문한다. 이때 나눔은 교육책임자의 판단 없이 긍정적이고 부정적인 표현이 정직하게, 그리고 자유롭게 공유되어야 한다는 의미에서 비판적이어야 한다. 참가자들은 이때에도 기독교적 이야기/비전을 자신들의 고유한 이야기와 자기이해에 전유하기 위해 언어, 미술작품, 일기, 움직임, 연기 등 다양한 방법을 사용할 수 있다.

제5운동: 기독교 신앙생활을 위한 결단/응답. 다섯 번째 운동은 "현재의 활동"으로 되돌아가며 참가자들이 자신의 행실과 활동에 관해 결단을 내리도록 촉구한다. 이것은 기독교적 이야기/비전에서부터 발생하는 근본적인 인생관과 참가자들의 현재 활동 속에 자리한 문제, 이슈, 감정, 관심 사이에 일정 정도의 일관성을 확보하려는 시도이다. 이 다섯 번째 운동에서 희망하는 것은 "신앙 충만한 기독교적 실천을 위해 특정한 결단을 내리고 하나님 나라의 일꾼으로서 참가자들의 정체성과 성품을 형성하는 것 곧 기독교 신앙 안에서 의욕과 지혜와 지속적인 회심을 장려하는 것이다."[31]

여기에서 우리는 잠시 논의를 멈추고 그룹의 접근방법을 살펴보았다. 이것은 우리가 이후에 인용하게 될 여러 해석자가 반복 가능한 경험으로서의 견신례를 통한 혹은 신앙의 여러 단계에서 세례 확증을 통한 지속적인 회심을 준비하고 경축하는 순간의 필요를 지적하면서 그룹과 같이 기독교적 실천의 접근방법을 언급하고 있기 때문이다.

그룹의 다섯 운동과 "공동교과과정 프로젝트"의 다섯 단계를 비교하면 몇 가지 흥미로운 유사점과 차이점이 발견된다. 예를 들면, 그룹의 모델에서는 이론과 실제가 상호작용하는 현재의 활동 곧 실천에서부터 시작하는 것이 중요한데, 이것은 "공동교과과정 프로젝트"가 복음으로부터 시작하는 것과 대조된다. 그룹의 모델은 참가자들이 현재의 활동과 관련한 이슈들을 정직하게 나누고 현재의 이야기와 비전을 서로 이야기하도록 유도함으로써 그들의 실제 세계 속으로 들어가 그들이 어디에 서 있고 복음이 그들의 세계 속에 어떻게 침투했는지 혹

---

31 Thomas H. Groome, *Sharing Faith: A Comprehensive Approach to Religious Education and Pastoral Ministry: The Way of Shared Praxis* (San Francisco: HarperSan Francisco, 1991), 292. 또한 종교교육에 있어 실천을 강조하면서 큰 공헌을 한 파울로 프레이리(Paulo Freire)의 글들을 참고하라.

은 침투하지 못했는지를 식별하려고 한다. 그런 다음 참가자들이 성경, 역사, 하나님과의 현재적 만남 속에서 발생한 많은 이야기와 비전을 통해 기독교적 이야기와 비전을 나누는 일에 마음이 열리고 준비되었을 때, 교육을 담당하는 책임자와 배우는 사람 모두 더 깊은 차원에서 때로는 공감적으로, 그리고 때로는 비판적으로 과정 속에 참여할 수 있게 된다. "공동교과과정 프로젝트"와 그룹의 모델은 둘 다 복음과 삶의 교차점을 모색한다. 둘 모두 개인적, 사회적 차원에서 결단을 촉구한다. 또한 두 가지 모두 다섯 단계 혹은 운동들이 엄격한 순서를 구성할 필요는 없다는 점을 인정한다. 하지만 그룹의 공유된 기독교적 실천이 활동-성찰-활동의 모델이라면, 보다 이른 시기의 "공동교과과정 프로젝트"의 모델은 이론-실제의 모델에 근접한다. 그룹의 모델이 견신례 교육에 얼마나 큰 영향력을 가지고 있는지는 오늘날 견신례 혹은 세례 확증 프로그램의 시작 단계에 (흔히 수련회 형식을 통해) 집중적인 나눔의 시간을 배치하는 일반적인 관행에서 쉽게 확인된다. 이러한 시간은 참가자들이 그들의 일상생활에서 하고 있는 활동들을 돌아보고 그들의 활동 속에 내포된 인생의 의미에 관한 그들의 이야기와 비전을 성찰하도록 돕는 데 목적이 있다.

3 종교교육의 양육모델을 넘어 신앙 발전의 관점으로의 전환

우리가 앞서 이 모델을 설명하면서 이야기했듯이,[32] "그리스도를 닮은 삶으로의 양육"은 매우 중요한 주제이다. 양육한다는 것은 배우는

---

32 Browning and Reed, *The Sacraments in Religious Education and Liturgy.*

사람의 깊은 인간적인 필요에 주목하고 성장과 개인적, 사회적 완성을 가능하게 할 모든 삶의 요소를 제공하는 것을 의미한다. 여기에는 단지 인식적인 차원에서 기독교 신앙내용을 가르치는 것만으로는 충분하지 않다는 인식이 배후에 자리하고 있다. 배움의 위치에 있는 사람이 기독교적 생활양식을 내면화하고 기독교적 가치를 매일의 결단 속에 적용시키도록 자라나기 위해서는 하나님의 사랑과 신뢰와 용납과 정의가 부모와 선생과 동료의 삶 속에 녹아들어 있어야 한다. 기독교교육에 관한 오늘날의 접근들은 대부분 이와 같은 초점을 잃지 않으려고 애쓰고 있다. 성경에 뿌리를 두고 있는 양육의 모델은 17-18세기의 페스탈로치(Pestalozzi)와 프뢰벨(Froebel), 19세기의 부쉬넬(Bushnell), 20세기의 여러 교육학자들,[33] 그리고 다양한 에큐메니칼적, 교단적 노력을 통해 더욱 강화되었다. 유아기와 청소년기가 인격 및 인생의 방향감각 형성에 있어 결정적으로 중요하다는 가정 아래 이러한 양육 모델은 흔히 이 시기의 종교적 양육을 집중적으로 강조한다.

양육 모델이 일생에 걸친 성장과 발전을 강조해 온 것은 사실이지만, 신앙의 본성과 단계를 다룬 제임스 파울러(James Fowler)의 작품이 출간된 이후 발전적 관점은 이전보다 훨씬 더 중요하게 부각되었다. 파울러의 연구에 따르면, 신앙 발전의 마지막 세 단계는 성인기에 속한

---

33 Horace Bushnell, *Christian Nurture* (New Haven: Yale University Press, 1967). 또한 Harold W. Burgess, *An Invitation to Religious Education* (Birmingham, Ala.: Religious Education Press, 1975)을 보라. 사회문화적 접근을 다룬 이 책의 제3장은 이 모델의 역사를 소개하면서 George Albert Coe, William Clayton Bower, Sophia Fahs, Ernest Chave, Wayne Rood를 비롯한 종교교육 지도자들의 공헌을 언급하고 있다. 또한 Didier-Jacques Piveteau and J. T. Dillon, *Resurgence of Religious Instruction* (Birmingham, Ala.: Religious Education Press, 1977)은 Wayne Rood와 John H. Westerhoff III의 작품에 특별히 주목하면서 양육 모델에 관한 훌륭한 분석을 제공하고 있다.

다. 사실 청년기에 접어들기 전에 깊은 신앙을 소유하게 되는 일은 거의 없다(제IV단계: 개인적-성찰적 신앙). 여기에 더하여 신앙이 함축하고 있는 의미를 두고 더 치열하게 씨름하고, 모든 인류공동체 안에서 일하시는 하나님의 활동에 열린 마음을 가지면서도 기독교 신앙에 명확한 헌신을 하게 되는 일은 대부분 중년기에 일어난다(제V단계: 접합적 신앙).

파울러가 말하는 신앙 발전의 마지막 단계는 노년기에 접어들기 전에는 좀처럼 도달할 수 없다(제VI단계: 보편적 신앙). 이 마지막 단계에서 사람들은 모든 사람들과 자연을 향해 근본적인 사랑과 정의를 실천하고 개인적, 사회적, 정치적으로 곤란한 환경에서도 기꺼이 신앙을 고수하도록 요청받는다. 파울러는 신앙 발전이 단순히 단선적인 과정이라고 보지 않는다. 오히려 신앙 발전은 역동적이고 투쟁적이다. 가끔씩 일어나는 '아하' 경험은 회심 경험과 유사하며, 파울러는 이것을 이전 단계들의 재현이라고 부른다.[34] 이것은 기독교 종교교육이 평생에 걸친 과정이며, 일반적으로 여러 번에 걸쳐 재평가와 재헌신이 이루어져야 한다는 것을 의미한다. 이러한 이론적 바탕 위에서 견신례 혹은 세례 확증이 반복 가능한 경험으로 이해되어야 한다고 믿고 있다. 파울러의 작품은 많은 비판을 받았으며,[35] 상당한 잠재력을 가진 다른 발전 모델들이 제시되었다.[36]

---

34 James W. Fowler, *Stages of Faith* (San Francisco: Harper & Row, 1981), 290.

35 Craig Dykstra and Sharon Parks, eds., *Faith Development and Fowler* (Birmingham, Ala.: Religious Education Press, 1986); Kenneth Stokes, ed., *Faith Development in the Adult Life Cycle* (New York: Sadlier, 1982).

36 Jack L. Seymour and Donald E. Miller, *Contemporary Approaches to Christian Education* (Nashville: Abingdon, 1982), Chapter 4 on the Developmental Approach, 73-102을 보라. 독특한 패러다임을 위해서는 Gabriel Moran, *Religious Education Development* (Minneapolis: Winston Press, 1983)를 보라. 그리고 심리학적, 사회학적 분석에 관해서는 Romney Mosley,

4. 기독교교육을 위한 우선적인 전략으로서의 학교교육에 대한 강조 모델에 서부터 회중적 혹은 신앙공동체적 접근 안에서 다양한 형태의 학교교육에 중요한 역할을 부여하는 모델로의 전환

1903년 종교교육협회(Religious Education Association)의 창립과 더불어 시작된 종교교육 운동은 지도자 훈련, 교과과정, 교회-가정 협력관계 등의 측면에서 주일학교의 질을 향상시키고자 노력했다. 성서학자들의 통찰과 기독교 신앙의 개인적, 사회적 함의들에 주목하는 가운데 단계별 교과과정 자료들이 마련되었다. 학교교육 모델은 20세기 다양한 교과과정 실험들의 배후에 자리하고 있었던 기본전제였다. 이러한 강조 때문에 견신례 교육 역시 대부분의 경우 학습, 숙제, 암기, 심지어는 시험 등을 포함한 학교교육 패러다임을 따라갔다. 오늘날에는 예배, 공동사역, 외부 세계로의 아웃리치 등 신앙공동체의 삶 전체에 참여하는 것을 훨씬 더 강조하는 가운데 세례 성례전과 견신례 교육을 재구상하는 흐름이 대세를 이루고 있다. 이러한 흐름은 개인이 사적으로 신앙을 결단하는 것뿐 아니라 사회의 공적 이슈들과 관련해서 신앙공동체가 가진 영향력을 확증하는 것까지 염두에 두고 있다. 성례에 대한 전반적인 이해는 공동체적 의미를 더욱 강하게 띠고 있다. 그리스도는 성직자를 통한 은혜 제도가 아니라 신앙공동체를 통해서 살아 계시며, 신앙공동체는 공동체 구성원들은 물론 공동체 너머의 사람들에게 사랑을 실천하는 공동체가 된다.

"Education and Human Development in the Likeness of Christ," in *Theological Approaches to Christian Education*, ed. Jack L. Seymour and Donald E. Miller (Nashville: Abingdon Press, 1990), 146-62을 보라.

엘리스 넬슨(C. Ellis Nelson)은 일찍이 이러한 전략을 채택한 사람 가운데 하나이다. 그는 신앙 응답을 불러일으키는 데 있어 신앙공동체의 능력에 관해 논의한다.[37] 최근 넬슨은 자신의 오랜 경력의 절정에서 신앙공동체적 접근을 보다 완전하게 발전시키고, 이 전략의 세부내용을 제시하였다.[38] 그는 회중공동체의 "핵심연구그룹"(Central Study Group: CSG)의 구성을 통해 기독교 종교교육을 위한 보다 포괄적인 틀을 마련하였다. 이 그룹의 목적은 배움과 예배와 섬김의 상호연관을 통해 전체 회중의 성장을 가져올 수 있는 방법을 모색하는 데 있다. 이것은 회중공동체가 세상 속에서의 사역에 있어 개인의 삶뿐 아니라 회중공동체의 삶을 형성하고 변혁시킬 수 있는 힘을 실현하도록 하기 위해 이루어졌다.[39]

이러한 포괄적인 입장은 찰스 포스터(Chales Foster), 존 웨스터호프(John Westerhoff), 윌리엄 윌리몬(William Willimon), 브라우닝(Robert L. Browning)과 리이드(Roy A. Reed) 안에서 잘 묘사되고 있다. 포스터는 '참여'와 '명상'의 중요성을 강조한다. 이처럼 보다 광범위한 참여를 통해서 개인의 신앙과 헌신은 더욱 자라난다. 하지만 이와 같은 회중적 참여는 교회 가족이 지나치게 내적으로만 성장하는 폐쇄된 체계를 야기할 수도 있다. 여기에서 명상은 교정제 역할을 한다. 왜냐하면 명상은 회중공동체가 자신의 정체성을 발전시키고 특정한 시점에 회중의

---

37 C. Ellis Nelson, *Where Faith Begins* (Richmond: John Knox Press, 1967).

38 C. Ellis Nelson, *How Faith Matures* (Louisville: Westminster/John Knox Press, 1989), 204-30.

39 C. Ellis Nelson, ed., *Congregations: Their Power to Form and Transform* (Atlanta: John Knox Press, 1988); Richard Robert Osmer, *A Teachable Spirit: Recovering the Teaching Office of the Church* (Louisville: Westminster/John Knox Press, 1990)를 보라. 아스머는 목회자뿐 아니라 전체 회중/교단/교회의 가르치는 직무를 강하게 옹호한다. 그의 생각은 엘리스 넬슨의 회중적 전략과 상통한다.

구성원과 공적인 이슈들 사이의 관계에 대해 성찰하도록 촉구하기 때문이다.[40] 웨스터호프와 윌리몬은 태어나서 죽을 때까지 신앙공동체 안에서 성례전적 삶에 참여하는 것이 얼마나 큰 인격의 형성과 변혁의 능력을 갖고 있는지 보여주었다. 이것은 학교교육의 경험 안에서 일어난 일들을 부정하는 것이 아니다. 오히려 개인의 성장과 사역 참여를 돕고 도전할 수 있는 가능성을 가진 보다 폭넓은 교회공동체의 삶에 참여하는 과정 속에 그러한 경험을 포함시킨다.[41] 브라우닝과 리이드는 신앙공동체가 교육과 예전적 삶을 통해 평생에 걸쳐 개인을 형성하고 변혁시킬 수 있는 능력을 갖고 있다는 점을 강조한다. 그들은 그리스도의 몸 안에서 관계적이고 영적으로 살아 있는 성례전의 모델을 발전시키고자 했다. 이러한 접근에 의하면, 모든 사람은 세례를 통해 평생의 사역을 위해 위임을 받고, 다양한 사역 활동에 참여하는 가운데 양육되고, 일생을 통해 수차례에 걸쳐 재검토와 재헌신의 기회를 가진다.[42]

5. 예전과 종교교육 사이의 분열에서부터 예전과 종교교육을 협력자 관계 안에 통합하는 접근방법으로의 전환

이와 같은 협력관계는 예전과 교육 사이에 존재하는 건강하고 창조

---

40 Charles R. Foster, "Education in the Quest for the Church," in *Theological Approaches to Christian Education*, 99-101.

41 John H. Westerhoff III and William H. Willimon, *Liturgy and Learning Through the Life Cycle* (New York: Seabury, 1980).

42 Browning and Reed, *The Sacraments in Religious Education and Liturgy*, 119-37을 보라. 또한 Robert L. Browning, "A Sacramental Approach to Inclusion and Depth of Commitment" in *Congregations: Their Power to Form and Transform*, and Robert L. Browning, "The Paster as a Sacramentally Grounded Religious Educator," in Robert L. Browning, ed., *The Paster as Religious Educator* (Birmingham, Ala.: Religious Education Press, 1989).

적인 긴장관계를 파괴하지 않은 상태에서도 일어날 수 있다. 예전적 삶은 이야기, 이미지, 상징, 기호, 의미관계 등을 풍부하게 갖고 있다. 이러한 것들은 기독교 신앙의 핵심 의미와 목적에 관한 효과적인 교육 수단이 된다. 물론 그러한 경험 이전의 교육은 예전에의 참여를 더욱 풍성하게 만들 수 있다. (부활절 전야에 이루어지는 세례와 같이) 예전의 정점에 관한 교육적 성찰은 예식 후에 이루어질 수 있고, 또 이루어져야 한다. 이것은 참여자들이 그들이 경험한 바를 이해하고 그것을 개인적, 공동체적 관계 속으로 가져갈 수 있도록 도움을 준다. 하지만 동시에 기독교 종교교육은 예전과 종교교육 프로그램의 진정성에 관해 비판적인 예식을 발전시킬 수 있도록 도움을 줄 수 있어야 한다. 이러한 비판적 예식은 우리가 우리의 종교적 삶을 돌아보고 그 삶에 새로운 활력을 부여하는 데 도움을 준다. 에릭 에릭슨(Erik Erikson)은 우리의 예전적 삶이 얼마나 쉽게 기계적이고 딱딱하고 메마르게 될 수 있는지를 보여준다. 이런 일이 발생할 경우 교육의 과제는 어떻게 해서 우리의 예식이 실제적인 삶의 문제로부터 동떨어지게 되었는지 우리가 분별할 수 있도록 돕는 것이다. 이 같은 이해에 이르게 될 때 우리는 우리의 삶 속에서 하나님의 사랑과 은혜의 복음을 보다 온전하게 포착하는 예전들을 신선하게 발전시킬 수 있는 보다 유리한 위치에 서게 된다.[43] 특별히 로마가톨릭의 RCIA를 통해서 요리문답(카테키시스)에 대한 새로운 접근방법이 등장하고 있다. 이것은 교사 중심의 학교교육 모델에서 입문과 연관된 사회화 모델로의 전환이 일어나고 있음을 보여준다. 새

---

43 Erik H. Erikson, *Toy and Reasons: Stages in the Ritualization of Experience* (New York: Norton, 1977), 115.

로운 입문예식은 종교교육과 예전을 강력하게 통합하고 있다. 요리문답의 목적은 "이해의 성장"뿐 아니라 "헌신의 성장"도 포함한다. 이것은 "지적인 의미에서의 숙달"뿐 아니라 "예배와 정의를 위한 활동"을 통해서 완성에 이른다. 이 모델에서 요리문답은 대화적 접근방법을 취한다. 즉, 참여자들은 "통제된 탐구에 몰두하는 것이 아니라" 신앙공동체 안에 참여한다. 그리고 요리문답은 '연구'보다는 '경축'을 더 닮고 있다. 세례준비교육 접근(catechumenal approach)은 "연구하는 방법"보다는 "사람들과 '더불어 걸어가는' 방식"에 초점을 맞춘다. 그리고 이것은 "자유의 울타리 안에서만 가능하기" 때문에 의무감은 기피의 대상이 된다.[44] 로마가톨릭공동체 내에서 요리문답의 혁명을 주도하고 있는 대표적인 인물 가운데 한 사람인 제임스 더닝(James Dunning)은 이와 같은 비교를 통해 요리문답과 성례 예식의 상호작용이 만들어내는 힘을 강조한다. 다행스럽게도 그는 메리 보이즈(Mary Boys)의 비판을 인용한다. "보이즈의 지적에 따르면, 요리문답 이론에는 비판적 교회론에 대한 예식이 결여되어 있다. (그리고 이것은 정치적 활동으로서의 교육에 대한 단서를 제공한다.) 다른 말로 하면, 오늘날의 요리문답은 오로지 신앙공동체 안으로 사회화되어 가는 과정만을 설명하고 있는 것처럼 보인다."[45] 여기에서 보이즈는 비판 예식을 발전시킬 필요성을 지적하고 있다. 그리고 이것은 성례와 예전을 통해 헌신을 경축하는 일과의 상호작용 속에서 건설적인 종교교육이 감당해야 하는 핵심 과제라고

---

44 James B. Dunning, *Echoing God's Word: Formation for Catechists and Homilists in a Catechumenal Church* (Arlington: The North American Forum on the Catechumenate, 1993), 42.

45 위의 책, 44.

그는 생각한다.

여기서 주장하고 싶은 것은 깊이와 흥미를 동시에 갖춘 교육과 예전은 부모, 후원자, 회중과 함께 경험될 수 있고, 또 그렇게 경험되어야 한다는 사실이다. 이것은 유아세례 이전과 도중과 이후에, 성찬 성례전의 이전과 도중과 이후에, 그리고 견신례 혹은 세례 확증과 관련해서 평생의 삶에 적용된다. 그리고 이와 동일한 역동성이 결혼 예식, 성직자 안수, 만인 제사장을 위한 평신도 성별 등을 비롯한 삶의 여러 순간에서 발견되어야 한다.[46] 이러한 접근을 바탕으로 유아세례로부터 시작해서 신앙공동체 내에서 기독교적 소명에 새롭게 헌신하는 젊은이와 장년과 노년을 경축하는 일에 이르기까지 견신례 혹은 세례언약 재확인(세례 확증)과 관련해서 종교교육과 예전을 상호연결시킬 수 있어야 한다.

6. 종교교육과 영성을 통합하는 방향으로의 전환

과거에 이 두 가지 접근방법이 서로 나뉘어져 있었던 것은 아니다. 다만 영적 성장이 종교교육의 일부로 여겨지거나, 아니면 예배나 개인 경건과 관련된 것으로 이해되어 왔다. 어떻든 영적 성장은 종교교육의 책임이기보다는 교회의 책임으로 간주되었다.

오늘날 영성은 우리 각자의 삶 속에서 활동하시는 하나님의 지속적인 창조 사역에 대한 경축으로, 그리고 육체적, 성적, 사회적, 관계저, 도

---

46 이 논제는 Browning and Reed, *The Sacraments in Religious Education and Liturgy*에서 충분히 다루어지고 있다. 또한 Marianne Sawicki, "Tradition and Sacramental Education," in *Theological Approaches to Christian Education*, 43-62을 참고하라. 사빅키(Sawicki)는 견신례에 관해서 브라우닝과 리이드와 다른 입장을 취하고 있다. 하지만 그녀의 작품은 지속적인 대화를 위해서 중요한 공헌을 하고 있다.

덕적 존재로서의 전 인격에 대한 긍정으로 이해되고 있다. 과거 영성의 이미지는 성적인 것이나 개인적인 감정 혹은 다른 사람을 만지고 보고 듣는 것으로부터 자신을 분리시키려는 결단과 흔히 관련되었다. 말하자면, 우리는 인간적인 유혹을 부인하고 하나님과의 관계에 집중해야 했다. 이러한 이미지는 오늘날 새로운 이미지에 의해 대체되고 있다.

마리아 해리스(Maria Harris)는 오늘날 이 같은 새로운 각성의 의미에 대해 논평하면서 다음과 같이 주장한다. "이것은 사람들에게 책임적인 존재가 되도록, 자신을 둘러싼 모든 것에 감각을 통해 경각심을 갖도록, 그들의 눈으로 온전하게 보고 그들의 귀로 온전하게 듣도록 촉구하고 있다. 따라서 생명을 얻게 된 그들은 이제 창조세계를 하나님의 위대한 선물로 인정하고, 또한 스스로를 그 세계 중심에 있는 존재로 이해하게 되며, '영광 영광 영광 거룩 거룩 거룩' 하다고 하며 춤추며 노래할 수 있다. 이렇게 하는 가운데 그들은 그들 고유의 영성으로 나아가게 된다."[47]

탁월한 종교교육가인 해리스는 각성, 집중, 자기발견, 우리 가운데 계신 하나님의 영의 발견, 명상, 기도, 소감문 작성, 질문, 고백, 애도, 변혁, 새로운 실재의 양산, 다른 사람들과의 연합, 하나님 앞에서의 자기 명명 등에 관한 풍부한 접근방법을 제시한다. (그 안에 많은 영적 훈련을 동반하고 있는) 이와 같이 기쁨에 넘치고 삶을 긍정하는 영성은 오늘날 삶의 모든 영역에서 이루어지는 기독교 종교교육 안으로 편입되고 있다. 바질 페닝턴(Basil Pennington)은 위대한 영성지도자인 토마스 머튼

47 Maria Harris, *Dance of the Spirit: The Seven Steps of Women's Spirituality* (New York: Bantam Books, 1989), 6.

(Thomas Merton)에 대해 논하면서 머튼은 위대한 영적 인도자인 동시에 위대한 종교교육가였다고 결론을 내린다. "머튼은 삶의 진정한 내용인 기쁨의 맥락에서 삶을 지속적으로 붙잡을 수 있는 능력을 갖고 있다. 이것은 그가 날마다 복음 안에서 좋은 소식의 선포를 듣고, 기도 가운데 자신의 존재의 밑바닥에서, 모든 형제자매 안에서, 모든 창조세계의 중심에서 역사하고 있는 하나님의 창조적인 사랑을 경험하였기 때문에 가능했다."[48]

이와 같은 긍정적인 영성은 교육과 예전에 있어 견신례 혹은 세례 확증을 대하는 우리의 접근방법을 풍부하게 만들어 준다. 성경 이야기를 참여자들의 이야기와의 관계 속에서 창조적으로, 그리고 실존적으로 성찰하는 것, 명상과 기도와 소감문 작성을 훈련하는 것, 그룹의 삶을 반영하는 예전을 작성하는 것 등 다양한 방식을 활용하는 것은 보다 효과적인 구상에 도움이 될 수 있다.

마지막으로 우리는 돌봄과 사랑과 용서가 있는 배움의 공동체 안에 사랑과 진리의 성령이 현존하고 계신다고 믿는다. 하나님의 영은 우리를 종교교육과 예전 예식을 상호연관시키는 작업으로 부르고 계신다. 우리는 하나님을 만나는 예배의 순간이 우리의 배움의 경험 속에서 일

---

48 M. Basil Pennington, "Western Contemplative Spirituality and the Religious Educator," in *The Spirituality of the Religious Educator*, ed. James Michael Lee (Birmingham, Ala.: Religious Education Press, 1985), 123. ("Spirituality as life"에 관한 Joanmarie Smith의 탁월한 논의를 참고하라. 또한 Smith, "The Spiritual Education of God's People," in *The Pastor as Religious Educator*, 107-25을 보라.) 그녀의 책은 아이들과 젊은이들, 중년들, 노년들, 가정, 소감쓰기. 영성지도 등을 위한 정선된 추천목록을 포함하고 있다. 또한 Mary Elizabeth Moore, "Meeting in the Silence: Meditation as the Center of Congregational Life," in *Congregations: Their Power to Form and Transform*, 141-65를 보라. 상상력과 성실성을 겸비한 그녀는 영성을 기독교 종교교육과 관련시키고 있다.

어날 수 있다는 사실과 풍부한 예전적 삶이 그 자체로 인간의 영혼을 교육하는 강력한 수단이 될 수 있다는 사실을 인정할 필요가 있다.

제3장

성령의 선물로서의
견신례

입문예식의 두 번째 단계인 견신례와 성령의 관계는 언제나 명확하면서 또한 모호했다. 견신례가 입문예식의 '안수' 부분에 해당하고 (성경과 전통에 따르면) 안수가 성령 선물의 표시였다는 점에서 이 관계는 명확하다. 반면 세례 성례전 때 받은 성령 선물과 견신례 때 받은 성령 선물 사이의 관계와 차이점은 계속해서 혼동과 논쟁의 대상이 되어 왔다는 점에서 견신례와 성령의 관계는 모호하다. 명확한 것과 모호한 것 사이에 존재하는 애매함은 부분적으로 서방교회에서 입문예식이 해체된 결과이다. 안수 혹은 도유를 포함하여 입문예식의 다양한 요소가 하나의 예전으로 통합된다면, 이러한 표시는 (그것이 한 번만 시행되든 여러 번에 걸쳐 반복되든 간에) 더 이상 세례 성례전과 별도로 새로운 혹은 다른 선물을 의미하는 몸짓으로 해석되지 않는다. 그리스도의 교회 안에 주어졌고 우리의 영혼 안에서 운행하고 있는 성령의 선물은 여러 번에 걸쳐 일어날 수 있는 일이다.

개인과 교회의 삶 속에서 이루어지는 세례와 견신례/세례언약 재확인(세례 확증)을 통한 세례의 갱신은 성령의 활동이다. 이와 같은 주장에 대해 일부 기독교인들은 불편한 감정을 느낀다. 그들은 이러한 주장이 사제 절대주의를 내포하고 있다고 생각한다. 하지만 이것은 교회의 권위적인 가르침이 아니라 신약성경의 가르침에 근거하고 있다. 신약성경에 따르면, 세례 성례전은 권위와 능력을 가진 성직자가 관리하는 은혜의 기계가 아니다. 세례 성례전을 행하시는 분은 하나님이시다. 사도 바울은 이것을 다음과 같이 표현했다. "우리가 유대인이나 헬라인이나 종이나 자유인이나 다 한 성령으로 세례를 받아 한 몸이 되었고, 또 다 한 성령을 마시게 하셨느니라"(고전 12:13).

바울에게 있어 성령은 기독교인의 삶에 있어 필수불가결한 존재이다. "만일 너희 속에 하나님의 영이 거하시면 너희가 육신에 있지 아니하고 영에 있나니, 누구든지 그리스도의 영이 없으면 그리스도의 사람이 아니라"(롬 8:9). 따라서 성령이 기독교인의 정체성과 관련해서 억누를 수 없는 활력의 원천이라면, 그리스도를 따르는 새로운 제자들을 입문시키는 기독교인들의 활동이 성령의 선물을 경축하지 않는다는 것은 생각할 수 없는 일이다. 기독교인이 된다는 것은 그리스도와 연합된다는 것을 의미하며, 나아가 사도 바울이 말하듯 "주와 연합한 자는 주와 한 영이 된다"(고전 6:17). 바울의 편지에 근거하든, 야고보와 요한에 대한 예수님의 질문(막 10:39)에 근거하든 우리가 신약성경으로부터 추론해 낼 수 있는 세례 성례전 이미지에서 한 가지 분명한 점은 기독교 신앙의 초기 조상들이 세례 성례전을 '삶'으로 이해했다는 사실이다. 그들은 세례 성례전에 대해 이야기할 때 특정한 예식의 절차를 설명하거나 규정하지 않고, 오히려 신앙의 삶을 묘사한다. 만약 우리가 신약 성경의 증거에 주목한다면, 그리고 만약 우리가 기독교 신앙으로의 입문이 세례 성례전으로 표시된다는 사실을 받아들인다면, 세례 성례전은 우리 가운데 계신 성령의 축복과 성령의 삶에 대한 표시임에 틀림없다.

오순절에 행해진 세례 성례전 예식이 어떠했는지에 관해서는 아무런 증거도 남아 있지 않다. "어떻게?"라는 질문에 대해 관심을 갖고 그것을 기록해서 보존해야 할 필요를 느낀 사람은 당시에 아무도 없었던 것 같다. 하지만 "왜?"라는 질문에 대해서는 많은 대답이 존재한다. 베드로는 자신의 오순절 설교에서 이 점을 분명히 한다. "너희가 회개하여 각각 예수 그리스도의 이름으로 세례를 받고 죄 사함을 받으라. 그리하면 성령의 선물을 받으리니"(행 2:38). 세례 성례전은 예수 그리스도의 이름을 받아들이는 것이다. 세례 성례전은 죄악을 회개하고 죄 용서 안에서 자유를, 생명을 주시는 성령 안에서 새 생명을 발견하는 것이다. 베드로는 이 모든 것이 모든 사람에게 주신 하나님의 '약속'이라고 이야기한다. "이 약속은 너희와 너희 자녀와 모든 먼 데 사람 곧 주 우리 하나님이 얼마든지 부르시는 자들에게 하신 것이라"(행 2:39). 오늘날의 제자들 중에 "주 우리 하나님"이 모든 사람을 부르고 계신다는 사실에 대해 의심하고 있는 사람은 거의 없다. 스스로 하나님의 성령의 운행에 대한 특별한 열쇠나 능력을 소유하고 있다고 생각하는 사람도 거의 없다. 우리는 성령의 보증이 될 수 없다. 제자로서 우리가 맡은 역할은 이야기를 말하고 선포하고 약속을 따라 살며 응답하는 모든 사람을 공동체 안으로 받아들이는 것이다. 이것이 바로 깨끗하게 하는 물세례의 약속과 안수의 축복을 통해 우리가 경축하는 내용이다. 그것을 넘어서서 우리가 해야 할 일은 기독교 신앙의 어린 싹들을 돌보아주고 하나님께서 부르심에 응답하는 모든 자에게 약속하신 성령을 선물하실 것을 신뢰하는 것뿐이다. 제자들은 이 이상 다른 것을 할 수 있는 능력이 없다. 심지어 사도들의 신실한 신앙조차도 하나님과 하나님의 은혜를 좌지우지하지 못한다. 성령은 하나님이시기 때문이다. 우리는 성령이 '성부'와 '성자'로부터 주어지는 선물이라고 믿지만, 동시에 우리는 성령이 하나님이심 또한 믿고 있다. 성령은 자유하시다. 성령은 "임의로 불매 네가 그 소리는 들어도 어디서 와서 어디로 가는지 알지 못한다"(요 3:8). 우리의 경험은 우리의 이해를 확증한다. 성령을 나누거나 수여하고자 하는 우리의 목회적 노력이 항상 성공을 거두는 것은 아니라는 사실은 명백하다. 이것은 결과를 보면 알 수 있다. 우리가 할 수 있는 일은 초청과 준비와 양육을 통해 성령의 통로가 되는 것이다. 따라서 가정과 더 큰 교회 가족공동체 안에서 이루어지는 종교교육은 생명을 주시는 하나님의 영의 성육신일 수 있다. 우리는 그러한 실재를 인식하고 예전을 통해 그것을 경축할 수 있다. 오래 전에 드려졌던 기도가 여전히 우리의 기도가 될 것이다. "오소서, 창조의 영이시여. 오셔서 우리의 영혼 안에 좌정하소서." 교회와 교회의 사역은 성령을 제어할 수 없다. 우리는 기도할 수 있고 성령의 선물을 경축할 수 있다. 또한 우리는 성령의 선물에 대한 개방성을 발견할 수 있고 초청할 수 있다. 하지만 우리가 통제할 수는 없다.

모든 기독교 예전은 이 같은 이해를 전제로 하고 있다. 헌신된 연합감리교회 소속 기독교인들은 "성령께서 여러분 안에 역사하셔서 물과

성령으로 거듭난 여러분이 예수 그리스도의 신실한 제자로서 살아가게
해주소서."라고 기도한다.[1] 그리고 장로교인들은 이렇게 기도한다. "오,
주님, 주님의 성령으로 ○○○을(를) 높이 드소서. 날마다 ○○○ 가운
데 주님의 은혜의 선물들 곧 지혜와 이해의 영, 조언과 능력의 영, 지식
과 하나님을 두려워하는 영, 주님의 임재 안에 기뻐하는 영을 더하여 주
시고, 이제와 영원히 그리하여 주옵소서."[2] 그리스도연합교회의 목사들
의 기도문을 들여다보면, "오, 하나님, 예수 그리스도의 은혜 안에서 주
님은 세례의 물을 통해 주님의 종 ○○○을(를) 영접하셨습니다. ○○○
안에 주님의 성령의 능력을 공급하여 주셔서 ○○○이(가) 세상 속에
서 주님을 섬기며 살게 하옵소서."[3] 마지막으로 가톨릭교인들은 이렇게
기도한다. "하나님 우리 아버지께서 성령을 부어주셔서 각양 은사들로
아들딸들을 강건하게 하시고, 그들에게 기름을 부으셔서 하나님의 아
들 그리스도를 닮은 자들이 되게 하여 주시기를 기도합시다."[4]

　　모든 기독교 입문예식은 성령의 선물이 곧 하나님의 선물이라는 점
을 인정하고 있다. 세례 성례전은 결단코 인간의 행위가 아니다. 사도
요한이 자신의 복음서 3장에서 우리에게 말하고 있듯, 성령으로 거듭
나는 것은 '위로부터' 이루어진다. 최초의 기독교인들은 그들이 성령
의 주권적인 능력 아래 살고 있다는 예식을 분명하게 갖고 있었다.

1　*The United Methodist Book of Worship* (Nashville: The United Methodist Publishing House, 1992), 92.

2　*Book of Common Worship* (Louisville: Westminster/John Knox, 1993), 444.

3　*The Book of Worship: United Church of Christ* (New York: U.C.C. Office for Church Life and Leadership, 1986), 152.

4　*The Rite of the Catholic Church,* Volume IA, Initiation (New York: Pueblo, 1988), 490.

이것을 어떻게 이해해야 하는지의 질문은 여러 문제점을 안고 있다. 그리스도의 죽음과 부활로에 세례를 받는다는 바울의 강조는 때때로 세례 성례전을 성령의 사건으로 보는 관점을 쇠퇴시켰다. 또한 베드로가 신자들을 그리스도의 이름으로 베풀어지는 세례에 초청하면서 성령의 은사들을 약속하고 있는 사도행전 2장의 기록은 세례 성례전에 있어 그리스도와 성령의 역할에 대한 혼동을 불러일으킬 소지가 있다. 신학자들이 그리스도와 성령을 함께 언급하는 방식에 따르면 "성자는 성령의 능력으로 파송되고, 성령은 부활한 그리스도를 통해서 파송된다."[5] 그리고 인간의 삶 속에서 운행하시는 성령께서 우리 가운데 예수 그리스도에 대한 헌신을 불러일으키신다. "성령으로 아니하고는 누구든지 예수를 주시라 할 수 없다"(고전 12:3). 예수님의 사역은 물과 성령으로 행해진 세례 성례전과 더불어 시작하고, 부활하신 그리스도는 교회에 성령을 선물하신다. 이때 성령은 마치 호흡처럼 예수님과 친밀한 존재로 묘사되기도 하고(요 20:22), 진리와 지속적인 현존으로서 하나님의 한 부분으로 이해되기도 한다(요 15:26-16:12).

마가복음 10장 38-40절의 언어는 초대교회의 세례 성례전 이해와 관행을 반영하고 있다. 예수님께서 자신이 받은 세례로 세례 받는 것에 관해 제자들에게 질문하시는 장면은 초창기 기독교인들이 세례 성례전을 하나님 나라에 대한 충성된 사역으로 이해했다는 것을 보여준다. 그들이 어떤 예식적 절차를 행했는지는 명확하지 않다. 우리는 몇 가지 단서만 갖고 있을 뿐 완전한 그림은 갖고 있지 못하다. 그들이 세례 성

---

5   Jürgen Moltmann, *The Church in the Power of the Spirit* (New York: Harper & Row, 1977), 321.

례전을 살아 있는 신앙으로 이해했다는 것은 확실하다. 그들은 자신의 삶을 내어놓은 예수님은 하나님의 영의 사람이고 예언자적 은사로 충만한 사람으로 생각했다. "보라, 나의 택한 종 곧 내 마음에 기뻐하는 바 내가 사랑하는 자로다. 내가 내 영을 그에게 줄 것이다"(마 12:18). 그리스도를 따르는 제자가 된다는 것은 예수님의 이름으로 세례를 받는 것이며(행 2:38), 성령 곧 그리스도의 영의 사람이 된다는 것을 의미했다. 신자들의 세례는 요단강에서 예수님께서 받으신 세례를 재현하는 것이었다(막 10:38-40; 롬 6:1-11; 골 2:12-13). 제자들은 죄 용서를 구하며 회개하며 예수님께로 나아왔다. 그들은 생명을 주시는 예수님의 영 안에서 용서의 자유를 맛보고 역동적이고 새로운 아가페의 삶을 발견했다.

위르겐 몰트만(Jürgen Moltmann)은 우리의 세례 신앙에 있어 그리스도와 성령이 각각 담당하는 역할을 이해하는 데 도움을 준다. 몰트만이 주장하듯이, 신약성경 이야기에 따르면 성령과 그리스도는 공유된 역사를 가지고 있다. 예수님은 요단강에서 세례를 받으실 때에 성령의 인침을 받으셨다(막 1:10). 예수님의 공적인 사역은 성령의 표지 아래 있었다(눅 4:14, 18 등). 성령은 예수님의 길을 인도하고 이끌었다(막 1:12). 예수님은 하나님의 성령으로부터 예언자적 은사들을 부여받았다(마 12:15-21). 예수님의 표적과 이적들은 성령께서 능력을 주신 것으로 여겨졌다(눅 4:1, 14). 성령 안에서 예수님은 십자가 죽음에 자신을 내어놓으실 수 있었다(히 9:14). 하나님은 성령의 능력으로 예수님을 죽음에서 다시 일으켰으며(롬 8:11), 생명을 주시는 영으로 예수님을 높이 드셨다(고전 15:45). 신약성경에서 예수님의 삶과 죽음과 부활은 모두 성령에

의한 사건들로 묘사되고 있다.[6]

바울을 비롯한 신약성경 기자들과 후대 기독교 증인들의 확신에 의하면, 인간이 이 이야기의 예수님을 만나는 것은 성령을 받는 것이다. 그리고 역설적이고 순환적인 방식으로 이 성령은 그리스도에 대한 헌신을 불러일으키며, 성도들 가운데 그리스도의 주권을 드러내고 영화롭게 하고 완성시키신다.[7] 이러한 이유에서 바울은 로마서 8장 9절에서 누구든지 그리스도의 영이 없으면 그리스도의 사람이 아니라고 말할 수 있었다. 성령과 그리스도는 우리의 신앙생활에서 상호적(mutual)이고 상호의존적인(interdependent) 역사를 갖고 있다.

성령과 그리스도 사이의 이 같은 관계성은 예수님의 세례 받는 장면을 묘사하고 있는 복음서의 기록에서 일차적으로 나타난다. 누가의 표현에 따르면, "하나님은 예수님에게 성령과 능력을 기름 붓듯 하셨다"(행 10:38). 이 같은 이미지는 오순절 사건에서 재현되었다. 여기에서 성령은 그리스도에게 그랬던 것처럼 기독교공동체에도 실제적이고 없어서는 안 될 존재로 묘사된다. 누가의 기록에 따르면, 성령 선물에 대한 하나님의 약속은 "너희와 너희 자녀와 모든 먼 데 사람 곧 주 우리 하나님이 얼마든지 부르시는 자들에게" 주신 것이다(행 2:39).

예수님의 세례를 세례 성례전 의미 자체에 대한 전형으로 보는 견해는 성례에 관한 교회의 가르침에서 지배적인 입장은 아니다. 오히려 죽음과 부활에 관한 바울의 이미지나 새로운 탄생에 관한 요한의 이미지

---

6 위의 책, 236.

7 Ives M. J. Congar, *The Word and the Spirit* (London: Geoffrey Chapman, 1986), 15-41. 또한 George Moberly, *The Administration of the Holy Spirit in the Body of Christ* (Oxford & London: James Parker, 1868), Bampton Lectures를 보라.

가 더 지배적이다. "너희가 나의 마시는 잔을 마시며, 나의 세례를 받을 수 있느냐?" 하고 제자들에게 던지신 예수님의 질문은 일차적으로 자신의 임박한 십자가 죽음에 관한 질문이었지만, 이것은 또한 자신의 세례의 의미와 그 능력에 관한 질문이기도 했다. 이 질문은 예수님을 따르는 제자들의 삶이 그 스승의 삶을 따라 형성되어야 한다는 것을 내포하고 있다. 여기에서 자신의 세례를 환기시킴으로써 예수님은 성령의 능력이라는 이미지를 신앙인의 순례 여정 가운데 투사시키고 있다. 예수님의 질문과 그 질문에 대한 예수님 자신의 대답(막 10:38-45)은 모든 사람은 예수님의 세례로 세례를 받고, 세례 받은 사람은 성령을 선물로 받고 성령의 인도를 따라 살아간다는 뜻을 함축하고 있다. 세례 성례전과 관련해서 그것이 성령의 능력에 관한 그리스도의 표징이라는 점을 확증하는 것은 중요하다. 성령의 능력으로서 세례 성례전의 '실재'는 마법이나 정해진 주문 혹은 몸짓을 통해서 가능해지는 것이 아니다. 우리가 말했듯이, 제자들은 이야기를 말할 수 있고 기도 가운데 성령을 초청할 수 있다. 또한 제자들은 '준비할' 수 있다. 예수님의 제자로서 살아가는 신앙생활의 상당 부분은 준비하고 계획하고 가르치고 돌보고 성령의 선물에 개방되는 '사전' 작업이다. 교회 안에서 우리의 공동체적 삶은 성령의 은사들이 우리를 통해서 흘러날 것을 준비하고, 또한 성령의 인도와 능력과 축복 안에서 살아갈 것을 준비하기 위해 부름 받은(ekklesia) 존재의 삶이다. 이것은 마법도 아니고 신학적 공식도 아니다. 이것은 오직 그리스도 예수 안에서 세례 받은 사람들 가운데 역사하는 성령의 영감이다.

오순절에 선포된 세례의 약속은 세례 요한이 회개하는 사람들에게 행했던 그것을 이제는 예수님의 이름으로, 그리고 성령의 축복으로 행하도록 제자들을 준비시킨다. 회개와 죄 사함을 위한 요한의 세례에 이러한 것들이 덧붙여졌다는 사실은 매우 중요하다. 예수님의 이름이 첨가됨으로써 이제는 도래하는 천국을 위해서 뿐 아니라 그 나라의 왕 되신 분의 삶 안으로 세례를 받은 사람들 곧 그 이름의 백성을 창조한다. 그리고 성령의 선물이 덧붙여짐으로써 특별한 축복을 받은 백성, '위로부터' 오는 능력 곧 깊은 곳에서부터 생명을 새롭게 창조하고 교회와 세상 속에서 구체적인 과제를 감당하기 위해 필요한 은사들을 가져오는 능력을 가진 백성이 창조된다. 예수님의 이름 안에서 형성된 정체성과 성령의 선물은 동일한 실재의 서로 다른 두 측면이다. 그 실재는 곧 물과 성령 안에서 세례를 받음으로 사역을 시작하셨던 분 안으로 세례를 받은 제자들의 실재이다.

성령의 선물과 관련하여 많은 기독교인들 사이에 왜곡된 이해가 공통적으로 발견되고 있다. 성령 선물을 일차적으로 감정적이고 인격적인 어떤 것으로 이해하는 것은 신약성경의 기술을 심각하게 왜곡하고 있다. 성령의 선물은 단순히 정의되지 않지만, 그렇다고 해서 추상적인 실재도 아니다. 초기 기독교인들에게 있어 성령은 '교리'가 아니라 강력한 인격적인 체험이었다. 인격적인 체험으로 성령은 사적인 감정이 아니라 공적으로 수행되어야 할 과제 혹은 사역(고전 12장), 통찰, 조명, 기도의 간구(롬 8장, 요한서신들), 인격의 특성(갈 5장) 등을 의미했다. 그러한 '은사들'은 하나님의 능력으로 경험되었고, 정적인 실재가 아니라 새롭게 하는 능력의 은사요(딛 3장), '발전하는' 은사였다. 이 같은 성령 선물에 대한 신약성경의 다양한 증언에 따르면, 강조점은 사람들의 감정이 아니라 하나님의 활동에 있다. 뿐만 아니라 성령의 선물은 사적인 사건이 아니라 공적인 사건으로 묘사되고 있다. 오순절 사건에서 보듯 성령은 교회 안에 살아 계시며 사적인 경건보다 오히려 공동체의 예전과 더 관계하신다. 이러한 사실은 위대한 신비가나 기도의 사람의 개인 경건을 깎아내리지 않는다. 다만 성령이 우리 내면뿐 아니라 공동체 안에 계신 하나님의 임재와 능력이라는 점을 우리에게 상기시켜 준다. 기독교인으로서 우리의 공동체적 삶은 이러한 통찰에 깊이 뿌리내리고 있다. 이 같은 이해에 대한 가장 강력한 증언은 신약성경 안에서 발견된다. 신약성경의 증언에 따르면, 성령은 그리스도 안에 있는 형제자매의 얼굴 속에서 발견된다. 우리는 이렇게 고쳐 말할 수도 있다. 즉, 성령이 없다면 우리는 그리스도 안에서 아무런 형제나 자매도 갖지 못할 것이다. 예수님의 세례 장면에서 예수님의 삶에 주어진 특별한 선물로 묘사된 하나님의 생명의 영은 예수님을 주와 구주로 고백하는 모든 사람에게도 특별한 선물이 된다. 조명하시고 영감을 주시는 성령의 동행은 기독교인들을 사랑 안에서 하나로 묶으며 절망적이고 곤궁한 세상 속으로 그들을 파송한다.[8]

하나님의 성령을 강제하거나 통제하는 것은 불가능한 일이지만, 교회가 성령의 백성이라는 점과 성령의 선물은 저축하는 것이 아니라 나누어야 하는 것이라는 사실을 기억하는 것이 중요하다.[9] 그리스도의 몸

---

8 Joseph Haroutunian, *God With Us* (Philadelphia: Westminster, 1965), 62-83.

9 Rachel Henderlite의 고전적인 저서 *The Holy Spirit in Christian Education* (Philadelphia: Westminster, 1964)은 지역교회의 기독교교육에서 발견되는 극단적인 세 가지 모델에 대한 분석을 제공하고 있다. (1) 하나님의 영은 일차적으로 자연적인 과정 속에서 작용하고 있는 내재적인 원리이다. (2) 성령은 전적으로 초월적이고 불가해하다. (따라서 기독교교육 프로그램을 개발하는 것은 문제의 소지가 다분하다.) (3) 하나님의 영의 말씀은 성경 안에 제한되어 있으며, 따라서 기독교교육의 과

의 신실한 지체들은 성령을 통제할 수는 없지만 성령을 소유할 수는 있다. 많은 은사를 받은 백성은 은혜의 능력으로 힘을 얻는다. 교회와 세상 안에 이 같은 은혜의 표적을 만드는 것은 기독교인들이 교제 가운데 활동하시는 하나님의 임재와 세상을 섬기도록 부르시는 하나님의 소명을 재발견할 때에 성령의 축복을 반복해서 확증하기 위해서 꼭 필요한 일이다. 이것은 반복될 수 있고 또한 반복되어야 하는 세례의 확증이며, 예수님이 받으신 세례로 세례 받는 것이 무엇을 의미하는지 알고자 애쓰는 지속적인 노력이다.

제는 이 책을 가르치는 것이다. Henderlite는 기독교교육에 있어 성령에 대한 보다 역동적인 이해가 필요하다고 역설한다. 그녀는 *Harper's Encyclopedia of Religious Education*, eds. Iris V. Cully and Kendig Brubaker Cully (San Francisco: Harper & Row, 1990), 312-13에서 자신의 이 같은 견해를 더욱 발전시키고 있다. 또한 Lee, *The Flow of Religious Education*, 174-80을 참고하라. Lee는 자신이 종교교육의 "바람 이론"(The Blow Theory)이라고 명명한 관점을 분석하고 비판한다. 그는 성령의 이름으로 종교교육의 목적과 과정에 있어 무형식을 추구하는 모든 시도에 대해 이의를 제기한다.

제4장

축복으로서의 견신례

지난날의 시간을 돌아볼 때 우리는 언제 축복받고 있었는지를 명확하게 알고 있다. 우리의 삶을 축복으로 인도했던 사람과 사건의 이름을 언급할 수 있다. 어떤 경험은 우리의 존재와 미래에 관한 우리의 깊은 필요를 충족시켜 주었다. 이러한 경험들은 대개의 경우 값없이 주어진 사랑과 용납의 성육신이자 성실과 진리와 정의의 모델이다. 그러한 경험들은 삶의 의미와 목적에 대한 이해를 제공하며, 우리 자신과 다른 사람들과 하나님에 대한 우리의 믿음을 위한 모판(seedbed)의 역할을 감당한다.

우리는 부모와 가족의 축복뿐 아니라 우리의 신앙이 뿌리내리고 있는 공동체의 축복을 필요로 한다. 한 친구가 말했다. "나는 부모님을 통해 많은 축복을 받았습니다. 부모님은 나를 정말 사랑하셔서 한 인격체로서 나에 대해서는 언제나 '예'라고 말씀하셨고, 나의 일부 행동과 태도에 대해서는 '아니'라고 말씀하셨습니다. 인생에 관한 부모님의 신

념과 실제적인 삶 사이에는 그다지 간극이 존재하지 않았습니다." 이
친구가 또한 이렇게 말했다. "그리고 나는 교회 안에서 성장하면서 많
은 축복을 받았습니다. 교회에서 내가 질문을 제기하고 삶의 다른 영역
에서 갖게 된 많은 생각과 기독교 신앙고백을 결합하려 할 때에 목사
님과 교인들은 나를 지지해 주었습니다. 예를 들어, 내가 대학에 들어
가 종교와 철학 수업을 들으면서 신앙에 대해 비판적인 사고를 해야 했
을 때, 나는 다른 친구들과 달리 내면에서 심각한 동요를 경험하지 않
았습니다. 모든 것이 자연스럽고 일상적으로 비춰졌습니다. 정말이지
나는 경건한 신앙과 더불어 정직한 생각을 장려하는 교회 가족공동체
안에 있으면서 많은 복을 누렸습니다." 이러한 진술은 견신례에 있어
핵심적인 의미가 될 수 있는, 또한 그렇게 되어야 하는 인생과 신앙의
본질을 지적하고 있다.

견신례가 통합된 입문예식의 한 부분이든 별개의 독립된 예식/성례
이든 혹은 견신례가 반복 가능한 예식/성례로 여겨지든 간에, 견신례
는 신앙공동체뿐 아니라 개인에게도 축복의 경험이다. 신앙인의 모든
경험은 축복으로 가득 차야 한다. 그래서 신앙의 사람은 "내가 ○ ○ ○
을(를) 가능하게 해준 가정과 교회의 일원이 되어 축복을 받았습니
다."라고 고백할 수 있어야 한다. 물론 각 사람은 자신의 고유한 방식
으로 이 고백의 빈칸을 메울 것이다.

축복으로서의 견신례의 기원

견신례의 기원에 관한 몇몇 최근의 연구에 따르면, 견신례와 관련된

예식은 예비신자들이 성찬 성례전 예식 이전에 해산될 때 행해지는 주교의 축복이거나 혹은 방금 세례를 받고 처음으로 성찬 성례전에 참여하기 위해 준비하고 있는 사람들에게 베풀어진 주교의 축복일 가능성이 있다. 에이단 카바나(Aidan Kavanagh)는 자신의 초기 연구에서 『사도전승』에 기록된 히폴리투스의 보고내용(215년경)에 기초하여 주교가 행하는 이 같은 안수 혹은 도유를 성령의 인침으로 해석했다. 한편 가장 최근의 연구에서 그는 이 같은 예식적 행동이 세례 이후에 별도로 성령을 수여하는 것은 아니라고 주장한다. 즉, 세례 예식은 곧 물과 성령에 의한 것이고, 주교의 축복은 성찬 성례전에 앞선 해산의 예식이다. 이러한 견해에 따르면, 세례 성례전과 성찬 성례전이 핵심적인 성례전으로 자리하고 있고, 견신례 혹은 위탁은 성찬 이전에 이루어지는 전환 단계의 축복 혹은 '미사'이다. 예비신자 제도가 성행하던 시기 동안 이 같은 견해는 급속히 발전되어 성찬 성례전 자체가 '미사'로 알려지게 되었고, 불행하게도 참석 대상과 관련한 오해 때문에 점점 더 적은 수의 사람들이 성찬 성례전에 참여하게 되었다.

카바나는 오늘날의 예전과 관련해서 견신례의 기원에서 자신이 발견한 축복의 측면을 그다지 강조하지 않는다. 오히려 그는 왜곡된 이해의 역사를 해명하고 핵심적인 성례로서 세례 성례전과 성찬 성례전을 강조한다. 동시에 그는 사제에 의한 통합된 입문예식을 계속해서 지지한다. 그리고 성인들과 요리문답 연령의 아이들뿐 아니라 정교회의 전통을 따라 유아들을 위한 첫 번째 성찬 성례전 예식도 긍정한다. 유아세례를 받은 아이들이 첫 성찬을 받기 전에 그 아이들에게 견신례를 베푸는 관행과 관련해서는 마지못해 인정을 한다. 이런 경우와 관련해서 그는 "견신례는 흔히 대상자가 이미 성찬을 받기 시작한 이후에 주교나 혹은 주교가 위임한 장로에 의해서 시행되어야 한다."는 원칙이 유지되어야 한다고 생각한다.[1]

하나님과 신앙공동체와 가족들의 축복으로서의 견신례는 힘을 북돋우어 주는 관계론적 속성을 가지고 있다. 하지만 이것은 주교나 장로/사역자에 의해 성령이 실체론적으로 주어진다는 뜻으로 해석되어서는 안 된다. 카바나는 견신례뿐 아니라 세례 성례전과 성찬 성례전이 처음부터 기독교적 이야기에 의해 생겨난 '유비들'이었다고 주장하고 있긴 하지만,[2] 그는 이와 같은 실체론적 가정들에서 자유롭지 않아 보인다. 견신례의 '실체론적' 본질은 견신례를 받은 사람과 에클레시아(보편 교회)와 에클레시올라(작은 교회 곧 가정) 사이에 "생겨난 특별한 성격의 관계들"이다. 축복으로 이해된 견신례에서는 바로 이와 같은 깊은 관계를 경축한다. 이 같은 관점은 클라우스 베스터만(Claus Westermann)의 고전적인 연구 『성경과 교회의 삶 속에서 본 축복』(Blessing in the Bible and the Life of the Church)에서 잘 발전되어 있다.

축복의 성경적 토대

베스터만은 성경 안에서 구원과 축복이라는 두 가지 주제에 주목한다. 그의 판단에 따르면, 성경에서는 모든 삶에 지속적으로 현존하는

---

1 Kavanagh, *Confirmation: Origins and Reform*, 93. 또한 Paul Turner, "The Origins of Confirmation: An Analysis of Aidan Kavanagh's Hypothesis," in *Worship 65:4* (July 1991), 320-38을 보라.

2 위의 책, 116.

하나님의 계속적인 축복보다 출애굽과 그리스도를 통한 구원이 훨씬 더 강조되고 있다. 이 두 가지 주제는 현현(epiphanies)과 신현 (theophanies)이라는 주요한 방식으로 등장하다. '현현'은 자유하게 하고 건져내고 계시하고 심판하고 구원과 평화를 가져다주기 위해 하나님이 찾아오시는 것을 말한다. 반면 '신현'은 창조와 계속적인 재창조의 과정 속에서 하나님께서 주시는 축복을 말한다. 하나님이 모든 시대에 현존하시기 때문에 삶은 모든 측면에서 거룩한 것으로 이해된다. 하나님의 임재는 각 사람의 영혼의 성장에서 확인할 수 있다. 사람들이 사랑과 믿음과 소망과 정의감과 내적, 외적 평화를 함께 나눌 때, 축복을 받는 사람의 영혼뿐 아니라 축복을 주는 사람의 영혼 또한 성장한다. "이스라엘 백성이 '브라카'(berakhah)라고 부른 축복, 바로 이것이 모든 생명체의 존재를 가능하게 하는 생명력이다."[3]

축복을 한다는 것은 정체성을 부여한다는 의미를 갖고 있다. 이렇게 부여되는 정체성은 성스럽다. 그리고 개인의 자기 확증과 인생의 목적 발견에 있어 본질적인 요소이다. 이때의 정체성은 우리가 성경의 아브람/아브라함, 사래/사라, 사울/바울 이야기 등에서 볼 수 있듯이 종종 새롭게 규정된 정체성이다. 축복은 또한 하나님이 아브람을 부르셨을 때 보여주셨던 초기의 비전에 속해 있다. 당시 아브람은 땅 위의 모든 가족들을 위한 축복덩어리가 되기 위해서 어디로 가는지 알지도 못하면서 믿음으로 발길을 내던졌다(창 12:3). 아브라함 이래로 하나님은 사람들이 하나님의 아들딸로서 신실하게 살 뿐 아니라 서로를 축복하며

---

3 Claus Westermann, *Blessing in the Bible and the Life of the Church* (Philadelphia: Fortress, 1988), 18.

살 수 있도록 그들에게 힘을 더하여 주시기 위해 지속적으로 현존하고 계신다. 구약성경에서 이것은 아들을 향한 아버지의 축복, 아들딸을 향한 어머니의 축복으로 이해되었다.

축복으로서의 견신례는 (그것이 세례 예식의 한 부분이든 혹은 인생의 여러 단계에서 이루어지는 하나의 통과의례이든 간에) 정체성 예식과 사랑과 신뢰의 관계를 강화시킬 수 있는 큰 힘을 갖고 있다. 또한 견신례는 살아 계신 하나님의 영의 현현을 예식하게 하며, 사람들이 자신들의 삶 속에서 하나님의 살아 역사하시는 임재를 깨닫도록 돕는다.

베스터만은 축복을 일종의 마법으로 보거나 축복의 권한이 (주교나 사제 등) 특정한 사람들에게만 주어졌다고 생각하는 왜곡된 이해의 역사를 펼쳐 보인다. 베스터만의 주장에 따르면, "축복은 출생과 성숙, 남자와 여자의 연합, 아이의 출산, 노화, 죽음 등 사람들의 삶 전체에 관계된다. 복음의 메시지는 인생의 어떤 한 지점에서 개인을 대면한다. 따라서 중요한 것은 단지 이전과 이후가 아니다. (중략) 하나님이 내려주시는 축복은 사람들의 삶 전체와 관련된다. 이러한 이유에서 개인의 인생 전체에 걸쳐 동행하면서 특정한 순간에 교회의 특별한 예식을 통해 주어지는 축복은 중요한 의미를 갖는다."[4]

베스터만은 축복이 세례 성례전, 견신례, 결혼, 장례, 기념일 등 교회의 모든 예식에 있어 본질적인 요소라고 생각한다. 축복과 하나님의 구원의 선포는 서로 연결될 필요가 있으며, 또한 둘 모두 분명한 초점을 가질 필요가 있다. 선포는 단순히 일반적이어서는 안 되며 특정한 초점

---

4 위의 책, 117.

을 갖고 있어야 한다. "그것은 유아, 소년소녀, 남편아내, 노인, 임종을 앞둔 사람 등 구체적인 개인에 대한 축복과 관련되어야 한다. 구원과 축복은 함께 있어야 한다."[5]

우리는 대중문화 시대 속에서 신앙이 가정과 그리스도의 몸 안에서 사랑과 정의의 진정한 성육신이 되어야 한다는 점을 강조하는 베스터만의 견해에 전적으로 동의한다. 아이이건 청년이건 어른이건 모든 사람은 세례 성례전 안에서 그리스도의 몸 안으로 접붙임을 받았으며, 그 안에서 보다 분명한 정체성을 갖고 사역과 선교를 위한 힘과 능력을 공급받는다. 그와 같이 분명한 정체성은 삶의 여정 가운데 견신례와 세례 갱신의 경험을 통해 사람들이 발견하게 된다. 축복으로서의 견신례는 그리스도 안에서 하나님의 사랑의 성육신을 통해 실제화된 성령의 능력과 깊이 연관되어 있다. 하나님이 계속적인 창조와 구속의 활동 가운데 자신의 영원하고 지속적인 사랑을 내어주시듯이, 축복을 베푸는 사람은 자신의 영혼의 일부를 내어준다. 진정한 축복은 우리를 포근하고 안전한 가정과 교회공동체의 울타리 밖으로 인도하며 더 넓은 하나님의 가족공동체 안으로 우리를 초청한다. 이 큰 가족공동체 안에는 많은 오해와 다양한 상징체계와 상처가 있지만 동시에 하나님의 은혜와 평화에 대한 놀라운 비전도 이 안에서 발견된다. 우리가 견신례의 축복을 통해 사람들이 자신의 고유한 정체성과 소명을 발견하는 것을 도울 때 사실상 우리는 그들이 하나님의 보편적인 가족공동체에 대한 예식을 갖도록 돕고 있는 것이다.

---

5 위의 책, 118.

축복과 생명의 성례전적 본성

축복은 모든 생명의 성례전적 본성에 관한 이해에 닻을 내리고 있다. 성스러운 것과 세속적인 것 사이에 절대적인 단절은 존재하지 않는다. 불행하게도 축복의 역사는 이 같은 단절로 인해 왜곡되어 왔다. 말하자면, 축복을 사람들이나 사물들을 악의 손아귀에서 건져내어 하나님의 영향력 아래 두는 힘으로 이해하는 경향이 존속해 왔다. 토마스 시몬스(Thomas Simons)는 축복에 관한 자신의 연구에서 그 같은 왜곡된 개념들에 대한 철저한 반성과 정화를 요청한다. 그의 주장에 따르면, "세상이 악의 세력에 사로잡혀 있다고 보는 관점은 창세기의 첫 번째 창조 기사와 전혀 조화를 이루지 못한다. 창세기의 저자에 따르면, 악의 경험에도 불구하고 모든 만물은 하나님의 '선한' 손에서부터 비롯되었다."[6] 시몬스는 동방교회가 가진 보다 통전적이고 긍정적인 축복 이해에 관심을 환기시킴으로써 이와 같이 통합된 창조 개념을 다시금 천명하고 있다. 이러한 관점은 "축복과 모든 성례의 초점이 세상과 그리스도의 몸 사이의 관계, 다양한 상황 속에서 일어나는 우주적 그리스도에 대한 놀라운 경험들에 놓여 있다는 근본적인 생각 속에서 표현되고 있다. 축복은 그 핵심에 놓여 있는 성찬 성례전으로부터 비롯되는 선교와 사역으로 교회를 인도한다."[7]

---

6 Thomas G. Simons, *Blessings: A Reappraisal of Their Nature, Purpose and Celebration* (Saratoga, Cal.: Resources Publications, 1981), 50.

7 위의 책, 53.

축복: 모든 사람들이 줄 수 있는 선물

성과 속 사이에 절대적인 단절이 존재하지 않듯, 축복을 수여하는 주체의 문제와 관련해서 성직자와 평신도 사이에 절대적인 구분도 존재하지 않는다. 기독교 평신도 중에 상당수는 말이나 행동을 통해 다른 사람을 축복할 수 있는 능력이 오직 성직자에게만 주어졌다고 생각한다. 이러한 견해에 따르면, 축복은 모든 삶에 의미와 통전성과 비전을 제공해 주는 세상 속에서의 일상적인 경험이 아니라 가끔씩 주어지는 특별한 경험으로 이해된다.

기독교공동체 안에는 "모든 성도의 만인 제사장설"의 함의를 재천명하고자 하는 운동이 있다. 이것은 부모와 교사를 비롯해 그리스도의 몸의 모든 지체가 서로를 축복할 수 있는 능력을 갖고 있다는 것을 의미한다. 다시 말하면, 모든 지체는 말과 태도를 통해 하나님의 은혜와 사랑과 진리의 통로가 될 수 있다는 말이다. 시몬스는 성직자에게 주어진 "축복의 직무"가 평신도에게 있어 얼마나 풍성한 잠재력을 줄 수 있는지 강조할 필요가 있다고 역설한다. 왜냐하면 가정생활이나 물질의 사용과 관련해서 "축복의 직무"를 활용하는 것은 삶 전체의 성화에 크게 기여할 수 있기 때문이다. 하나님을 찬양하고 사람들을 축복한다는 주제는 다양한 원천을 갖고 있다. 우리는 성만찬의 삶에 대한 초기의 이해와 예전에서 그 같은 주제를 발견할 수 있다.[8]

평신도와 성직자는 그리스도의 몸을 구성하는 지체로서 동등하게

---

8 위의 책, 62.

능력을 부여받았으며, 가정과 교회와 더 큰 하나님의 가족공동체 안에서 실제적이고 살아 있는 축복이 될 수 있는, 곧 하나님이 주시는 풍성한 샬롬의 삶을 실현할 수 있는 무한한 가능성을 갖고 있다. 이러한 생각은 세상 자체가 하나님의 현존의 성례전이라는 믿음으로 인해 더욱 뒷받침된다. 따라서 부부로서 자녀를 갖기 위해 준비하는 일, 아이를 출산하는 일, 아이가 삶의 의미와 목적을 찾도록 돌보고 양육하는 일, 아이가 자신에게 허락된 최선의 삶을 실현하고 자신을 넘어 돌봄과 사역의 삶을 살 수 있도록 격려하는 일 등의 모든 일은 우리의 자녀와 가족뿐 아니라 간접적으로는 "땅 위의 모든 가족"을 위한 축복의 기회가 될 수 있다. 물론 하나님이 축복의 중심에 계신다. 하지만 우리는 일상생활에서 하나님의 성령의 통로가 됨으로써 하나님의 축복에 적극적으로 참여한다. 이러한 적극적인 참여는 먹이고 입히고 이야기하고 잠자리를 제공하고 양육하고 놀아주고 훈육하는 등 삶의 일상적인 예식 안에서 일어난다. 이러한 일상적인 예식을 통해서 우리는 실재에 대한 우리의 비전, 성령 안에서 자신을 내어주는 사랑의 관계 혹은 두려움과 불신을 전달한다. 가정 안에서 이루어지는 이 같은 근본적인 예식은 위대한 신앙 이야기와 교회의 성례를 통해 초점을 부여받고 더욱 강화된다. 신앙 이야기와 성례는 우리가 어디에 가든, 무엇을 하든 항상 품고 있는 실재의 비전에 의미와 목적을 제공하는 중심이 된다. 특별히 세례 성례전과 견신례와 성찬 성례전의 성례전적 경험은 아이와 청년과 성인을 축복하는 데 있어 핵심적인 패러다임이 되고, 그들의 삶의 여정이 가진 의미와 목적과 영원한 운명에 대한 비전을 제공한다. 하지만 성례전적 축복의 가능성에 대한 이와 같은 긍정적인 그림을 제시하는 것만으로는 충분하지 않다. 부모와 예전 인도자와 예전 참여자를 위해 교육적, 예전적 지침과 특별한 경험, 그리고 가용한 자원을 제공함으로써 우리는 더 큰 효과를 불러일으켜야 한다. 이것은 가정생활 교육과 결혼 준비에서부터 시작된다. 이와 같은 예전은 첫 아기의 출산을 준비하는 젊은 부부에게 특별히 초점을 맞추어야 한다. 그리고 유아세례를 준비하거나 혹은 아이를 예비신자로 등록하는 과정에서 전체 회중이 참여하여 도움을 주어야 한다.

반복 가능한 성례로서의 견신례의 축복

견신례가 반복 가능한 요소로 이해되는 통합된 입문예식에서는 유아세례가 특별히 중요하다. 부모와 회중이 유아세례를 준비하는 과정에서 우리는 아이를 축복하는 동시에 가정생활의 모든 과정 속에 함께하시는 하나님의 임재를 인식하고 경축할 수 있는 기회를 여러 차례 가진다. 이것은 출산으로 이어지는 출산 전 안전한 사랑의 삶, 인격과 신앙이 발전하는 과정 속의 여러 단계들, 아이에게 돌봄과 용납과 양육을 제공하기 위해서는 부모와 회중의 상호관계가 필요하다는 인식, 아이가 그리스도의 몸에 완전히 접붙임 되었음을 경축하는 세례 예식, 아이를 모든 사람을 위한 복의 근원으로 키우기 위해 부모와 회중과 하나님 사이에 만들어지는 언약의 관계 등을 포함한다.

축복과 격려의 이 같은 과정은 오늘날 교회가 부모에게 제공하기 시작한 교육과 예전의 단계들에서 반영되고 있다. 이러한 단계들은 아이에게 정체성을 심어준다. 이때의 정체성은 하나님의 자녀로서의 정체성이자 특별한 인간공동체 곧 한 가족의 자녀로서의 정체성이며, 아울러 세례 성례전 이후 상호간의 사역 속에 있는 그리스도의 몸의 중요한 한 지체로서의 정체성이다.

마이론 매든(Myron Madden)의 주장에 따르면, 아이에게 이름을 지어주는 것은 이와 같은 모든 중요한 관계를 상징적으로 표현하며 또한 부모가 자신의 아이에게 주는 첫 번째 축복이 되어야 한다. 이름은 아이에게 특정한 정체성을 투사한다. 따라서 이름을 짓는 과정은 자유와 희망을 심어주는 계기가 될 수도 있고 무거운 짐을 떠안겨주는 계기가 될 수도 있다.

이러한 과정에서 우리는 아이가 긍정적인 자기 이미지와 값없이 주어지는 사랑과 용납으로 축복받기를 무엇보다도 원하고 있다. 매든이 정확히 지적하고 있듯이, 우리는 평생에 걸쳐 부모로부터 받지 못했던 축복을 찾아다닐 수도 있다. 우리가 가장 원하고 또한 가장 필요한 축복은 우리가 아무 조건 없이 있는 모습 그대로 받아들여지고 사랑받고 있다는 것을 깨닫는 것이다. 즉, 우리가 무슨 일을 행함으로써 우리의 존재 가치를 입증할 필요가 없다는 것을 아는 것이다. 어린 시절에 받은 용납과 사랑과 확증은 아이들이 건강한 삶을 살아갈 수 있는 근본 토대를 제공해 주는 축복이다. 아이들이 무슨 일을 성취해 낸다면 그것은 용납과 사랑과 확증을 얻기 위한 고통스러 수고가 아니라 부모와 사람들과 하나님으로부터 이미 받은 용납에 대한 자발적이고 긍정적인 응답이어야 한다.[9] 매든은 이와 같은 정체성 형성과정이 아이에게 큰

---

9   Myron C. Madden, *Blessing: Giving the Gift of Power* (Nashville: Broadman, 1988), 30-32.

힘을 줄 수 있다고 이야기한다. 아이에게 이름을 지어주는 일, 아이를 신앙공동체 안에 접붙이는 일, 아이를 용납하고 아이에게 의미와 소명을 가진 이미지를 심어주는 일은 건강한 자기 이해, 곧 다른 사람에게 영향을 줄 수 있는 중요한 사람이 될 수 있다는 자기 이해를 키워주는 방법이 될 수 있다. 우리가 성장하면서 종종 비생산적인 방식으로 힘을 추구한다. 우리가 필요로 하고 원하는 것은 "우리의 존재와 관련된 힘이다. 이것은 실제적인 축복이 되는 능력이며, 다른 사람이 우리에게 준 어떤 것과도 상관이 없다. (중략) 이 같은 능력은 하나님 앞에서 우리가 가진 개인적인 정체성과 하나님이 그러한 정체성을 받아들였다는 인식에 기초해야 한다."[10] 우리의 힘이 이러한 토대를 갖게 될 때 우리는 더 이상 다른 사람을 지배하기 위해 힘을 가지려고 애쓰지 않는다. 진정한 힘은 다른 사람을 축복하고 확증하는 힘이다. 자기 정체성과 자기 긍정의 부재는 우리를 잘못된 길로 인도하며, 다른 사람은 물론 우리 자신을 해치는 방식으로 정체성과 힘을 추구하게 만든다.

신앙공동체가 오늘날 회복하고 있는 혹은 개선하고 있는 예식들은 정체성 형성, 동기 부여, 축복의 가능성을 갖고 있다. 이것은 역사적으로 성인을 대상으로 시행되었던 다양한 예비신자 제도를 참고하는 가운데 아기의 출산과 유아세례를 통해 그 아기가 그리스도의 몸에 접붙임 되는 과정을 갖기를 원하는 부모와 회중을 위해 새롭게 개발된 접근법들이다.

이러한 접근법은 출산을 기대하고 있는 부부의 가정을 여러 차례 방

---

10 위의 책, 49.

문하여 일련의 예식을 행하는 것을 포함하고 있다.

(1) 출산 전 예식: 장차 부모가 될 두 부부와 대화하고 기도한 후, 건강한 출산과 건강한 아기를 위해 꼭 필요한 내용에 관해 조언하고 학습하는 과정의 시작.

(2) 세례 의지의 예식: 부부와 교회 사이에서 다리 역할을 하는 후원자와 함께 회중 앞에서.

(3) 출산 후 예식: 병원이나 집에서. 유아세례자 명단에 아기를 등록하려는 계획을 갖고서. 새 생명을 주신 하나님께 감사하며. 신앙 양성소가 될 가정 안에서 신앙을 가르치는 첫 번째 교사로서의 부모 역할에 관해 이야기 나눔.

(4) 사산 후 예식: 만약 사산이 되거나 목회자와 회중의 돌봄이 특별히 필요한 경우.

(5) 등록 예식: 아이에게 이름을 지어주고 세례를 위해 등록. 부모는 회중 앞에서 아이를 위한 최초의 신앙공동체가 될 것을 서약.

(6) 세례 전 기도: 다가올 일들과 관련해서 하나님의 축복을 기원. 가족과 회중이 각각의 책임을 받아들이도록 준비시킴.

(7) 세례식: 물을 뿌리거나 물을 붓거나 물에 잠그는 방식을 사용해서 아이가 물과 성령을 통해 그리스도의 몸에 편입되는 것을 경축하는 예식.

(8) 견신례: 목사와 후원자와 가족들이 안수하고 기름을 붓고 십자가 성호를 그음. 이어서 아기가 처음으로 성찬 성례전에 참여하는 순서가 뒤따름. 빵과 포도주를 섞어서 은수저에 담아 아기의 입술에 갖다 댐. 이어서 아기에게 하얀 옷을 입히고 세례초와 세례책(baptimal book) 등 선물을 전달.

(9) 교회에서 세례를 기념하는 예식: 아이의 세례 1주년을 기념하며 경축.

(10) 집에서 세례를 기념: 아이의 세례 날짜를 기억하고 기도하고 경축. 세례의 이

미지, 물의 의미, 도유, 후원자와 가족의 사랑, 부모와 다른 아이들과 다른 가족들과 교회공동체의 헌신 등을 회상. 세례초의 점화, 아이의 신앙공동체 입문 축하, 그리스도 안에서 계속해서 흘러나오는 축복에 대한 고백.[11]

이와 같은 방식은 많은 회중과 가족의 눈에 너무 지나치다는 인상을 줄 수도 있다. 하지만 오늘날 많은 교회가 이와 같은 방식을 조금씩 변형시켜서 아기의 출산과 태어난 아기의 축복공동체 편입을 준비하는 가족을 후원하는 방식으로 활용하는 방안을 고려하고 있다. 견신례와 관련해서 우리의 입장은 삶의 여정의 다양한 단계에서 개인의 정체성을 형성하고 소명을 축복하는 시간을 지속적으로 가질 필요가 있다는 것이다. 이러한 추가적인 세례 확증의 시간은 한 인격체로서, 또한 보편적 사제직의 한 지체로서 개인의 자기 이해를 표현하고 명료화할 수 있는 계기로 이해될 수 있다. 이러한 확증의 시간은 진정한 의미에서 성례전적이며 신앙공동체뿐 아니라 개인의 삶 속에서 풍성한 축복의 열매를 맺을 수 있다. 삶의 다양한 단계는 각기 다른 필요를 내포하고 있으며, 이것은 기독교 신앙을 새롭고 깊이 있게 이해하고 다시금 정직하고 명확한 헌신을 다짐하기 위한 핵심원리로서 기능한다. 이와 같은 추가적인 세례 확증은 개인이 성령의 감동을 받아 자신의 정체성과 소명에 대한 새로운 이해를 추구하는 경우 어느 때나 이루어질 수 있다. 혹은 이러한 확증의 시간을 청소년기, 청년기, 중년기, 은퇴기 등 신앙

---

11 Gail Ramshaw-Schmidt, "Celebrating Baptism in Stages," in *Baptism and Confirmation: Alternative Futures for Worship*, ed. Mark Searle (Collegeville, Minn.: Liturgical Press, 1985), 135f.

발달의 단계를 따라 일반적으로 기대되는 시점에 가질 수도 있고, 아니면 특별히 개인적으로 위기에 처했을 때나 정상적인 재평가의 시간에 가질 수도 있다. 분명한 것은 청소년기에 적어도 한 번은 이러한 시간을 가져야 한다는 점이다. 사실 이 시기에 시행되는 견신례 예식의 횟수가 점점 늘어나고 있다. 우리가 관찰한 주요 교단의 예식에 따르면, 많은 교회의 관심이 어린이 시기보다 청소년 시기로 옮겨가고 있는 추세이다. 여러 모로 볼 때 이러한 추세는 건강하다. 왜냐하면 이것은 부모나 회중의 신앙과 별도로 개인의 독자적인 신앙을 찾기 위한 시도와 더 잘 부합하기 때문이다. 청소년들은 그들 고유의 신앙을 필요로 하고 또한 그것을 원한다. 이러한 과정은 그들의 신앙과 헌신의 의미를 정직하고 열린 대화의 방식으로 탐구할 수 있는 다양한 기회를 포함해야 한다. 청소년들은 하나님께서 축복으로 그들에게 주신 은사를 발견하고, 발견된 은사를 신앙공동체 안팎의 사역에서 창조적으로 활용할 필요가 있다. 아울러 그들은 성령을 통한 하나님의 인도하심에 응답하고, 회중의 사고와 행동에 신선한 공헌을 하며, 자신들의 성적 정체성과 미래의 아버지와 어머니로서 자신들의 역할을 이해하고, 그들이 헌신할 수 있는 건강한 결혼과 가정생활의 모델을 발견할 필요가 있다.

쇠렌 키에르케고르(Søren Kierkegaard)가 잘 지적했듯이, 청소년들은 부모의 신앙 울타리에서 벗어나 그들만의 직접적인 신앙에 도달할 필요가 있다. 이것은 기독교가 세상의 많은 사람들에게 걸림돌이 된다는 사실과 오늘날 그리스도를 따라 산다는 것이 결코 쉽지 않다는 사실에 직면하여 그럼에도 불구하고 갖게 되는 신앙이다. 청소년들은 자신을 찾기 위해 자신을 내어준다는 것이 어떤 의미인지 이해함으로써 사랑과 신뢰와 정의로 대변되는 그리스도의 길의 진리를 스스로 깨달아야 한다![12] 오직 스스로 성숙한 신앙의 "딱딱한 음식"을 섭취할 수 있는 사람들만이 성적 타락, 결혼과 가정의 해체, 사회-정치적 평등과 정의를 위한 투쟁, 사회 분란, 생태계적 불균형, 국제적 긴장, 전쟁의 위협, 종교적 · 철학적 다원성을 특징으로 하는 이 복잡한 세상에서 그리스도의 제자와 사역자로 힘 있게 살아갈 수 있다. 만약 이러한 탐구가 그들이 세례 성례전을 통해 처음에 받았던 축복의 확증으로 이어질 수 있다면, 견신례를 통한 헌신은 진정한 의미에서 해방과 격려의 사건이 될 수 있다.

청소년기가 이와 같은 세례 확증을 위한 중요한 시기라는 점을 강조한 다음, 우리는 그 이후의 신앙 단계들이 신속하게 좇아온다는 것을 보여주는 연구 결과를 서둘러 언급할 필요가 있다. (신앙발달에 관한 연구는 제임스 파울러〈James Fowler〉를 비롯한 여러 사람들에 의해 이루어졌다.) 이것은 자아성찰적인 사고가 가장 왕성하게 일어나는 청년기에 특별히 해당한다. 청년기의 개인 경험은 기독교 신앙 '체계'를 비판할 정도로 폭넓고 깊어진다. 그리고 소명, 결혼, 가정 혹은 독신 등의 관점에서 자신을 확인하려는 몸부림 또한 더욱 격렬해진다. 우리가 볼 때 대체적으로 교회들은 직장생활이나 자원봉사를 통해 사역에 참여하고자 하는 개인의 결단을 촉구하고 축복해 주어야 하는 청년기의 중요성을 간과하고 있다. 이 시기에는 평신도로서의 소명과 회중 앞에서 공적으로 이루어지는 그 같은 결단의 견신례에 초점을 맞출 수 있다. 견신례를

---

12. Søren Kierkegaard, *Fear and Trembling*, trans. by Walter Lowrie (Princeton, N.J.: Princeton University Press, 1941), 12-15.

반복 가능한 성례로 보는 관점에 따르면, 청년들이 부모의 사제직을 통하여 혹은 교육, 의료, 사업, 산업, 과학, 공무, 법조, 사회복지, 간호, 상담 등의 활동을 통해 섬기고자 하나님의 축복과 능력을 구할 때 세례 갱신을 경축하는 예식을 가질 수 있다. 이와 같이 다양한 직업들은 정의, 평화, 생태, 인종차별, 성차별 등의 문제에 집중하는 특별한 사역과 더불어 개인이 이 땅의 "가족을 축복할" 수 있는 통로가 될 수 있다. 마찬가지로 교회 안에서 성별된 사역자로 섬기는 데 필요한 은사와 은혜를 받은 사람들도 있다. 이러한 관심이 굳이 청년들에게만 국한된다고는 말할 수 없지만, 청년들이 이러한 관심의 일차적인 대상이라는 사실은 의심할 여지가 없다. 이러한 강조가 열매를 맺기 위해서는 신선한 교육 프로그램과 새로운 예전 예식들이 절실하게 요청된다.

또한 우리는 세례 확증 혹은 세례 갱신으로서의 견신례가 인생 여정의 특정한 시점에서 하나님의 성령에 대한 예식에 응답하여 어떻게 이루어질 수 있고, 왜 이루어져야 하는지를 살펴볼 것이다. 로버트 키네스트(Robert Kinast)는 이러한 생각을 잘 포착하고 있다. 그의 주장에 따르면, 견신례는 "이미 주어진 것에 대한 경축이요 강화이다. 견신례는 부족한 것을 채우는 것이 아니다." 하지만 견신례는 "성령의 이 같은 선물을 인격적으로 표현하고 있다."는 이유에서 매우 중요하게 다루어져야 한다. "견신례는 성령의 현존을 구체적으로 실현하고 있는 교회이다."[13] 목회적 돌봄과 성령의 활동에 관한 키네스트의 관점은 통전적이다. 키네스트는 평신도 성찬 성례전 사역자인 루스(Ruth)가 외로움에

---

13 Robert L. Kinast, *Sacramental Pastoral Care* (New York: Pueblo, 1988), 145.

지쳐 있는 나이 많은 레이놀즈(Reynolds) 씨를 섬기는 일을 도와주는 가운데 루스에게 그녀가 레이놀즈 씨에게 있어 하나님의 성령의 통로라는 사실을 볼 수 있도록 도움을 준다. 레이놀즈 씨에게 있어 그녀의 현존은 실제적이다. 또한 그녀의 응답 또한 실제적인 교통이다. 그녀가 그와 더불어 성찬 성례전을 나눌 때 그녀는 사랑과 믿음 안에서 그에게 자신을 내어주고 있는 것이다. 이것은 그리스도께서 우리를 위하여 자신을 내어주셨을 뿐 아니라 성찬 성례전 가운데, 그리고 자신의 사역을 계속해 가는 성찬 성례전 공동체 가운데 계속적으로 현존하는 것과 같다.[14]

반복 가능한 성례전적 경험으로서의 견신례는 하나님의 은혜와 사랑에 응답하고 인생의 다양한 단계들을 살아가는 개인의 삶 속에서 활동하시는 성령의 현존에 응답하는 신앙공동체에 의해 경축된다. 이와 같이 성령 충만한 신앙공동체는 사랑과 용납과 신뢰와 용서와 갱신의 관계를 통해 어린이와 청소년과 성인과 노인을 모두 축복한다. '안수'를 포함하여 이와 같은 관계들은 실제로 치유하고 실제로 온전하게 하며 실제로 축복한다. (안수, 도유, 십자가 성호 등) 견신례의 성례전적 행동들은 하나님의 성령의 실제적인 현존에 대한 강력한 상징이다. 하나님의 성령은 신앙공동체 안에 현존하고 있을 뿐 아니라 신앙공동체가 삶의 모든 측면에서 생명을 주시는 하나님의 임재의 신실한 성육신이 되도록 촉구하고 있다.

물론 우리는 응답하는 사람들 가운데 활동하고 계신 성령님의 사역

---

14 위의 책, 173.

에 열려 있어야 한다. 이와 같은 사랑의 영은 다양한 모습 속에서 발견될 수 있다. 그것은 세례 성례전과 견신례와 성찬 성례전을 받은 아이에 대한 창의적인 돌봄 속에서, 기성 교회 지도자들과 "우리들이 항상 해오던 방식"에 도전을 줄 수도 있는 견신례 받은 청소년들의 과감하고 역동적인 기여 속에서, 교회에 위협이 될 수도 있고 혹은 갱신의 계기를 가져다 줄 수도 있는 청년들의 사역 헌신 속에서, 세례언약의 재확인(갱신)을 통해 개인의 잠재성과 공동체적 연대를 실현할 수 있는 두 번째 혹은 세 번째 기회를 꿈꾸는 중년의 신앙인들 안에서, "성숙한 나이에" 그리스도의 몸의 가장 지혜롭고 역동적인 지체로서 새로운 형태의 사역에 새롭게 헌신하는 어른들의 모습 속에서 발견된다. 이러한 모든 방식을 통해서 하나님은 우리를 축복하고 계시며, 우리는 다른 사람을 축복하는 존재가 되도록 힘을 공급받는다.

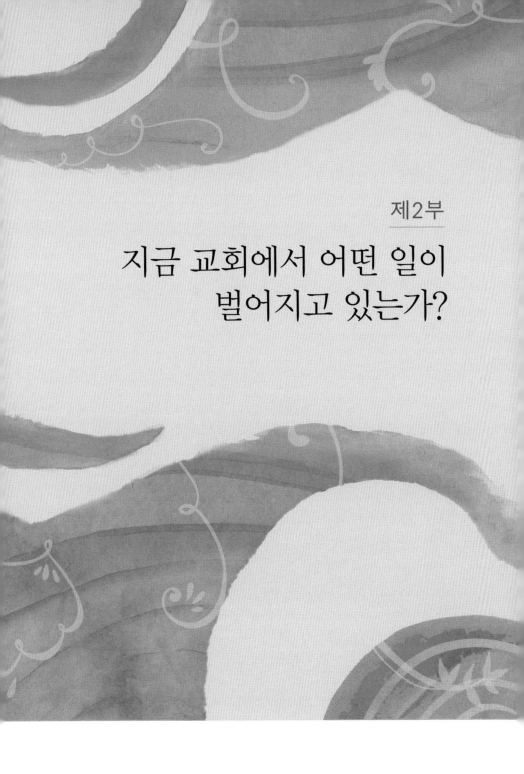

제2부

지금 교회에서 어떤 일이 벌어지고 있는가?

CONFIRMATION/REAFFIRMATION OF THE BAPTISMAL COVENANT

제5장

미국 일곱 개 교단에
대한 연구

견신례에 대한 관심에 있어 지역교회의 태도와 관행에 관한 정보를
지속적으로 획득하기 위해 많은 노력을 기울였다. 이 작업을 위해 설문
지 작업과 여러 교단이 내놓은 다양한 연구보고서와 새로운 교과과정
계획안들을 검토하였다. 또한 워크샵과 세미나 등을 통해 여러 교회지
도자들과 인터뷰를 나누고 많은 목사들 및 평신도들과의 대화에 참여
했다. 그러나 여기서 '과학적인' 연구를 시도하지는 않았다. 하지만 표
본 선택에 있어 시골, 소도시, 시내, 교외 등 지역적인 균형을 고려했으
며 인종적, 성적 균형을 유지하는 데에도 신경을 썼다. 대표적인 교회
들을 선택하는 일과 관련해서 각 교단의 지도자들에게 "견신례 교육과
예식을 진지하게 시행하고 있는" 교회와 목사의 명단을 요청했다. 그
래서 뽑은 표본은 결코 포괄적이라고 말할 수 없다. 따라서 아래의 내
용은 계속적인 과정에 대한 스냅사진에 불과하다. 대부분의 교단들은
견신례 혹은 세례 확증, 세례 언약 재확인 예식에 관련해서 새로운 접

근방법을 모색 중이다. 이 때문에 먼저 교단별 특징을 보고하고, 이어서 에큐메니칼 차원에서 발견한 주요 흐름을 요약하였다. 이 장에서 각 교단에 대한 소개가 그 교단에 소속된 사람은 물론이고 신학적, 교육적, 예전적으로도 건전하고 진정한 헌신을 불러일으킬 수 있는 견신례/세례 언약 재확인(확증) 모델을 찾고 있는 모든 사람에게 도움을 줄 수 있기를 희망한다.

대체로 우리는 얼마만큼이나 견신례가 통합된 입문예식의 한 부분으로 받아들여지고 있는지, 또 얼마만큼이나 견신례가 세례의 갱신 혹은 세례의 확증, 세례 언약 재확인으로 이해되고 있는지 알아내는 데 큰 관심을 기울였다. 그리고 다양한 교단 내에서 견신례가 세례 성례전 및 성찬 성례전과 어떻게 연결되고 있는지 알아내고자 했다. 또한 견신례가 인생의 다양한 단계에서 반복 가능한 경험으로 여겨지고 있는지의 여부도 밝혀내고자 했다. 이것을 위해서 지역교회에서 행해지고 있는 견신례 교육과 예식의 형태를 분석했다. 어느 연령대를 대상으로, 어떤 자원을 활용하여, 그리고 누구의 주도 하에 견신례 프로그램이 수행되었는가?

뿐만 아니라 평신도의 만인 제사장직과 관련해서, 그리고 세상 속에서 교회가 맡은 사역과 선교에 대한 개인의 책임과 관련해서 견신례가 어떻게 이해되고 있는지 살펴보는 데에도 관심을 가졌다. 이러한 질문들을 통하여 교구의 실제적인 삶에 좀 더 밀착하도록 촉구했다. 그래서 많은 장점도 보았고 아울러 많은 좌절도 보았다. 이제 그렇게 발견한 내용을 함께 나누고자 한다.

로마가톨릭

가톨릭교인들은 견신례를 세례 성례전, 견신례, 성찬 성례전으로 이루어진 통합된 입문예식의 한 부분으로 이해한다. 특히 성인 세례후보자(카테쿠멘)의 경우 이 같은 통일성은 분명하게 드러난다. 이들은 가톨릭 신앙 탐구에의 초청에 응답하여 세례후보자로서 등록하고 집중적인 요리문답(카테키시스) 프로그램에 참여한다. 그리고 이 과정은 부활절 전야에 행해지는 물에 의한 세례, 안수와 도유를 통한 견신례, 그리고 성찬 성례전에서 절정에 이른다.

하지만 통합된 입문예식과 이와 연관된 『어른 입교 예식서』(*Rite of Christian Initiation of Adults*) 내에 다양한 형태가 존재한다. 세례 성례전과 견신례와 성찬 성례전이 입문의 성례로 이해되는 것은 분명하지만, 그 성례들의 순서 배치에서 상당한 다양성이 발견된다. 실제로 행해지고 있는 예식들을 연구한 결과 다음과 같은 유형을 발견했다.

(1) 유아세례를 받은 후 일곱 살을 전후하여 처음으로 성찬을 준비하고 거기에 참여한다. 이어서 8학년 부활절에 견신례를 준비하고 받는다. 이 유형에서 견신례를 조금 더 어린 나이에 받을 수도 있다.

(2) 통합된 입문예식이 다소 지연된 유형으로 유아세례와 일곱 살을 전후한 최초의 성찬 성례전 참여 이후 유년기와 청소년기에 강도 높은 교육/목양 프로그램을 실시하고, 고등학교 3-4학년 때 견신례 성례를 실시한다. 최근에는 이러한

유형이 많은 지지를 받고 있다.[1]

(3) 유아세례를 받은 다음 일곱 살을 전후하여 견신례 성례와 종종 화해(고백) 성례에 참여하고 이어서 처음으로 성찬 성례전에 참여한다.

(4) 유아는 세례후보자로 등록하고 부모와 후원자와 회중은 아이가 스스로 책임질 수 있는 나이에 이를 때까지 신앙공동체 안에서 그 아이를 양육하기로 서약한다. 그 나이에 이르러 아이는 세례를 받고 견신례를 받고 첫 번째 성찬 성례전에 참여한다. 여러 교회들이 이와 같은 요리문답 프로그램과 통합된 입문예식을 통해 유아세례를 받지 못한 아이들을 그리스도의 몸 안에 편입시키는 관행을 따르고 있었다.

한 사제의 보고에 의하면, "언약교회 지침에 따라 우리는 유아뿐 아니라 요리문답 연령기에 속한 모든 어린이에게 이와 같이 통합된 입문예식을 시행해야 한다. 나는 유아 역시 이와 같은 방식으로 입문시켜야 한다고 생각한다." 다른 한 사제 역시 세례 받지 못한 요리문답 연령기의 어린이에게 이 세 가지 성례를 동시에 시행해야 한다는 의견에 뜻을 같이한다. 그의 견해에 따르면, "아홉 살에서 열 살 전후의 어린이부터 시작해서 청소년이나 성인이나 상관없이 세례를 받으려고 오는 사람이 있다면 우리는 그들에게 세례 성례전과 견신례와 성

---

1 견신례를 시행하는 나이는 개별 주교가 결정한다는 미국성공회의의 결정에 따라 밀워키(Milwaukee) 대주교구는 견신례를 받기 위한 최소나이는 열여섯 살이라고 발표했다. 영스타운(Youngstown) 교구에서 행한 교구 정책에 대한 최근 설문조사에 따르면, 응답한 교구 가운데 51퍼센트가 밀워키의 유형을 따라 9-12학년 고등학생들에게 견신례를 시행했다. 총 131개 교구(79퍼센트)가 설문에 응답했다. 새 성책에 내안 내수교 위클랜드(Rembert S. Weakland)의 서문에 따르면, 대주교는 오늘과 같이 혼란스러운 시대에 청소년들의 신앙 응답에 새로운 활력을 불어넣고자 하는 목회적 관심에서 견신례를 청소년기 후반에 시행해야 한다는 견해를 받아들이게 되었다고 한다. (이것은 일곱 살 전후나 혹은 성인이 된 다음에 견신례를 시행해야 한다는 기존의 견해에서 변화된 것이다.) 그의 고백에 따르면, 이러한 생각의 변화는 성령의 인도하심에 따른 응답이었다. "만약 우리가 성령이 교회와 교회 안의 이러한 많은 운동들에 활력을 부여하시는 분이라고 믿는다면, 우리는 오늘날 견신례를 강조하면서 견신례의 신학적, 목회적 함의를 발전시키려는 노력이 진실로 성령께서 우리 시대에 주신 선물이라는 사실을 깨달을 수 있을 것이다." *Confirmation Guidelines*. Archbishop of Milwaukee, 345 North 95th Street, P.O. Box 2018 Milwaukee, Wisconsin 1981, 1.

찬 성례전을 함께 시행한다. 물론 유아세례를 받은 청소년에게는 계속해서 견
신례를 시행하고 있다."

(5) 다른 교단에서 세례를 받았거나 세례를 받지 않은 어린이의 경우 또래 아이들
과 함께 견신례를 받을 때까지 입문을 연기하는 경향이 있다. 이때 그 어린이는
통합된 입문예식에서 아직 밟지 못한 단계를 완결짓는다.

(6) 이전에 세례를 받지 않은 청소년이나 성인이 가톨릭교회에 들어오려는 경우
RCIA와 관련한 엄격하고 효과적인 준비과정이 따라온다. 이것은 1~3년에 걸친
과정으로서 요리문답, 예전 참여, 윤리적 반성, 영성 개발 등을 포함하고 있다.
이 과정은 일반적으로 부활절 전야에 행해지는 세례, 견신례, 성찬 예식에서 절
정에 이른다.

견신례는 전통적으로 주교에 의해 수행된다. 이것은 여전히 많은 교
구에서 지켜지고 있다. 하지만 점점 교구 감목(paster,監牧)이 성례를 집
행하는 추세가 늘어가고 있다. 견신례 교육 프로그램의 지도는 교구의
규모에 따라 기독교교육 전문가, 평신도 요리문답 교사, 부모, 부제, 협
력하는 자매들이 분담하여 담당한다.

주교가 견신례 성례를 집행해야 한다는 입장이 조금씩 후퇴하게 된
것은 제2차 바티칸 공의회에서 시작된 연구의 결과이다. 이러한 추세
는 단순히 주교가 모든 예식에 참석하기 힘들다는 인력 운용의 문제뿐
아니라 로마가톨릭 지도자들의 신학적 입장 변화와 관계되어 있다. 곧
견신례를 통한 성령 수여와 관련해서 실체론적인 견해가 관계론적인
견해로 대체되고 있는 것이다. 한 사제는 이렇게 쓰고 있다. "견신례에
대한 우리의 견해는 공동체 안에서 성령의 선물을 경축하는 방향으로

점점 바뀌어가고 있다. 즉, 초점이 (개인보다도) '선물'과 '공동체'로 옮겨지고 있다." 이와 같은 변화의 움직임은 부모의 참여, 후원하는 신자 공동체, 요리문답 교사와 기독교교육자, 그리고 감독의 지도와 양육에 훨씬 더 큰 가치를 부여하고 있다.

우리의 설문조사에 대한 로마가톨릭의 응답에서 한 가지 흥미로운 것은 견신례와 세례 갱신을 구분한다는 점이다. 견신례는 세례를 인칠 뿐 아니라 견신례를 받는 사람에게 고유한 성품을 심어주는 성례 예식으로 한 번만 시행될 뿐 반복될 수 없다. 하지만 세례는 견신례 전에라도 갱신될 수 있다. 세례는 적어도 일 년에 한 번, 대체로 세례의 약속이 갱신되는 부활절에 반복될 수 있다. 통합된 입문예식에 따르면, 견신례는 세례 예전에 있어 본질적인 요소이지만, 세례와 달리 견신례는 갱신될 수 없다. 다른 한 사제는 다음과 같이 응답했다. "견신례는 입문예식으로 세례와 첫 번째 성찬 성례전과 더불어 시행되어야 한다. 다른 한편, 세례의 갱신은 부활절, 오순절 등 한 해의 다양한 예전 예식뿐 아니라 중요한 통과의례와 관련해서 적절하다." 다른 응답자들은 청년기, 부모가 되는 시기, 중년기, 은퇴기 등 인생의 다양한 단계에서 세례 갱신을 요청했다.

견신례 교육 및 예식과 관련해서 로마가톨릭이 경험하고 있는 여러 가지 좌절 가운데 한 가지는 견신례가 교회학교로부터 '졸업'하는 것으로 이해되고 있다는 점이다. 이 같은 경향은 고등학교 3-4학년 때 견신례를 받은 가톨릭 학생들에게서 발견된다. 견신례를 고등학교 4학년 학생들에게 베푸는 것은 청소년들이 8학년 때 견신례를 받고 나서 교회 참여에 소홀해지는 것을 방지하고 고등학교 시절 동안 교회에 적극적으로 참여하면서 신앙 안에서 성장할 수 있도록 고안된 것이다.

하지만 견신례를 고등학교 4학년 때로 미룬 일부 사람들의 증언에 따르면, "고등학교 학생이 일단 견신례 성례를 받고 나면 고등학교를 졸업하면서 종종 교회 출석도 그만둔다." 때문에 일부 로마가톨릭교인들은 인생의 심각한 문제를 맞닥뜨리는 청년기로 견신례를 미룰 것을 제안한다. 이러한 제안은 RCIA에 참여한 사람들이 보여준 높은 만족도에 근거하고 있다. 그들은 통합된 입문예식 과정 속에서 부활절과 오순절 사이에 세례 이후 세례후보자 교육 성찰(mystagogic reflections)의 시간과 더불어 그 프로그램의 절정에서 견신례를 경축했다. 바로 이 기간 동안에 새로 입문한 사람들은 그들이 세상 속에서 그리스도의 사역을 계속 이어가기 위해서 감당하기 원하는 고유한 사역과 관련해서 결단을 내린다.

견신례와 관련해서 기대하고 있는 변화들 가운데 한 가지는 통합된 입문예식이 유아기에 시행되는 것을 보고자 하는 열망이다. 한 사제는 이렇게 말했다. "나는 로마가톨릭이 '견신례'를 유아세례와 함께 경축하고, 나아가 (청소년기부터 시작해서) 평생 세례의 갱신 혹은 성령의 선물에 대한 경축으로서 견신례를 반복적으로 경축하는 것을 보고 싶다." 다른 사제는 다음과 같이 한탄했다. "경건한 기독교 부모에게 태어난 유아가 오늘날의 교회 규정 때문에 완전한 입문을 거부당하고 있다." 여기에서 우리는 견신례를 하나의 성례로 보는 사고가 상당히 폭넓게 발견된다는 사실을 알 수 있다. 만약 로마가톨릭의 사고가 성인과 어린이, 그리고 유아에게까지 입문의 역사적 통일성을 회복하는 방향으로 나아간다면, 혹은 정교회를 좇아 유아를 위한 통합된 입문예식의 방향으로 움직여 간다면, 견신례가 유아기에 시행되고 이후에 인생의 여러 단계에서 반복될 수 있다는 생각의 가능성을 포함하여 견신례의 성례 전적 속성에 대한 새로운 사고가 출현할 수도 있을 것이다.

로마가톨릭의 일반 교인들 역시 성령의 선물이 여러 가지 지식 혹은 행동의 규범을 만족시키는 것이나 주교 혹은 사제(presbyter)가 안수하는 것과 필연적으로 연관되어 있는 것은 아니라는 사실에 점점 눈을 뜨고 있다. 한 응답자의 반응에 따르면, "우리는 성례를 값없이 주어진 하나님의 사랑의 선물에 대한 경축이라고 생각한다. 그것은 지식을 평가하는 어떤 시험을 통과해야만 우리가 얻을 수 있는 어떤 것이 아니다. 이 점은 반복적으로 강조될 필요가 있다."

성공회

성공회는 통합된 입문예식에 대한 폭넓은 관심 속에서 견신례의 본질에 관한 흥미롭고 중요한 연구들을 후원해 왔다. 『성도문』(The Book of Common Prayer)은 이 점을 분명히 하고 있다. 유아는 물로 세례를 받는다. 세례는 이마에 기름을 바르고 십자가 성호를 긋는 행위를 통해 인침을 받는다. 그리고 마지막에 성찬 성사가 따라온다. 세례를 받은 모든 사람이 주의 식탁에서 환영을 받기는 하지만, 성공회 가운데 정교회 전통에서와 같이 실제로 유아에게 성찬 성사를 베푸는 교회는 거의 없다. 오히려 유아는 3-4살이 되어서야 비로소 성찬 성사에 처음으로 참여하게 되는 것이 일반적인 관행이다. 이것은 대체로 한 회중의 교구 목사(rector)와 부모가 따르는 유형의 문제이다. 한 교구목사는 물과 기름과 음식은 양육하는 공동체를 위한 모토에 해당한다고 말한다. 통합된 입문예식을 선호하는 그는 성찬 성사에 대해 세례 중에 태어난 새 생명에게 영양을 공급하는 작은 부활절과 오순절의 경험이라고 생각한다. "만약 아기를 굶어 죽이려고 한다면 왜 아기를 낳는가?"

통합된 입문예식의 확장과 관련해서 성공회 안에서 제기되는 핵심 문제 가운데 하나는 오직 주교에게만 견신례 권한을 부여하고 있다는 점이다. 많은 성공회 사제와 교육자(educators)와 평신도들은 유아에게 통합된 입문예식을 행하는 것을 선호하지만, 주교가 유아에게 세례를 베풀지 않는 한 그들은 기름을 붓는 예식을 견신례라고 부를 수 없다. 이것은 청소년과 성인의 경우에도 마찬가지로 적용된다. 여전히 실체론의 잔재가 남아 있는 것이다. 오직 주교만이 성령으로 인칠 수 있는 권한을 갖고 있다. 권한의 문제를 지나치게 강조하지 않는 가운데 주교가 신앙공동체의 연속성을 대변한다는 주장을 제기할 수 있다. 우리 연구에 참여한 한 사제는 자신이 처한 딜레마를 다음과 같이 표현했다. "우리에게 있어 세례 성사는 그리스도의 몸으로 완전히 편입되는 것이다. 주교는 견신례를 위해 그 자리에 참석해야 한다. 만약 주교가 아이에게 세례를 주고 기름을 부었다면, 견신례는 별도로 필요하지 않다. 하지만 주교가 세례를 위해 참석하는 경우는 매우 드물다." 다른 응답자는 통합된 입문예식 방식에 동의하면서도 "견신례는 주교에게만 주어진 권한으로서 별개의 예식"이라는 생각을 갖고 있었다. 또 통합된 입문예식을 강하게 옹호하는 또 다른 한 사람은 이렇게 덧붙여 말했다. "하지만 나는 성공회에 속한 모든 사람이 이것이 BCP가 하고 있는 바로 그것이라는 사실을 이해하고 있다고 확신할 수는 없다."

이 문제와 관련해서 다른 한 가지 흥미로운 사실은 세례 갱신의 유형에 관한 강한 긍정에서 발견된다. 대부분의 성공회는 일 년 중 세례를 베푸는 수차례의(보통 다섯 차례) 정규예배 시간에 세례 갱신을 경축한다. 이것은 흔히 예수님의 수세 주일(1월), 부활절 전야, 삼위일체 주일(오순절 다음 주일), 그리고 주교가 방문해서 견신례를 베푸는 때에 이루어진다.

종종 성인들은 자신의 세례언약의 갱신을 위해 스스로를 준비한다. 그들은 견신례 예배 중에 있을 공적인 신앙 선언과 주교의 안수를 기대하면서 10-16주에 걸쳐 신앙의 핵심적인 내용을 공부하는 모임에 참여한다.

어떤 의미에서 이러한 관행은 견신례가 유아세례 시에 시행될 수 있고, 또한 반복 가능한 예식으로서 청소년기, 청년기, 장년기, 은퇴기 혹은 개인이 그리스도의 몸의 한 지체로서 그리스도와 사역에 대한 헌신을 공적으로 갱신하고자 희망하는 아무 때에 다시 시행될 수 있다는 생각과 상통하고 있다.

말하자면, 통합된 입문예식의 가치에 대한 일반적인 믿음과 오직 주교만이 집행할 수 있는 단 한 번의 견신례에 대한 생각 사이에 모종의 내적 긴장이 존재하고 있는 것처럼 보인다. 이러한 내적인 갈등은 세례 갱신(baptismal renewal)의 점증하는 유형과 자신의 헌신을 갱신하고자 하는 사람들에 대한 주교의 '재확인'(reconfirmation)에서 더욱 두드러지게 나타난다.

견신례 교육 프로그램은 주로 청소년을 주 대상으로 한다. 청소년을 대상으로 할 경우 이러한 견신례 교육 프로그램은 짧게는 13주에서 길게는 2년까지 지속되고, 사제와 기독교교육 전문가와 몇몇 평신도들이 지도를 담당하고, 부모는 '과제'(homework)를 돕는다. 한편 청년이나 장년을 대상으로 하는 견신례 교육 프로그램은 대체로 10-15주에 걸쳐 진행된다.

이러한 프로그램은 개인 신앙의 명료화, 성공회의 역사와 신조, 그리고 성서정과(lectionary)를 포함한 예전 예식들에 대한 지식, 공동체 예배와 개인기도에서 사용되는 성경에 대한 이해 등에 초점을 맞추고 있다. 고유한 사역 형태에 대한 헌신으로의 견신례에 대한 강조는 특별히 청년과 장년을 위한 성공회의 예전 안에 일정 정도 현존하고 있다. 청소년에게 특정한 예배에 참여할 것을 요구하는 경우도 종종 있지만, 이것은 자신의 소명에 대한 결단이나 사역하는 그리스도의 몸 안에서 스스로를 사역자로 이해하는 방식과는 그다지 긴밀하게 관계 맺고 있는 것처럼 보이지는 않는다.

이와 같은 이해는 청년의 견신례를 준비하는 과정에서 더욱 분명하게 부각된다. 한 응답자는 이렇게 말했다. "청년에게는 가정과 회중 밖에서 사역하는 시간이 필요하다." 또 다른 사람은 이렇게 말했다. "모든 사람은 (후원자와 상담하는 가운데) 사역 분야를 결정하고 적어도 6개월 이상 그 분야에서 사역한다." 또 다른 사람의 진술에 따르면, "교회를 비롯해서 직장, 가정 등에서 평신도 사역 기회를 위한 훈련이 이루어진다."

BCP의 예전에 따라 큰 기대 속에서, 그리고 주교의 방문에 동반되는 드라마와 함께 견신례를 경축하지만, 헌신예배 후에 곧 '실족하는' 사람들에 대한 우려도 존재한다. 명목론의 문제에 대처하기 위해 많은 성공회 지도자들은 보다 깊고 보다 개인적인 영성 개발을 요청하며 견신례의 시기를 장년기로 옮길 것을 제안한다. 이것은 존 웨스터호프 (John Westerhoff)와 윌리엄 윌리몬(William Willimon)이 주장하는 모델이다.[2] 한 사제는 이와 같은 입장을 반영하는 진술을 했다. "만약 사람들이 성인이 되어 그 예식에 참여한다면 그 예식은 더 큰 의미를 갖게 되고, 사람들이 스스로를 세상 속에서 일하는 사역자로 이해하게 되는 계기를 제공해 줄 수 있을 것이다." 또 다른 사람은 유아기에 행해지는 통합된 입문예식과 정기적으로 (보통 10년 주기로) 행해지는 공적인 세례 갱신을 위한 심화교육을 강화할 필요가 있다고 주장한다. 그의 결론은 다음과 같다. "35년간 교구 사역을 하면서 나는 이러한 변화의 필요성을 인식하고 있었다. 하지만 그러한 변화를 혼자 시도할 엄두는 나지 않았다."

성공회의 새로운 연구는 입문예식 성사와 관련된 많은 이슈들에 있어 진정한 의미에서 갱신 의도를 보여주고 있다.[3] 새롭게 시작된 『세례 후보자 과정』(The Catechumenal Process)은 아직까지 세례 받지 않은 성인은 물론이고, 세례 성례전과 견신례는 받았지만 견신례를 위해 주교가 방문하는 기회를 이용해서 새롭게 헌신의 각오를 다지고 자신의 신앙을 공적으로 재확인하고자 하는 청년과 장년에 대한 교육을 강조하고 있다.[4]

---

2 John Westerhoff and William Willimon, *Liturgy and Learning Through the Life Cycle* (New York: Seabury, 1980), 박종석 역, 『교회의 의식과 교육』 (서울: 배드로서원, 1992)을 보라.

3 Daniel Stevick, *Baptismal Moments: Baptismal Meanings* (Church Hymnal Press, 1987)를 보라.

4 또한 *The Catechumenal Process: Adult Initiation and Formation for Christian Life and Ministry* (New York: Church Hymnal Corp., 1990)를 보라.

미국복음주의루터교회

미국복음주의루터교회는 과거의 다양한 그룹을 통합하면서 최근에 결성된 교단으로 견신례를 매우 강조하는 루터교회의 전통을 이어받고 있다. 비록 이것이 사실이긴 하지만 새로운 연구 모임은 견신례에 대한 신선한 접근을 시도하고 있다.

이 교회의 지도자들에게 중요한 이슈들 가운데 하나는 은혜의 문제이다. 루터교회 전통 안에서는 견신례가 '선행'의 결과, 곧 2년, 3년 혹은 5년에 걸친 교육과 검증에 수반되는 요구조건들을 만족시킨 결과로 이해되는 경우가 너무도 많았다. 예를 들면, 미국복음주의루터교회의 신념과 의례에 관한 연구에서 우리는 율법주의 및 견신례 교육과 예전의 형식적인 측면에 대한 강한 이의제기와 더불어 매우 높은 기대치와 표준이 견신례에 앞서 요구되고 있다는 사실을 발견하였다. 일반적으로 여기에서 요구되는 조건들에는 모든 수업과 예배에의 출석, 설교노트 작성, 80점 이상의 성적으로 시험 통과, 주어진 과제 완수, 성경구절과 신조 암기, 일정한 시간 봉사 수행, 교회지도자 및 회중과 함께 나눌 수 있는 신앙고백문 작성, 견신례 프로그램 전후의 조수 역할, 청소년부 모임에의 참석 등이 포함되어 있다. 이 같은 높은 기준은 견신례의 진지함에 대한 일종의 존경심을 불러일으켰지만 동시에 비록 분노까지는 아니라 하더라도 저항의 정서를 야기했다. 한 목사의 보고에 따르면, 부모의 경우 이와 같은 높은 기대치를 선호하지만 청소년들은 "그와 같은 헌신을 하는 데 대해 이의를 제기한다. 그들은 교회와 부모의 '당위'에 사로잡혀 있다고 느낀다. 거의 40년 동안 견신례 준비과정은 견신례 받을 '권리'를 획득하기 위해 감내해야 할 '필요악'이었다. 이러한 그룹의 마지막 세대는 지금 견신례 수업을 받고 있는 아이의 부모들이다." 다른 목사들은 유사한 상황을 보고하면서도 최근의 추세가 율법적인 분위기에서부터 '이신칭의'와 하나님의 은혜를 누리는 삶에 대한 전통적 루터교회의 강조로 옮겨지고 있는 상황을 환영한다.

이러한 강조점의 변화는 최근에 사용되는 언어에서 확인할 수 있다. 새로운 관점에 따르면, "견신례 사역은 회중이 세례에 근거하고 있는 은혜에 의한 삶의 비전을 갱신할 수 있는 기회이다. 이 같은 비전은 젊은 기독교인들에 대한 사역에서 특별히 중요하지만, 사실 평생의 함의를 갖고 있다."[5] 사용되는 언어뿐 아니라 교육과 예전의 내용도 달라지고 있다. 즉, 세례 받은 모든 기독교인을 신앙공동체의 전체 삶 속에 포함시키는 일이 전보다 훨씬 더 강조되고 있다. 역사적으로 볼 때, 성찬은 견신례를 받은 사람들에게만 국한되었다. 하지만 보다 최근에는 세례에 초점이 맞추어지면서 은혜의 분위기가 형성되었다. 이러한 분위기에서 다양한 연령대의 아이들이 주님의 식탁으로 나아왔다. 견신례 사역 전담팀 보고서(Confirmation Ministry Task Force Report)는 이와 같은 경향을 확증하고 있다. 아이가 언제 식탁으로 나올 수 있는지에 관한 결정은 목사와 부모, 아이, 가족 후원자들과 회중이 공유하는 책임으로 이해되고 있다.

또한 보다 최근에는 견신례 프로그램들이 관계, 후원, 모델링에 점점 더 큰 가치를 부여하고 있다. 또한 보다 많은 성인 멘토와 후원자의

---

5 *The Confirmation Ministry Task Force Report* (The Evangelical Lutheran Church of America, 1993), 2.

활용, 부모의 보다 적극적인 참여, 일 년 전쯤 먼저 견신례를 받은 청소년 선배의 참석 등이 강조되고 있다. 이러한 접근에 따르면, 세례 확증의 경험은 일생에 걸쳐 계속되는 과정이며, 따라서 신학적 이유에서 뿐 아니라 인생 여정의 관점에서 반복 가능한 경험이다. 거의 1,500명에 가까운 미국복음주의루터교회 회중이 멘토링 프로그램에 참여하고 있는데, 이 프로그램은 "신앙 나눔이 일어날 수 있는" 청소년과의 관계 형성을 위해 성인을 선발해서 훈련시킨다.[6] 또한 신앙 발달과 영성 개발에 대한 새로운 이해가 루터교회의 관점에 큰 영향을 미쳤으며, 이것은 새로운 신학성명서의 초안과 최근 연구팀이 내놓는 교육적/예전적 제언에서 확인된다.

견신례 사역 전담팀 보고서는 그리스도의 가족공동체로의 입문으로의 세례를 매우 강조한다. 이 보고서에 따르면, 개인이 교회의 지체로 편입되는 것은 견신례를 통해서가 아니라 세례를 통해서이다. 뿐만 아니라 "견신례 사역은 세례를 완성하지 않는다. 왜냐하면 하나님께서 우리를 그리스도와 그분의 몸인 교회와 연합시키는 사역을 통해 세례는 이미 그 자체로 완전하기 때문이다. 그분 안에 구원이 있다. 이뿐 아니라 견신례 사역은 세례와 경쟁관계에 있는 것도 아니다."[7]

또한 새로운 입장은 세례의 확증이 평생에 걸쳐 계속된다고 본다. "세례는 단 한 번만 시행되지만 세례의 확증은 여러 번 시행될 수 있다. 진실로 세례 확증의 예식은 인생의 전환기를 경험하는 지체를 대상으

---

6 Larry J. Smith, *Shared Journeys: Mentoring Guide* (Evangelical Lutheran Church of America, 1993), 2.

7 *The Confirmation Ministry Force Report*, 4.

로 사역하는 신앙공동체에 매우 큰 유익이 될 수 있다. 사람들이 특정 시점의 마지막과 시작을 경험하고 있을 때 교회는 그들의 인생의 전환을 우리가 그리스도와 함께 죽고 사는 것에 대한 세례 이해와 연관시킴으로써 그들의 삶 속에서 활동하고 계시는 하나님의 손길을 식별하고 선포한다."[8]

청소년기와 청년기에 시행되는 세례 성례전과 세례 확증 및 평생에 지속되는 과정으로서 세례 갱신에 대한 강조가 통합된 입문예식과 상통하는 것은 사실이지만, 우리가 조사한 바에 따르면 이러한 신학이 실제 예전으로 이어지는 경우는 많지 않다. 많은 목사들은 신학적인 관점에서는 이러한 모델을 선호하지만, 과거의 관행을 바꾸기가 쉽지 않다는 것을 발견한다. 한 응답자의 고백에 따르면, 자신은 통합된 입문예식을 선호하지만, "회중은 신학적인 관점에서 목사보다 수백만 년 뒤져 있다. 오히려 회중은 비통합적인 신학전통에 의존한다. 나는 우리가 통합적 입장을 고수해야 한다고 생각하고 있고 또한 그것을 표명해 왔다. 공의회 역시 이러한 입장을 제안했다. 하지만 부모들은 여전히 참여를 꺼리고 있다. 그리고 교육은 오랜 시간을 필요로 한다. … 신학과 실천은 함께 가야 한다. 그렇지 않으면 우리는 혼동된 메시지를 보내게 된다. 나는 부모의 판단에 따라 조기 성찬 성례전을 집행한다. 말하자면, 많은 목사들과 마찬가지로 나는 교회의 관행과 단절된다." 또한 소수이긴 하지만 일부 교회에서 유아를 성찬 성례전에 참여시키고 있다는 보고도 들려온다. 만약 이것이 참이라면 통합된 접근이 추종자들을

---

8 위의 책, 9.

얻고 있다는 것을 의미한다.

새『루터교 예배서』(Lutheran Book of Worship)의 세례 예전은 세례 받은 사람에게 안수하고 이마에 성호를 긋는 행동을 포함하고 있다. 여기에서 도유는 포함되기도 하고 생략되기도 한다. 하지만 성찬 성례전 예식에 대한 언급은 빠져 있다. 대신 불 켜진 초를 아이나 아이의 후원자에게 전해 주고 세례 받은 아이와 부모와 후원자와 회중 간에 평화의 인사를 나누는 순서가 들어간다.

연구팀은 견신례 사역의 다양한 모델을 발전시켰다.

(1) 장기적인 프로그램들. 이 모델은 견신례 사역을 유년기 혹은 초등학교 시기에 실시함으로써 견신례에 대한 가족의 후원을 마련하려는 목적을 갖고 있다. 여기에는 가정방문, 목사의 모델링, 세례 전 부모와 회중의 준비, 이른 시기의 기초적인 공동학습 경험, 부모의 서약 등이 포함된다. 이 모든 일은 가정의 결속을 강화하고 어린 아이가 이후에 요리문답 과정을 시작하고 평생에 걸친 사역에 입문하는 토대를 제공하려는 목적을 갖고 있다.

(2) 아이들과의 만남. 이 모델은 아이들 하나하나를 개인적으로 알고 견신례하는 과정을 강조한다. 이 과정은 '학급'보다는 개인의 지성과 마음에 초점을 둔다. 따라서 경험을 통한 학습, 대화, 또래활동 등이 성경의 주제와 기독교 신앙의 핵심내용과의 관련 속에서 강조된다.

(3) 견신례 공동체. 이 모델에서는 나이 많은 아이들이 더 어린 아이들을 위한 개인교사 혹은 보조교사 역할을 한다. 예를 들면, 성례를 공부하고 있는 중학생들은 첫 번째 성찬 성례전 참여를 준비하고 있는 5학년 아이들에게 도움을 줄 수 있다. 또한 고등학생들은 중학생들과 함께 여름성경학교에서 보조교사 역할을 감

당할 수 있다. 여기에서는 공동체성 형성이 결정적인 요소이다. 그리고 대화와 섬김뿐 아니라 식사도 함께 나눈다.

(4) 요리문답 교구. 이 모델은 고전적인 요리문답 모델을 따른다. 즉, 등록 예식, 준비 기간, 물세례를 통해 그리스도의 몸 안으로 완전히 편입되는 것을 경축하는 세례 예배, 안수 혹은 도유, 성찬, 그리고 구체적인 사역 형태를 발견하려는 목적을 갖고서 자신의 신앙을 돌아보는 성찰의 시간 등을 가진다.[9]

요컨대 미국복음주의루터교회는 풍부한 전통에 기초하여 새로운 방향으로, 곧 은혜를 지향하는 목적과 자원과 방법을 선호하는 방향으로 나아가고 있다.

연합감리교회

연합감리교회 안에서 견신례는 그다지 오랜 역사를 가지고 있지 않다. 존 웨슬리는 목사에게나 미국에 세워진 새로운 교회에 견신례를 추천하지 않았다. 원입교인 교육이 존재하긴 했지만 견신례가 예전 예식으로 이해되지는 않았다. 이러한 상황은 1964년에 『감리교회 찬송가』(Methodist Hymnal)가 출판되기 전까지 계속되었다. 최근에 발간된 세례에 대한 연구보고서『물과 성령으로: 연합감리교회 세례 성례전 연구』(By Water and the Spirit: A Study of Baptism For United Methodists)는 "견신례"라는 용어 대신 "세례 신앙의 공적인 선언"이라는 표현을 사용하기

---

9 *Six Models of Confirmation Ministry by Ken Smith* (Division for Congregational Life – ELCA, 8765 West Higgins Road, Chicago, Illinois 60631, 1992)에 소개된 다양한 모델을 보라.

를 제안한다. 만약 1996년 총회가 이러한 제안을 수용한다면 견신례라는 용어의 사용은 점차 위축될 것이다. 만약 그 후에도 견신례라는 용어가 계속해서 존속한다면 이때 견신례는 여러 차례에 걸친 세례 확증들 가운데 첫 번째를 일컫는 말이 될 것이다.

연합감리교회의 견신례 이해와 관행에 대한 연구에서 기존의 견신례 모델에 대한 문제 예식이 폭넓게 퍼져 있는 것을 확인했다. 여러 응답자들이 견신례를 세례의 완성으로, 그리고 "교회에의 참여"로 보는 기존의 이해에 대해 이의를 제기했다. 기존의 이해에 따르면, 유아세례를 받은 아이들은 처음에는 '예비교인'(준교인)의 지위를 가졌다가, 견신례 교육을 마치고 자신의 신앙을 공적으로 확증한 다음에야 비로소 정식교인으로 인정받았다. 새로운 연구보고서에서 제시되고 있는 입장에 따르면, 기존의 이러한 관행은 세례에 대한 왜곡된 이해에 근거하고 있다. 세례는 아이나 성인이나 개인이 그리스도의 몸에, 사역하는 공동체에 접붙여지는 사건이다. 견신례는 세례를 완성하지도 않고, 개인을 교회의 지체로 만들지도 않는다.

새로운 보고서에 의하면, "연합감리교회 안에서 '견신례'라는 용어를 계속해서 사용하는 것은 세례에 관한 잘못된 이해를 가져다주며 세례와 교인 자격에 대한 우리의 이해와 양립될 수 없다. … 유아세례를 받은 사람들은 성령의 인도하심과 그들이 신앙공동체 안에서 하나님으로부터 받은 양육과 은혜와 사랑 안에서 예수 그리스도에 대한 신앙을 공적으로 선언하고 책임감 있는 제자의 삶에 헌신한다. 오늘날 견신례라고 불리는 이 시점은 '우리가 세례 받은 신앙의 선언'이라고 명명하는 것이 더 적절하다. 이러한 선언은 교인 자격과 직접 관련되지는 않지만, 자신의 신앙과 신앙에 대한 첫 번째 확증으로서 중요한 의미를 갖는다."10

이 첫 번째 확증의 시간은 개인이 하나님의 성령과 소명에 응답하는 시간이다. 이때의 소명은 "기독교인의 소명 곧 세례를 받을 때 부여받았던 만인 제사장직의 책임"을 예식적으로 받아들임으로써 사랑과 정의의 사역에 참여하라는 부르심을 말한다. 이 같은 확증의 경험은 새로운 자기 이해와 더욱 깊은 신앙 이해가 일어날 때마다 반복될 수 있고 또한 반복되어야 한다. 이 경우들은 "세례 신앙의 재확인" 혹은 세례의 갱신으로 이해되어야 한다.

만약 이 같은 새로운 입장이 공식적으로 받아들여진다면, '예비교인'이라는 개념은 사라지고 세례가 그리스도의 몸으로의 편입 및 교인자격의 부여를 의미하게 될 것이다. 새로운 연합감리교회 찬송가는 포괄적인 세례 예식을 제시하고 있다. 이 예식에 따르면, 안수가 예배 속에 포함되고 입문의 절정이 성찬 성례전 예식에서 이루어진다.11 성인을 위한 이러한 통합된 입문예식에서 견신례라는 용어가 다음과 같이 사용되고 있다. "목사를 비롯해서 원하는 사람들이 세례를 받은 사람 혹은 견신례를 받고 있는 사람 혹은 신앙을 재확인하고 있는 사람의 머리에 안수할 때, 목사는 다음과 같이 말한다. '○○○, 주님이 이 하늘의 은총으로 당신을 보호하시며, 예수 그리스도의 진정한 제자들이 신

---

10 *By Water and the Spirit: A Study of Baptism for United Methodists* (Nashville: General Board of Discipleship, 1993), 44.

11 *The United Methodist Hymnal: Book of United Methodist Worship* (Nashville: The United Methodist Publishing House, 1989), 49.

앙과 친교 안에서 성령으로 당신을 견신례해 주시길 기도합니다.'"12

입문예식을 통합하려는 시도에 대한 응답은 다양하지만 밝은 전망을 보여주고 있다. 여러 목사들이 이러한 시도에 대해 긍정적인 의견을 표현했으며, 안수와 성찬 성례전을 입문예식에 포함시키려는 노력에 착수하고 있다. 한 목사는 말하기를, "나는 아기들과 견신례를 받는 사람들에게 기름을 붓고 안수합니다. 일반적으로 어른들은 이것을 부끄러워합니다만, 우리는 조만간 이것을 극복할 것입니다. 또한 나는 새로운 지체들에게도 이렇게 합니다." 또 다른 목사는 이렇게 말했다. "이 회중은 유아/어린이 세례에서 안수하는 장면을 처음으로 목도했다. (예식에서 기름을 사용하지는 않았다.) 내가 볼 때 조만간 회중은 새로운 예전에 편안함을 느끼게 될 것이다. 이러한 변화는 매우 느리게 일어날 것이다. 하지만 회중은 새로운 예전에 열려 있고, 이것만으로도 목표의 절반은 달성한 셈이다."

유아를 성찬 성례전에 참여시킬 정도의 대담함을 가진 목사는 많지 않지만 그러한 소망을 가진 목사는 더러 있다. 예전은 세례 성례전과 견신례 후에 성찬 성례전을 권면하고 있지만, 유아를 대상으로 할 때 이것을 '어떻게' 실행에 옮길 수 있을지에 관해서는 아무런 언급이 없다.

연합감리교회는 비록 잘 확립된 신학적 근거를 갖고 있지는 않지만 개방된 식탁에 대해 긍정적이다. 이러한 입장은 새로운 연구보고서에 반영되어 있다. 이 보고서는 성찬과 세례를 연결시키지만 동시에 주님의 식탁에서 아무도 배제시키지 않는다. "기독교인들이 성찬 성례전

---

12 위의 책, 13.

예식을 행하기 위해 모일 때, 우리는 세례 가운데 우리에게 주어진 은혜를 기억하는 한편, 구원의 약속을 보존하고 성취하기 위해 필요한 영적인 양식을 공급받는다. 주님의 식탁은 나이에 상관없이 그리스도의 사랑과 용납에 응답하는 모든 사람에게 열려 있다. 세례를 받지 않은 상태에서 성찬을 받는 사람은 조만간 세례 성례전을 받도록 조언하고 돌보아주어야 한다."[13] 이러한 개방된 입장은 연합감리교회가 예식들 속에서 그것이 상징하는 본질적인 의미를 볼 수 있도록 한다. 또한 이것은 새로운 이해와 관행이 받아들여질 수 있는 분위기를 조성한다.

오늘날의 견신례 예식은 7-13주간 목사 혹은 기독교교육자(Christian educators)가 견신례 교육을 실시한 다음 오순절 견신례 예배에서 절정에 이르게 하는 방향으로 나아가고 있다. 일반적으로는 7-8학년을 대상으로 하지만 6학년과 9학년 아이들도 참여할 수 있다. 견신례 교육을 1년에 걸쳐 시행하는 교회도 여럿 있고, 2년간에 걸친 프로그램을 가진 교회도 더러 존재한다. 노스캐롤라이나 윈스턴살렘(Winston-Salem)에 소재한 백주년기념연합감리교회(Centenary United Methodist Church)는 오하이오 콜럼버스에 소재한 노스브로드웨이연합감리교회(North Broadway United Methodist Church)에서 시작된 프로그램에 기초하여 7학년, 9학년, 12학년 아이들을 대상으로 하는 3단계 견신례 프로그램을 발전시켜 시행하고 있다. 이 프로그램은 견신례가 자아이해의 성숙과 기독교 신앙과 제자도로의 헌신 강화에 상응하는 반복적인 경험이 되어야 한다는 생각을 토대로 발전되었다.

---

13 *By Water and the Spirit: A United Methodist Understanding of Baptism*, 48.

여러 교회들이 어린이 기독교교육을 견신례 준비과정과 연결시키고 있다. 한 목사는 계획적으로 5학년에 준비를 시작해서 8학년에 결단을 내리도록 권면하는 방식을 원하고 있다. 일부 교회들은 예식적으로 아이들을 대상으로 세례 성례전과 성찬 성례전에 대한 교육을 실시하고 교회학교뿐 아니라 공동체 예배에서 견신례를 시행하는 방안을 모색 중이다. 어떤 목사는 이렇게 말했다. "나는 우리가 세례를 베풀 때마다 아이들을 예배당 앞으로 나아오게 해서 어른들이 함께 있는 자리에서 그 아이들에게 지금 어떤 일이 진행되고 있는지 설명한다."

우리가 연구를 진행하던 당시 대부분의 연합감리교회들은 견신례 교육을 위해 교단이 마련한 자료를 활용하고 있는 것 같았다. 어린 시절 준비 기회를 갖지 못했던 고등학교 고학년 아이들이나 성인을 대상으로 하는 견신례 프로그램을 가진 교회도 여럿 있었다. 이러한 프로그램들 가운데 일부는 짧은 기간 동안 진행됐지만, 일부 프로그램들은 13주간에 걸쳐 시행되고 있었다. 몇몇 목사들은 청소년기 후반이나 청년기에 견신례 교육을 시행하는 것을 선호하였다. 한 목사는 20세가 견신례를 행하기에 최적의 나이라고 주장했다. 그 목사는 개인적인 헌신과 소명에의 적절성뿐 아니라 독립적인 사고와 행동 등을 이유로 들었다.

연합감리교회가 과감한 실험을 하고 있는 한 분야가 있는데 그것은 세례의 확증 혹은 갱신에 관한 것이다. 지역협의회와 연례회의뿐 아니라 많은 지역교회들이 재확인의 예배를 실험적으로 도입하고 있다. 물을 사용하여 회중에게 뿌리거나 이마에 십자가 성호를 긋는 동작을 통해 목사는 성도들이 그들의 세례를 기억하고 그리스도의 사역을 세상 속에서 이어가는 일에 다시금 헌신하도록 촉구한다.

연합감리교회의 응답자들 가운데 90퍼센트가 넘는 사람들이 이미 규칙적으로 세례 갱신의 예배에 참여하고 있거나, 혹은 다른 사람들의 세례나 위탁, 부활절 전야, 주현절, 오순절, 성탄절 오전 등과 같은 특별한 경우에 그러한 예배를 드리고 있었다. ("어떤 사람이 헌신의 갱신을 요청했다. 그래서 우리는 세례 갱신 예배를 활용했다.") 재확인을 활용하는 이유는 아마도 상당부분 공식적인 재가 이전에 실험적인 차원에서 대안적인 예배 양식들이 출판되었기 때문이다. 이 같은 사실로 인해 연합감리교회는 견신례 혹은 신앙의 공적인 선언을 세례 성례전과 관련된 반복 가능한 경험으로 보는 이해에 더욱 열린 마음을 갖게 되었다.

이와 같은 갱신의 경험은 재세례로 해석되어서는 안 된다. 그리고 세례 성례전의 예전과 세례의 재확인/갱신의 예전에서 물을 사용하는 방식 역시 서로 명확하게 구분되어야 한다.

연합감리교회는 총회가 세례 성례전에 관한 연구보고서가 제안한 사항들을 인준하기 전에 새로운 견신례 교육자료들을 개발할 것을 위탁했다. 이 자료들은 새로운 『연합감리교회 찬송가』와 새로운 『연합감리교회 예배서』에 소개된 세례 성례전과 견신례에 관한 새로운 예전들과 조화를 이루고 있다. 이 새로운 자료들은 또한 연구보고서가 제안하는 일반적인 방향과 부합하고 있다. 말하자면, 세례 성례전은 개인을 그리스도의 몸에 접붙이고 정식교인으로 만든다는 점, 안수를 통한 견신례는 성찬 성례전 예식과 더불어 세례 입문에 있어 본질적인 한 부분이라는 점, 견신례는 인생의 여정 가운데 반복 가능한 경험으로 이해될 수 있으며, 개인이 공적으로 자신의 세례 언약을 확증하고 고유한 사역을 위해 헌신하는 시점에 적절하게 시행될 수 있다는 점 등을 반영하고 있다.

새로운 견신례 교육 시리즈는 『나를 따르라』(Follow Me〈Nashville: Cokesbury, 1993〉)라는 제목을 달고 있다. 학생용 교과서는 여러 명의 저자에 의해 작성되었다. 새로운 자료들은 세례 성례전을 받은 사람이 인생의 여정 가운데 개인적으로나 혹은 공동체의 일원으로서 세례 확증의 필요를 느끼게 되는 시간들이 여러 번 있을 것이라는 점을 명시적으로 언급한다. 모든 교회는 주기적으로 교회 사역의 밀도와 초점을 재검증할 필요가 있을 것이다. 『목사, 부모, 회중을 위한 핸드북』(A Handbook For Pastors, Parents, Congregations)은 견신례 신학에 한 부분을 할애하고 있고, 세례 성례전과 견신례에 관한 다섯 번의 연구모임을 제안하고 있다. 또한 부모가 이 과정 중에 적극적으로 참여할 수 있는 다양한 방법에 관한 논의도 책의 한 부분을 차지하고 있으며, 여기에는 부모가 자신의 세례언약의 재확인을 진지하게 고려하도록 권면하는 내용도 들어가 있다. 또한 인도자용 지침서는 기본적인 수업 계획과 오디오/비디오테이프를 포함하고 있다.

이 새로운 교육자료들은 행동/성찰을 위한 13개의 핵심단위를 중심으로 구성되어 있다. 주말영성수련회를 필두로 청소년 참가자들은 목사, 평신도 지도자, 부모와 함께 참가자들이 선정한 기간 동안 신뢰와 돌봄과 갱신의 공동체를 만들기 위해 노력한다. 이때 가능한 기간으로 13주, 26주 혹은 1-2년 등이 고려될 수 있다. 확대된 프로그램이나 고등학교 3-4학년 아이들의 두 번째 견신례 경험을 도와줄 수 있는 보조자료를 포함시킬 수도 있다. 이와 같은 보조자료와 계획을 포함시키는 일은 참가하는 개인뿐 아니라 회중 안에서 반복적으로 신앙 헌신을 심화시키는 경험으로서 견신례에 대한 이해를 더욱 강화시킬 수 있다.

세례 성례전과 견신례에 관한 감리교회의 신학과 예식을 더 깊이 연구하고 싶은 사람은 게일 펠톤(Gayle Felton)이 쓴 『물의 선물: 미국 감리교회의 세례 성례전 예식과 신학』[14]을 읽으면 많은 도움을 받을 수 있을 것이다.

미국장로교회: 견신례/파송

미국장로교회의 예식에 관한 우리의 연구는 미국장로교회가 새로운 교과과정 자료들을 출판하기 직전에 이루어졌다. 이 연구에서 우리는 유아나 성인을 위한 통합된 입문예식이 시행되고 있는 예를 하나도 발견하지 못했다. 하지만 장로교회는 세례 성례전을 아이가 그리스도의 몸에 접붙여지는 사건이라는 이해를 갖고 있었다. 따라서 주님의 식탁은 견신례가 아니라 세례 성례전을 받은 아이들에게 열려 있다. 일부 교구들에서는 세 살 이상의 어린이는 정규 교회학교 교과과정을 통해서, 그리고 2학년이 되면 성찬 성례전에 관한 6주 특별과정을 통해서 성찬 성례전을 받을 준비를 한다. 또한 장로교회는 세례 확증 혹은 세례 갱신의 예식을 시행하는 방향으로 나아가고 있었다. 이러한 경향은 갱신 예배를 위한 예전자료들의 출간(1985)을 통해 큰 자극을 받았다. 새로운 예배서 역시 신앙생활의 다양한 상황에 응답하는 다양한 세례/

---

14   Gayle Felton, This Gift of Water: The Practice and Theology of Baptism Among Methodists in America(Nashville: Abingdon, 1992).

갱신 예배를 포함하고 있다.[15]

대부분의 견신례 프로그램은 7-9학년 아이들에게 초점을 맞추고 있으며, 6주 교육과 수련회를 결합한 형태나 2년간에 걸친 교육 형태를 취하고 있다. 하지만 일부 교회들은 새롭게 부모가 되거나 조만간 부모가 될 사람을 대상으로 하는 세례 강좌, 청년과 장년을 위한 재견신례 (reconfirmation) 강좌, 견신례를 받는 청소년의 부모를 위한 재견신례 모임과 예식 등을 강조하고 있다.

일반적으로 장로교회는 성직자와 평신도 모두를 위한 신학교육에 큰 가치를 부여해 왔다. 이러한 강조는 장로교회의 많은 견신례 교육 프로그램들에서 확인할 수 있다. 견신례 프로그램에 참가하는 아이들은 모임에 정기적으로 참석하고, 과제를 성실하게 이행하고, 예배 프로젝트에 참여하고, "자신의 언어로 삼위일체 신앙을 표현하는" 개인적인 신앙진술서를 작성하고, 필기시험을 통과하고, 회중의 대표자들 앞에서 구두로 발표할 시간을 가진다. 이러한 이론적인 기준들을 만족시키는 경우가 종종 있긴 하지만, 기존의 견신례 이해와 예식에 대한 좌절감을 표현하는 경우도 상당히 많았다. 동기부여의 결여, 부모의 후원 부족, 적정한 정신적-정서적-영적 성숙 이전에 행해지는 견신례, 교회 생활에서 곧 멀어지는 문제 등에 관한 일반적인 불평 외에 교회지도자들은 기존의 견신례 교과과정 자료들에 대한 불만도 드러냈다. (다른 한편으로 새로운 견신례 교육자료들의 출판이 이 같은 요구를 충족시켜 주기를 희망하는 목소리도 들려온다.) 또한 우리는 조사를 통해서 『규례서』(*Book of*

---

15 *Holy Baptism and Services for the Renewal of Baptism: Supplemental Liturgical Resources* (Philadelphia: Westminster, 1985)를 보라.

Order)에서 견신례/파송의 개념과 교인의 표지들에 관한 초기의 관심을 확인할 수 있었다. 이러한 토대는 1990년 새롭게 견신례 교육자료들을 편찬하는 과정에서 핵심적인 원리로 작용했다. 이 새로운 접근은 유동적이고 관계적이며 인격적인 특징을 갖고 있다. 이것은 세례의 확증과 교회 안팎의 사역을 위한 위탁으로 인도한다.

이 새로운 접근은 『신앙의 여정: 교회 청소년의 견신례와 파송』[16]이라고 불린다. 여기에 수록된 자료들은 신학적, 역사적, 교육적, 예전적 관점에서 견신례를 연구한 여러 명의 학자들에 의해 마련되었다. 그들의 연구는 견신례의 신학과 견신례/파송교육의 구상에 있어 합의가 이루어질 때까지 계속되었다. 새로운 모델에 따르면, 인도자, 후원자, 부모, 참가자의 가능성과 목적에 따라 한 번에 1-2시간 동안 만나는 모임을 6주에서 30주까지 다양한 형태로 가진다. 모임 운영방식과 자료들을 가제식(looseleaf form: 책·파일 등이 낱장으로 된, 뺐다 끼웠다 할 수 있는)으로 엮어놓은 안내서는 구체적인 모임 개요와 제언들을 풍부하게 갖고 있다. 이 모델은 목사, 교육전문가, 평신도지도자 등으로 구성된 인도자 그룹이 '신앙 평가'를 출발점으로 삼도록 권면하고 있다. 이때 참가자들은 신앙 여정을 시작할 수 있는 가능성에 대해 스스로 돌아보는 시간을 가지며, 이렇게 시작된 신앙 여정은 회중 앞에서 이루어지는 견신례/파송에서 절정에 이른다. 신앙 평가는 깊이 있는 교제를 가능할 수 있도록 마련된 편안하고 개인적인 시간이어야 한다. 이 시간은 견신례/파송에 이르는 여정 전체에 개인적인 색채를 부여하는 계기가

---

16 *Journeys of Faith: Confirming and Commissioning Young Members of the Church*(Louisville: Presbyterian Publishing House, 1990).

된다.

이러한 시간을 갖는 방식은 다양하다. 그것은 2-3일에 걸친 수련회일 수도 있고, 1박2일 프로그램이나 아침/점심/저녁식사와 함께 하루 프로그램일 수도 있고, 한 번에 2시간씩 2-3주에 걸쳐 만나는 모임 형식일 수도 있고, 한 끼 식사와 함께 4시간 동안 이루어지는 집중모임일 수도 있다. 이 시간의 초점은 각 사람의 신앙 이야기를 나누고, 신뢰의 공동체를 형성하고, 견신례/파송 여정의 의미와 능력을 탐구하는 데 있다.

견신례는 세례 성례전과 직접 연결된다. 견신례 준비는 "예수 그리스도를 주와 구주로 믿는 개인적 신앙을 공적으로 선언하는" 형식의 신앙 응답이 가능하도록 준비하는 과정이다. 이 시간은 아이들이 신앙 공동체의 예배와 학교와 양육 안에서 배우고 경험한 것을 명확하게 할 수 있는 기회이자, 동시에 "유아세례 때 부모가 대신한 맹세를 스스로 공적으로 확증하거나 혹은 예수 그리스도에 대한 신앙을 고백하고 세례를 받을 수 있는" 기회이다.[17]

미국장로교회는 견신례가 성령 안에서 기름부음을 받거나 인침을 받는 사건으로서 처음에는 통합된 입문예식의 한 부분이었으나 교회가 성장하면서 점차 별개로 분리되었다는 사실을 인식하고 있다. 동시에 미국장로교회의 접근방식은 "견신례/파송과 세례 성례전 사이의 긴밀한 관계성은 성령의 선물을 지시하고 있다."는 점을 강조한다. "견신례/파송은 성숙해져 가는 삶의 과정 속에서 성령의 임재와 능력을 인정할 수 있는 기회이다. 그 전체 과정은 성령의 임재와 활동을 전제하

---

17 위의 책, 3.

고 있으며, 또한 그것을 인정해야만 한다." 하지만 성령에 대한 이 같은 강조는 교리적인 것이 아니다. 요컨대 누가 성령으로 인칠 수 있는 권리를 가졌는지, 그리고 성령이 어떻게 주어지는지에 관해서는 구체적인 언급이 없다. "견신례/파송 예배는 성령의 신비와 기쁨과 인도를 경축하는 시간이다. 신앙의 발견들은 이해, 관계 성숙에서 비롯되는 사랑, 설명할 수 없는 일들에 대한 믿음을 넘어선다. 사실 이 모든 것은 성령의 임재를 가리킨다."[18]

아울러 확증뿐 아니라 의심과 질문 등 정직한 탐구에 대한 강조 역시 분명하다. 청소년들은 그들의 고유한 질문과 관심을 다루기 위해 특별히 마련된 모임에 참여한다. 교재는 청소년들의 구체적인 관심을 반영하고 있으며, 각 공동체는 고유한 목적을 위해 그 가운데 선택할 수 있다. 견신례/파송을 위해 적절한 나이를 결정하는 문제는 각 회중이 청소년들의 일반적인 성장단계 및 개별 청소년의 성숙도를 고려하여 결정하도록 하고 있다. "견신례/파송을 위한 적절한 나이에 관한 질문은 성령이 언제 어디에서 활동하시는지에 관한 질문만큼이나 확실한 대답을 기대할 수 없다. 하지만 신앙발달의 여러 가지 요소들을 고려할 때 9-10학년의 청소년들에게 견신례/파송을 실시하는 것이 바람직해 보인다. 그 이유는 이 시기의 청소년들이 구체적인 사고의 능력뿐 아니라, 추상적인 개념과 가설적 상황을 다룰 수 있는 능력 또한 갖고 있기 때문이다. 말하자면, 이 시기의 청소년들은 가능성을 상상할 수 있는 능력이 있다. 이러한 능력은 '신학적인 사고'를 가능하게 한다. 부활의

---

18 위의 책, 61.

의미, 오늘날 예수님의 현존의 의미, 태초부터 말씀이신 그분의 존재에 대해 생각할 수 있기 위해서는 추상적으로 사고할 수 있는 능력이 필수적으로 요청된다." 9-10학년의 청소년들은 "의사결정에 있어 어린 청소년들보다 더 큰 독립 예식과 자유의지를 갖고 있다."[19] 아울러 이 시기의 청소년들은 개인적으로뿐 아니라 공동체적으로 교회의 사명을 구체적으로 감당하도록 파송을 받는 일에 더 적합한 후보자들이다. 견신례와 파송을 받은 청소년들은 자신의 가족과 교회와 세상을 위한 중보기도, 식량배급과 같은 봉사활동과 아웃리치 사역, 평화/생태 프로그램들, 사회정의를 실현하려는 노력 등 다양한 방식을 통해서 교회의 삶과 운영 전반에 참여하게 된다.

신앙에 대한 검증은 여전히 존재하지만, 이제는 청소년들이 신앙과 행실의 문제에 관해 얼마나 잘 배웠는지를 검증하는 데서 벗어나 청소년과 장년이 함께 관계를 맺는 모임을 중요시하는 방향으로 옮겨가고 있다. 이 모임에는 저녁식사, 신앙과 사역에 대한 장년과 청소년 사이의 일대일 대화, 청소년과 장년이 함께 교회의 본성과 사역에 관한 자신의 이해를 표현하는 상징을 그리거나 배너를 만드는 시간, 청소년과 장년이 서로 질문을 주고받는 시간, 청소년의 순례 여정의 동지로서 후원자들이 자신의 경험을 나누는 시간 등의 프로그램이 포함되어 있다.

견신례/파송 예배에서 청소년들은 책임감을 갖고 교회의 사역에 참여하고 "교인됨의 표지"를 확증하라는 그리스도의 부르심에 응답한다. 여기에서 말하는 "교인됨의 표지"란 복음 선포, 공동체 삶과 예배에의

---

19 위의 책, 19.

참여, 기도, 성경과 교회신앙에 대한 연구, 물질과 시간과 재능을 내어 놓음으로써 교회 사역을 후원, 교회의 운영 책임에 참여, 새로운 유형의 삶을 입증, 다른 사람을 섬기는 봉사활동, 개인적-가족적-정치적 문화적-사회적 관계 안에서 책임 있는 삶, 평화와 정의와 자유와 인간 성취를 위한 수고 등을 포함한다.

목사, 교육자, 부모, 후원자, 장로, 청소년으로 구성된 인도자팀은 이 과정에서 구상과 양육에 상당한 시간을 할애하도록 권면받는다. 이것은 각 회중이 실제적인 필요를 충족시킬 수 있는 고유한 방식을 발전시킬 수 있도록 하기 위함이다.

그리스도연합교회

그리스도연합교회 안에서 우리는 견신례를 세례 성례전과 연결시키고 세례 성례전에 대한 공적인 확증으로서 강조하려는 움직임을 분명히 확인할 수 있다. 일부 사람들은 세례 성례전과 견신례와 성찬 성례전을 결합한 통합된 입문예식을 요구하고 있지만, 이것은 흔한 일은 아니다. 세례 갱신의 경험은 신앙공동체 안에 새롭게 편입된 지체들을 위한 새로운 예전에서 경축된다. 이것은 유아세례와 견신례의 때에, 그리고 부활절을 비롯한 교회의 특정한 절기에 행해진다. 일부 교회들은 매년마다 세례 갱신을 행한다. 한 목사는 이렇게 말한다. "나는 전체 회중에게 그들의 세례 약속에 응답할 것을 요청합니다. 그리고 그들에게 앞으로 나아오도록 초청한 다음, '당신의 세례를 기억하십시오'라고 말하면서 그들의 이마에 물로 십자가 성호를 긋습니다."

그리스도연합교회 목사들과 교육자들이 이야기하는 어려움 가운데 하나는 성찬 성례전을 세례 성례전보다 견신례와 연결시키는 개혁전통의 강한 영향이다. 여전히 많은 교회들은 견신례 후에만 성찬 성례전에 참여할 수 있다고 생각한다. 하지만 교회의 공식적인 입장은 개인이 그리스도의 몸에 온전히 접붙여지는 사건으로서 세례 성례전을 강조하는 방향으로 선회했다. 이러한 입장에 따르면, 세례 성례전을 받은 모든 사람이 열린 식탁으로 초대받는다. 이 같은 변화를 수용하는 사람들과 여전히 개혁전통을 따르는 사람들 사이의 갈등은 때때로 합의를 통해 해소된다. 어떤 한 목사의 보고에 따르면, 그 목사가 속한 회중은 세례 성례전과 성찬 성례전과 견신례의 신학을 연구한 다음 "견신례 후의 성찬 성례전을 주장하는 개혁전통을 고수하기로 결정했다. 하지만 다른 예식을 따르는 가정들 역시 그들의 관점에 따라 성례에 참여하도록 초청받는다. 그러한 가정들에게 교회가 '양심'에 관한 한 '열린' 입장을 갖고 있다는 사실을 확인시키는 작업은 목사/교사들의 책임이다." 이 같은 변화에 대한 저항을 잘 알고 있는 다른 목사 한 사람은 이렇게 말했다. "나는 주님의 식탁이 모든 사람에게 열려 있다는 점을 교단적 차원에서 더욱 강조하고 교회를 교육할 필요가 있다고 생각합니다."

그리스도연합교회는 회중에게 이 같은 새로운 이해를 교육시키기 위해서 많은 노력을 기울여 왔다. 특별히 세례 성례전에 관해서, 그리고 성찬 성례전이 세례 받은 아이들에게도 열려 있다는 점과 관련해서 부모와 회중의 리더들을 교육시키는 데 심혈을 기울여 왔다.

견신례는 여전히 1-2년에 걸친 견신례 교육 프로그램 후에 시행되는 경향이 있다. 그리고 교육은 공식적인 교과과정인 『우리의 신앙을 확증하기』(Confirming Our Faith)와 새로운 『예배서』(Book of Worship)를 따른다. 견신례 캠프는 특별히 성공적이었으며 여러 교회들에서 요구되고 있다. 15년의 역사를 가지고 있는 오하이오 주의 한 견신례 캠프는 개인적으로나 공동체적으로 견신례 프로그램을 더욱 깊이 있게 만드는 풍부한 자원으로 자리를 잡았다. 이처럼 깊이 있는 견신례 프로그램은 지역교회에서 일반적으로 행해지는 교회학교 형식에서는 쉽게 찾아볼 수 없다.

그리스도연합교회의 많은 지도자들은 견신례를 평생에 걸쳐 반복 가능한 경험으로 보고 있지만, 청년들의 견신례를 소명 예식이나 특정 직업에의 헌신 혹은 자발적인 봉사 사역과 연관시키는 데에는 별다른 관심을 보이지 않고 있다.

통합된 입문예식에 대한 논의와 이해는 있지만, 그것을 실제로 실천에 옮기는 경우는 별로 없다. 하지만 여러 응답자들이 교회가 그러한 방향으로 나아가야 한다는 기대를 피력했다.

교회지도자와 부모와 더불어 평신도 교사와 상담가 역시 견신례 교육에 참여하긴 하지만, 견신례 교육의 일차적인 책임자는 목사이다. 하지만 어떤 상황에서는 종교교육자가 핵심적인 역할을 떠맡기도 한다. 또 다른 경우에는 견신례 대상자와 개인적으로 만날 평신도 멘토를 모집하기도 한다.

다른 교단의 지도자들과 마찬가지로 그리스도연합교회의 응답자들은 세례 성례전이 아니라 견신례가 그리스도의 몸으로의 편입이나 "교회에의 참여"로 이해되는 상황에 대해 개탄했다. 물론 이것은 견신례를 받지 않은 아이들에게까지 성찬 성례전을 개방하는 문제와 관련해서 회중을 설득하기가 쉽지 않다는 사실과 연관되어 있다. 일부 지도자들은 영성지도, 명상, 기도 등을 강조하면서 견신례 교육을 보다 인격적인 방식으로 실시해야 한다고 주장하고 있다. 이러한 신념을 가진 한 연합교회 목사는 창조-중심적인 영성에 기초한 고유한 견신례 프로그램을 구상했다고 보고한다. "내가 하고자 원했던 것은 전인적인 접근을 통해서 참가자들에게 자신의 인격에 대한 확증과 자신의 신적 특징에 대한 경험을 가져다주는 것이었다."[20] 이 프로그램은 모든 견신례 대상자가 자신 안에 하나님의 불꽃을 갖고 있으며, 상호의존과 상호연관을 특징으로 하는 지구촌 시대에 하나님과 함께 공동창조자로서 부름 받았다는 사실을 강조한다. 이 프로그램은 이러한 강조를 통해 모든 사람이 하나님의 창조세계 안에서 고유한 은사를 받은 청지기로서 스스로를 인식하도록 촉구한다. 또한 이 프로그램은 청소년들이 예수 그리스도에 대한 신앙 및 이 세상을 변혁시키는 힘을 가진 그리스도 몸의 지속적인 사역에 대한 믿음을 확증하는 일을 돕는다. 그리고 침묵, 일기 쓰기, 이미지 그리기, 이야기 말하기 등의 방법을 활용하는 가운데 성경적, 신학적 자극들과 교감할 수 있는 명상방법들이 개발된다. "이러한 명상적이고 창조적인 침묵의 시간은 단연 가장 인기 있는 시간이다. 우리가 사는 세상과 청소년기의 분주함 속에서 아이들은 이 시간을 통해 조용히 자신에게 집중할 수 있는 기회를 가진다. 이것은 매

---

20 Bruce M. Morrison, "Confirmation: A New Vision," in *New Forms Exchange, United Church Board for Homeland Ministries*, 132 West 31st Street, New York.

우 강력한 방법이다. 영적 각성이 일상적으로 일어난다."[21]

견신례를 소명 예식이나 특정한 사역 형태에의 헌신과 관련시키려는 시도는 그렇게 분명하게 보이지 않는다. 하지만 일부 지도자들은 봉사 프로그램을 견신례 준비과정의 한 부분으로 포함시키고 있다. 또 일부는 청소년들이 자신의 은사를 발견하고 그것을 활용하는 일을 돕는 사역의 중요성을 강조한다. 한 지도자의 진술에 따르면, "사역을 위한 은사들이 강조된다. (중략) 우리가 속한 세상을 축복하기 위한 은사의 나눔은 확증되고 또한 경축된다."

한 여성 목사는 신앙성장과 영성개발을 장려하는 견신례 프로그램에 대한 갈급함을 피력했다. 견신례교육의 현재 상황에 대한 그녀의 묘사에 따르면, "'현명한' 목사와 평신도들이 견신례 대상자들의 머릿속에 정보를 주입하고 있다. 이것은 신앙성장을 가져오기보다 오히려 따분하고 불만에 가득 찬 청소년들을 양산할 뿐이다." 이러한 이유에서 그 목사는 신앙/영성개발의 문제들을 제기하고 발전시키기 위해 필요한 인격적이고 포근한 환경을 만드는 데 있어 캠프라는 환경이 매우 유익할 수 있다고 지적한다. "우리 회중은 우리 교회의 청소년들이 비용의 2/3를 감당하면서 견신례 캠프에 참여하는 것을 의무적으로 요구하고 있다."[22]

---

21 위의 책, 3.

22 Letter from the Rev. Ann Kear, Pastor of the Trinity United Church of Christ, McCutchenville, Ohio.

캐나다연합교회

캐나다연합교회의 견신례 이해는 세례 성례전에 견고하게 닻을 내리고 있다. "세례 성례전을 통해서 모든 사람은 교회에 참여한다. 그리고 청소년기에 접어들거나 성년이 되었을 때 다른 사람들이 자신을 대신해서 확증했던 자신의 세례신앙을 갱신한다. 이때 청소년이나 성년은 공적인 확증에 앞서 영적 성찰과 자기반성의 과정을 거친다. 또한 사람들은 새로운 회중에 편입될 때 혹은 인생 여정의 중요한 단계에서 자신의 신앙을 갱신할 수도 있다."[23]

아이들이 사역하는 공동체에 편입되는 사건으로의 세례의 의미에 대한 강조가 두드러진다. 이러한 생각이 실질적인 열매를 맺도록 하기 위해서 부모를 준비시키는 프로그램이 시작되었다. 루터교회에서 시행되는 유사한 프로그램처럼 그렇게 길지는 않지만, 이 프로그램은 후원자와 회중의 대표자들뿐 아니라 전체 가족을 모두 대상 안에 포함시키고 있다. 두 번에 걸쳐 네 시간씩 모임을 갖는 이 프로그램은 잘 구성되어 있으며, 〈세례: 시작과 소속: 한 회중의 경축〉(*Baptism: Beginning and Belonging: A Congregation's Celebration*)이라는 제목의 비디오를 시청하는 시간도 포함하고 있다. 또한 이 프로그램은 세례 성례전을 받게될 (네 살 이상의) 아이들에게 직접 활용할 수 있는 자료들도 제공한다. 이 자료들은 아이들이 자신을 대신해서 부모가 세례 맹세를 하고 있다는 사실을 이해하는 데 도움을 준다.

---

23 *Preparation for Baptism and Renewal of Baptismal Faith*, Part I. Preparing Parents for Baptism of their children by Margaret Spencer (The United Church of Canada, 1988), 5.

"그리스도에의 편입과 기독교교회의 지체됨의 가시적인 표지"로서 세례 성례전에 대한 이 같은 강조는 견신례에 대한 보다 명확한 이해를 가능하게 했다. 세례 성례전은 통합된 입문예식을 중심으로 구성된다. 신앙공동체의 지체들에게는 세례 예식 가운데 혹은 부활절과 같은 특별한 교회절기에 자신의 세례신앙을 재확인할 수 있는 기회가 주어진다. 말하자면, 유아세례를 받은 사람이 복음에 대한 새로운 이해에 이르게 되었을 때 견신례는 반복될 수 있다.

이 시리즈의 제II부와 제III부는 청소년과 성인이 각각 자신의 세례신앙을 공적으로 고백하는 일을 돕기 위해 기획되었다. 청소년을 위한 교과과정은 열다섯 번의 모임을 가지는데, 이 모임을 통해서 청소년의 필요와 시각에 맞추어 그것을 캐나다연합교회의 새로운 신조 안에 반영된 신앙생활과 연관시킨다. 처음 열 번의 모임은 신조 안에 내포된 신앙의 본성에 대해 탐구하고, 나머지 다섯 번의 모임은 자신의 세례신앙에 대한 공적인 선언 및 실제 예배 가운데 이루어지는 맹세로서 견신례의 본성에 초점을 맞춘다. 성인세례 혹은 세례 갱신으로 이어지는 성인 교과과정은 대림절, 성탄절, 사순절, 부활절에 이르는 교회력에 따라 세례 신앙이 내포하는 본질적인 내용에 기초하고 있다. 이러한 자료들은 관계를 중시하고 창의적인 방법론과 융통성 있는 스타일을 활용한다.

캐나다연합교회의 실제 예식에 대한 연구에서 우리는『세례와 세례 신앙의 갱신』(Baptism and Renewal of Baptismal Faith)에 반영된 새로운 입장이 실은 선택적 유형이라는 사실을 알게 되었다.[24] 일부 교회들은 유아의 부모를 위한 교육자료와 청소년/성인을 위한 견신례 자료를 비롯해서 새로운 접근방법을 따르고 있지만, 다른 많은 교회들은 다른 교단의 자료를 활용하거나 그들 나름의 교과과정과 자료를 개발해서 사용하고 있다. 하지만 여전히 다른 자료를 사용하고 있는 교회들에서도 새로운 자료의 신학적 관점이 스며들어 있다는 점에서 선택적 자료가 상당한 영향을 미치고 있는 것으로 보인다.

캐나다연합교회에서 유아세례를 위해서 부모를 교육시키는 경향은 현저하게 드러난다. 상당수의 교회들이 영/유아를 대상으로, 또한 청소년/성인을 대상으로 통합된 입문예식을 활용하고 있다. 그러한 예식을 채택하지 않고 있는 일부 교회들은 지금 "그러한 방향으로 나아가고 있다."고 보고하고 있다. 어떤 목사는 "그렇지는 않지만, 나는 그런 방식을 선호한다."고 말했다. 또 다른 목사는 자신이 지금은 통합된 입문예식을 실시하고 있지는 않지만, 그러한 방향으로 나아가고 있다고 말하면서 다음과 같이 덧붙였다. "하지만 그것의 의미가 충분히 이해되고 받아들여지도록 하기 위해서 아주 신중하게, 그리고 천천히 움직여 가고 있다." 다른 목사는 통합된 입문예식을 시행하고 있다고 말했다. 그 이유는 "그렇게 하지 않을 경우 세례 성례전이 불완전한 성례가 되기 때문이다." 일부 목사들은 안수의 견신례 의례를 포함시키고는 있지만, 예전 중에 어린이나 청소년을 대상으로 성찬 성례전을 집행하지는 않고 있다. 통합된 입문예식과 (인생의 다양한 단계에서) 세례 재확

---

24 *Baptism and Renewal of Baptism* (Division of Missions in Canada. The Task Group on Christian Initiation, Toronto, 1986).

인의 방향으로 전환한 교회들에서 회중의 반응은 긍정적이다. "훌륭해요. 접착제 같아요.", "매우 긍정적이에요. 지체들이 셋의 하나됨을 받아들이고 있어요.", "좋아요. 지금은 당연하게 받아들여지고 있어요.", "질문이 없는 것은 아니지만, '성인' 신앙고백이 주님의 식탁으로 통하는 문이 아니라는 점에 대해서는 공감대가 확산되고 있어요.", "(통합된) 세례 성례전은 나이나 인생단계와 상관없이 입문예식이에요. 회중이 다양성과 융통성을 인정하고 있어요."

캐나다연합교회는 사실 견신례를 받은 사람들에게만 성찬 성례전을 제공해 왔다. 보다 최근의 신학적 사고는 아이들이 세례 성례전 후에 주님의 식탁에 참여할 수 있다는 점을 강조했다. 한 응답자의 말에 따르면, "우리는 아이가 세례를 받을 때 완전한 지체가 되며, 그 아이가 원할 때 (우리는 네 살 이상을 추천한다.) 성찬 성례전 예식에 참여할 수 있다는 점을 강조한다." 다른 목사들은 주님의 식탁이 세례를 받았건 받지 않았건 모든 사람에게 개방되어 있다고 이야기한다. 어떤 교회는 "의에 굶주리고 목마른 모든 사람"을 초청한다. 어떤 목사의 말에 의하면, "주님의 식탁에 나아오기 위해서 반드시 견신례를 받거나 심지어는 세례 성례전을 받아야만 하는 것은 아니다. 물론 그것이 규범이다. 하지만 배타성은 주님의 방법이 아니다." 몇몇 목사들은 이 점에 있어 "새로운 기준과 과거의 기준" 사이의 긴장관계를 지적한다. 일부 목사들은 아이와 부모가 세례 예전에 기쁨으로 참여할 뿐 아니라 그 의미를 충분히 이해할 수 있도록 돕기 위해 아이와 부모를 대상으로 세례 성례전과 성찬 성례전에 대한 교육을 실시한다.

출석과 참여 외에 견신례를 받기 위한 다른 기준에 대해서는 연합교회 안에서 거의 합의가 이루어지지 않았다. 일부 교회 프로그램들은 청소년의 신앙과 세상 속에서 그리스도의 사역하는 몸의 한 지체로서 그들의 역할을 탐구한다는 목적 아래 후원자 혹은 장년 지정의 중요성을 강조한다.

청년이나 장년을 대상으로 구체적인 사역 형태에 관한 결정을 교육이나 예전과 연결시키고 있는 교회는 거의 없다. 일부 목사들은 "우리는 그렇게 하고 있지 않지만 좋은 생각이네요."라고 응답했다. 어떤 교회의 보고에 따르면, "각 사람은 자신의 특별한 은사들을 열거한 다음 그 은사들을 적은 카드를 예식 중에 회중 대표에게 건넨다." 다른 교회는 자원봉사 코디네이터를 선별한다. "청소년들은 특수한 자원봉사 프로그램에 지원하도록 권면을 받는다. 이것은 어려운 일이지만, 결과는 매우 좋다." 다른 목사는 이렇게 말한다. "우리는 그렇게 하고 있지 않다. 하지만 좋은 생각이다. 그것은 엘리자베스 오코너(Elizabeth O'Connor)의 인서치/아웃리치(Insearch/Outreach) 개념을 생각나게 한다."

캐나다연합교회에서 보편적으로 행해지고 있는 유형으로는 유아세례 전 부모를 대상으로 한 교육과 상담, 세례 성례전을 받은 아이들에게 개방되어 있는 주님의 식탁, 7-9학년 청소년을 위한 (6-15주간에 걸친) 견신례 프로그램, 2-15주에 걸친 청년과 장년을 위한 교인 프로그램 등이 있다. 여러 목사가 견신례를 "나이나 인생단계"와 상관없이 개인이 공적으로 헌신하고 "신앙의 깊이와 초점을 새롭게 하길" 원할 때마다 반복될 수 있는 경험으로 이해하고 있다.

세례 성례전/견신례 교육의 주도권은 여전히 목사에게 많이 주어져 있지만, 평신도, 부모, 후원자, 장로의 참여가 늘어나고 있다. 때에 따라 부모의 참여 외에 평신도지도자와 목사와 기독교교육자들이 여러 번에 걸쳐 운영팀을 구성해 왔다. 이러한 팀은 매우 효과적이었으며, 참가자와 회중으로부터 인정을 받았다.

캐나다연합교회의 목사와 지도자들은 세례 성례전을 그리스도의 몸으로 완전히 편입되는 사건으로 보고 통합된 입문예식 및 평생에 걸친 신앙을 심화시키고 재확인할 수 있는 다양한 기회를 수용하고자 하는 보다 최근의 움직임에 대해 매우 긍정적인 생각을 갖고 있다. 물론 좌절스러운 점들이 없는 것은 아니다. 견신례를 통해 "교회에 참여하게 된다."는 사고 역시 여전히 건재하다. 청소년이 견신례를 받으면서 교회를 '졸업하게' 된다는 사고는 매우 강력하게 살아 있다. 나이 많은 청소년과 청년과 장년이 구체적인 사역 형태의 결정과 관련해서 교육에 참여할 필요가 있다는 점에 대해서는 공감대가 확산되고 있다. 회중 앞에서 자신의 세례언약을 갱신하는 사건이 가진 잠재력에 대해 점증하는 예식이 있으며, 이러한 헌신은 직업이나 자발적인 봉사활동을 통한 사역을 위해 구체적인 은사들을 활용하는 방향으로 새롭게 초점이 맞추어지고 있다. 그럼에도 불구하고 이 같은 점증하는 예식이 교육적, 예전적 차원에서 실질적인 열매를 맺기 위해서는 아직까지 많은 일들이 행해져야 한다.

요약: 주요한 흐름들

1. 세례 성례전/안수/도유/성찬 성례전으로 이루어진 소위 "통합된

입문예식"은 전통의 한 부분인 동시에, 비록 실천에 옮겨지고 있지는 않지만 널리 공감되고 있는 논의의 한 부분이다. 이러한 예식은 다양한 형태로 모습을 드러내고 있는데 특히 견신례가 세례 성례전에 뿌리내리고 있다는 확신에서 분명하게 드러난다. 세례 성례전과 견신례를 함께 결합하려는 강한 의지가 있다. 어떤 목사가 말했듯이, "만약 여러분이 씻고 깨끗하게 된다면, 여러분은 새로운 삶을 보여주어야 한다."

통합된 입문예식을 시행하는 것과 관련하여 다양한 문제가 존재한다. 일부 사람들은 견신례 시 주교의 참석을 의무화하는 성공회 전통을 보며 좌절한다. 다른 응답자들은 일부 교구들에서 그 같은 요구가 완화되고 있다고 보고한다. 성찬 성례전과 입문의 관계 역시 많은 사람들에게 어려운 문제로 다가간다. 어떤 목사는 주님의 만찬과 더불어 입문을 경축하고 싶어 하면서도 이런 시도에 대해 사람들이 이해하려고도, 수용하려고도 하지 않는 '혁신'이라고 생각한다. 또 어떤 사람은 성찬 성례전을 포함시키지 않는 것에 대해 입문에 대한 기본적인 이해에 있어 심각한 문제라고 지적한다. 이 밖에도 통합된 입문예식과 관련해서 수많은 질문이 제기되고 있다. 안수와 도유는 반복되어야 하는 의례인가? 만약 그렇다면 언제, 어떤 단계에서, 신앙공동체 및 신앙성장과의 어떤 관계 속에서 반복되어야 하는가? 이러한 순례 여정은 어떻게 형성되는가? 인생 여정에서 교육과 예전의 경험에 참여할 수 있는 기회에는 어떤 것이 있는가?

2. 우리는 RCIA라고 불리는 가톨릭교회 프로그램에 대한 상당한 이

해를 발견하였다. 이 프로그램을 알고 있는 개신교회는 많지 않지만, 이 프로그램은 폭넓은 에큐메니칼 스펙트럼에 걸쳐 입문의 개념, 그리스도와의 교제로 입문하는 데 필요한 요리문답의 범위, 세례후보자 교육 순례에 도움이 되는 예전적 삶 등 다양한 분야에서 상당한 영향력을 행사하고 있다.

3. 반복 가능한 경험으로서 세례의 갱신, 견신례, 혹은 세례 확증에 대한 이해가 교회의 예전/영성활동에 있어 점점 일반화되고 있다. 이것은 보편적인 현상이라고 말할 수는 없다. 연합감리교회, 성공회, 캐나다연합교회, 장로교회, 그리스도연합교회에서는 이런 현상이 일반적이지만, 루터교회와 로마가톨릭에서는 그렇지 않다. 많은 루터교회 안에서 자라나고 있는 이해에 따르면, 견신례는 평생에 걸친 과정이다. 하지만 교회의 삶과 예전에서 이것이 체계적으로 발전되지는 못했다. 로마가톨릭은 (많은 사람들이 긍정하는) 세례 갱신과 단번의 성례로서 견신례를 구분한다. 일부 로마가톨릭 교인들은 견신례에 대한 자신의 신학적 견해의 적절성에 관해 질문을 제기하면서 견신례에 관한 단계 이론을 모색 중이다. "견신례"를 청소년기의 신앙고백으로 보는 견해를 포기하는 것과 관련해서는 일반적으로 저항이 거세다. '언제' '무엇'을 해야 하는지에 관해서는 많은 논의가 진행되고 있지만, 청소년들의 헌신 기회를 배제하려고 하는 시도는 거의 없다. 사실 어떤 측면에서 견신례와 관련된 가톨릭교회의 '개혁'은 일곱 살 전후가 아니라 '청소년기 후반'에 견신례를 행하는 방향으로 움직여 가고 있다. 이 같은 사실은 일부 개신교인들에게 놀라움을 가져올 것이다. 유아기의 통

합된 입문예식에 대해서 상당한 공감대가 있지만, 청소년기의 견신례 예전 역시 여전히 유지되고 있다. 한 사제는 다음과 같이 응답했다. "나는 로마가톨릭교회가 유아세례와 함께 견신례를 실시하고 그 후에 (청소년기부터 시작해서) 평생에 걸쳐 성령의 선물을 경축하는 세례 갱신으로서 견신례를 행하길 원한다."

4. 청소년기 초반보다는 청소년기 후반이나 청년기 초반에 세례의 확증 혹은 견신례를 시행해야 한다는 주장에 대한 공감대가 점점 확산되고 있다. 이러한 '움직임'은 더욱 확산되고 있으며, 그렇지 못한 곳에서는 적어도 견신례 프로그램을 담당하는 많은 책임자들이 그와 같은 열망을 갖고 있다. 물론 견신례가 '교회 졸업'으로 이해되는 것과 관련해서 상당한 좌절감이 존재한다. 때문에 견신례를 늦게 시행하는 이유 중에 하나는 졸업을 연기함으로써 "아이들로 붙잡아두기" 위한 것이다. 보다 일반적으로 보면, 청소년기 후반이나 청년기에 견신례를 시행하고자 하는 열망은 견신례 예전의 유효성과 근본적인 삶의 결단을 내리는 개인적/문화적 과정을 상호연관시키고자 하는 관심에서 비롯된다. 한 성공회지도자가 언급했듯이, "만약 사람들이 성인이 되어서 '견신례 예식'에 참여한다면 그것은 더 많은 의미를 갖게 되고, 세상 안에서 사역하는 존재로서 자신에 대한 더욱 성숙된 이해와 연결될 수 있을 것이다."

5. 견신례와 세례 갱신에 대한 실체론적이고 개인주의적인 이해가 현상학적/관계론적이고 공동체적인 이해로 대체되고 있다. 어떤 목사의 보고서에 따르면, "견신례에 관한 우리의 이해는 점점 더

공동체 안에서 성령의 선물을 경축하는 예식으로 바뀌어 가고 있다. 개인보다도 '선물'과 '공동체'에 더 큰 강조가 주어진다." 일반적으로 불만은 목회적 관심과 관계된다. "우리는 성례를 사역 일반과 관련시키는 데 실패하고 있다." 응답보고서들은 개인의 구원이나 개인적인 운명의 문제보다도 공동체 안에서의 삶이나 세상 속에서의 사역(mission)의 문제를 더욱 많이 다루고 있다. '개인' 헌신에 대한 관심은 청소년들이 신앙생활의 개인적/영적 차원을 탐구하는 일을 돕고자 하는 노력 속에서 분명히 표현되고 있다. 우리의 설문조사에 대한 응답들에서 우리는 기독교 신앙의 공동체적 차원과 개인적 차원 사이에서 균형을 잡고자 하는 진지한 시도를 발견할 수 있다. 특히나 인상적인 점은 신앙공동체를 만드는 일에 대한 강조이다. 이것은 수련회, 현장학습, 봉사에 초점을 맞춘 다양한 공동체 활동을 포함한다.

또한 일보다는 은혜에 대한 언급이 훨씬 더 많다. "우리는 성례를 값없이 주어진 하나님의 사랑의 선물에 대한 경축으로 이해한다. 그것은 지식을 평가하는 시험을 통과하면 얻을 수 있는 것이 아니다." 성령의 선물과 은혜를 세상 속에서의 소명과 연관시키려는 시도는 중요한 주제로 부상하고 있다. 이러한 주제가 압도적이긴 하지만 일부 사람들은 좌절감과 패배 의식을 깊이 느끼고 있다.

6. 봉사활동은 사역의 주제를 제시하는 강력한 방법 가운데 하나가 되었다. 많은 경우 독서, 연구, 강의, 토론 등은 교회와 공동체 안에서 적극적인 봉사활동에 의해 보완되고 있다. 어떤 사람은 봉사활동을 단지 졸업하기 위해 필요한 또 다른 요구조건 중에 하나로

이해할 수도 있을 것이다. 하지만 많은 경우 청소년들이 중요하게 참여할 수 있고, 그들이 신앙의 사역에서 실제의 필요와 은혜의 능력을 경험할 수 있는 봉사 프로젝트를 개발하는 일에 많은 수고와 지혜가 수반되고 있다.

7. 개인이 그리스도 가족공동체로 편입되는 시점은 견신례가 아니라 세례 성례전이라는 확신이 에큐메니칼 교회 안에서 점점 커져가고 있다. 오늘날 입문과 관련해서 다양한 논의가 전개되고 있으며, 다양한 공동체 안에서 다양한 형태를 취하고 있다. 많은 문제들이 아직까지 해결된 것은 아니지만, 우리의 설문조사에 따르면, 세례 성례전을 교회에 소속되는 사건으로 보는 견해가 많은 교회 안에서 발견된다. 전통적으로 세례 성례전이 중요하긴 하지만 교회 소속을 위한 준비과정으로 보아왔던 교회들에 있어 이것은 중요한 전환이다. 세례 성례전의 의미에 관해서는 많은 사람들이 명확한 이해를 갖고 있는 것 같지만, 세례 성례전을 어떻게 행할 것인지에 관한 질문은 여전히 어려운 문제로 남아 있다.

기독교인은 태어나는 것이 아니라 만들어지는 것이라고 우리가 알고 있다 하더라도, 그 방법에 대해서 우리는 확신하지 못하고 있다. 설문조사에서 희망적인 사실은 세례 성례전을 소속으로 보고 지속적으로 그 방법을 모색하는 태도 등 몇 가지 이슈들에 관한 명확한 입장이다.

8. 견신례를 받을 때까지 성찬 성례전을 보류해야 한다는 입장은 점점 그 힘을 잃어 가고 있다. 성찬 성례전을 견신례까지 보류하는 교회는 거의 없다. 견신례를 받을 때까지 성찬 성례전 참여를 연

기하는 것은 루터교회의 일반적인 관행이었지만, 우리가 조사한 바에 따르면 일부 루터교회들은 아이들이 어린 나이에 성찬 성례전에 참여하는 것을 허용하고 있다. 그리스도연합교회 전통에 속한 일부 사람들은 이 문제에 있어 스스로 모순을 느끼고 있다. 개혁교회는 성찬 성례전을 세례 성례전보다는 오히려 견신례와 연결시키는 전통이 있다. 그렇지만 그리스도연합교회 안에서는 세례 성례전이 소속의 성례이고, 주님의 식탁이 아이들을 포함해서 세례 성례전을 받은 모든 사람에게 열려 있다는 이해가 점점 확산되어 가고 있다. 물론 여전히 견신례를 "교회에 참여하는" 단계로 보는 많은 사람들은 이 같은 견해에 이의를 제기한다. 이 같은 갈등 상황에서 일종의 합의가 보편적으로 이루어지고 있다. 그것은 개별 가정에서 이 문제에 대한 입장을 스스로 결정하게 한다는 의견이다. 즉, 아이가 세례 성례전 후에 성찬 성례전에 참여할 것인지, 아니면 견신례 후에 성찬 성례전에 참여할 것인지는 그 아이의 부모가 결정한다. 성공회 안에서는 견신례가 교회의 지체됨을 경축하는 핵심 예전이긴 하지만, 많은 교구들은 부모와 의논한 뒤에 주님의 식탁을 세례 성례전 받은 아이에게까지 개방하고 있다.

9. 더 풍부하고 다양한 교육자료와 교육방법에 대한 요구가 있다. 사람들은 가능한 모든 곳에서 그들에게 도움이 되는 자료를 찾고 있다. 교단에 대한 충성도는 줄어들고 있다. 많은 교회들은 자료의 상당 부분을 직접 만들어 사용한다. 여러 교단들이 새로운 자료를 생산하면서 상황이 개선된 것은 사실이지만, 아마도 자료는 계속해서 공유될 것이다 .

10. 목사들이 여전히 핵심적인 교사 역할을 감당하지만, 견신례 교육을 담당하는 많은 팀들이 등장하고 있다. 우리가 조사한 바에 따르면, 견신례 사역의 부담과 관련해서 얼마간 불평이 존재한다. 목사가 다 해야 한다는 불평이다. 하지만 동시에 팀을 구성해서 이 사역을 감당하려는 시도들도 상당수 발견된다. 많은 교회들에서 교회직분자와 평신도들은 청소년들이 기독교적 헌신을 결단하는 일을 돕기 위해서 의견과 자원과 책임을 나누며 협력하고 있다.

11. 성인 멘토를 활용하는 경우가 점점 늘어나고 있다. 청소년들은 개인적으로 그들의 제자 '생활' 훈련을 도와줄 성인 멘토와 연결된다. 이것은 '올바른 학습' 훈련을 대체하고 있다. 우리의 설문조사에서 멘토의 활용은 매우 긍정적인 평가를 받고 있다.

12. 견신례 교육이 견신례를 받기 이전까지 교회학교와 가정에서 배운 내용을 단순히 반복하는 것이 되어서는 안 된다는 인식이 자라나고 있다. 견신례는 실제 삶에서 이루어지는 신앙 헌신에 관한 것이어야 한다. 하지만 때로는 기독교 신앙에의 적용이 종종 매우 얕은 수준에서 이루어지고 있다고 지적하는 사람들이 있다. "학생들은 거의 신앙의 토대가 없는 것처럼 보인다. 그들은 기독교 전통에 대해서, 그리고 그리스도의 몸의 지체됨에 대해서 거의 피상적인 이해만을 갖고 있다." 견신례가 전제하는 것은 무엇인가? 이것은 우리를 심란하게 만드는 질문이다.

13. 성례전의 본성과 의미에 관한 질문들이 때때로 제기되었다. 오랫동안 많은 기독교인들에게 이 질문들에 대한 대답은 명확하고

적절해 보였다. 하지만 일부 기독교인들은 계속적인 에큐메니칼 논의 가운데 특히 다른 전통의 이해를 접하면서 문제의 복잡성을 인식하게 되었다. 이와 관련해서 이 '성례'를 (만약 이것이 성례라면) 어떻게 명명할 것인지에 관한 질문이 제기된다. 이에 따라 견신례, 세례 언약의 선언, 세례 갱신 등 다양한 명칭이 제안되었다. "견신례"를 대신할 대안적 표현들은 이 예식을 세례 성례전과 연결시키고자 하는 분명한 의도를 표현하고 있다.

14. 유아세례 및 부모와 회중을 준비시키는 프로그램에 대한 강조가 두드러지고 있다. 그리스도연합교회, 캐나다연합교회, 미국복음주의루터교회, 성공회, 로마가톨릭 등은 부모 교육과 회중의 참여를 위한 탁월한 자료들을 만들어내고 있다. 하지만 우리의 설문조사에 따르면, 여전히 유아세례는 전통적인 예식을 따르는 교단의 많은 사람들에게 계속해서 질문을 제기하고 있다. 다른 한편으로, 우리가 유아에게 세례를 베푸는 일을 더 잘 수행할 필요가 있다는 불만이 더욱 자주 들려온다. 어떤 사람들은 그 어려움을 무분별한 세례 예식에서 발견한다. 이러한 어려움은 특별히 대형교회에서 일어난다. 다른 사람들은 일차적인 문제를 부모의 참여, 교육, 헌신의 부족에서 발견한다. 유아세례를 시행하는 일부 교회의 목사들은 교회문화가 세례 성례전 받은 아이를 위한 후속 프로그램이나 관계 형성을 통해 세례 예식을 뒷받침하는 일에 있어 실패하고 있다고 생각하고 있다. 동시에 이른바 성인세례의 '규범'이 유아세례의 시행에 위협이 되지 않고 있다는 사실은 명확하다. 로마가톨릭을 중심으로 개혁을 향한 열망

은 매우 강력해 보인다. 하지만 이것은 반항과는 구분된다. 많은 응답자들은 견신례에 부모가 참여하는 방안을 추천했다. 우리는 부모의 따뜻한 지원에 대한 언급이 기대보다 많이 발견된다는 사실을 확인할 수 있었다. 학교생활과 과외활동으로 분주한 많은 청소년들은 교회의 견신례 프로그램에 대해 너무 부담스럽고 시간을 빼앗긴다고 생각하고 있다. 아마도 일부 부모들은 이 점에 상당 부분 공감할 것이다.

여기에 언급한 것 외에 더 많은 특징들을 소개할 수도 있을 것이다. 하지만 우리가 볼 때 이 열네 가지 특징은 특별히 주목할 만한 가치가 있어 보인다.

제6장

견신례 신학

세월이 흘러가면서 수많은 예식들 자체가 변화되어 가고 있다. 그리스도인들이 한 공동체로 들어가는 입문예식과 화해 예식 속에서 경험했던 것을 이해하는 방법에 있어서도 중대한 변화를 가져왔다. 그럼에도 불구하고 입문예식이 가지는 가치성은 크다. 입문예식은 다양한 빛을 내는 보석과 같다. 우리가 모든 면들을 불빛에 비추어보기 전까지 우리는 보석의 광채에 대해 온전히 느낄 수 없기 때문이다.[1]

전통적인 견신례의 의미는 교회의 신앙에 대한 개인의 고백과 인격적으로 신앙을 선언하며 하나님께 순종을 서약하는 예식이다. 이것은 개개인이 교회의 신앙을 지적으로 이해하고 고백할 수 있도록 함으로써 교회의 신앙내용을 개인이 내면화해야 한다는 점을 강조한 칼뱅의 주장을 상기시킬 뿐 아니라, 견신례의 인격적 측면에 대한 부처의 강조

---

[1] James F. White, *Introduction to Christian Worship*, 정장복 · 조기연 역, 『기독교예배학 입문』 (서울: 예배와설교아카데미, 2000), 243-46.

또한 포괄하고 있다. 견신례는 진심 어린 선언과 서약을 수반하는 인격적인 언약 인준의 행위이다.

견신례와 성례전[2]

예수님이 역사적으로 나타나신 이후에도 사람들 가운데 오늘도 계속해서 나타나시고 있다. 하나님 말씀의 선포가 하나님의 자기 주심을 들을 수 있게 해준다면, 성례전은 말씀과 실행을 통해 들을 수 있게 하고 볼 수 있게 해준다. 이것을 제임스 화이트(James F. White)는 하나님의 자기 주심(God's self-giving)이라고 말한다. 그리고 이것은 기독교 성례전의 기초이다.[3] 칼뱅은 어거스틴이 성례전을 "거룩한 것이 가시화된 표식, 혹은 불가시적인 은총의 가시적인 현상"[4]이라고 정의한 것에 찬성하면서 이 정의가 지닌 간결함이 성례전을 모호하게 만들 경향이 있다고 경고한다. 칼뱅은 그 당시 로마교회에서 거행된 다양한 의식이 이 정의를 충족시켜 주고 있는가에 대해 시험하였다. 그래서 그가 내세운 규칙은 "주님의 약속과 명령이 있어야 한다."[5]는 것이었다. 그것은 성령의 임재하심을 약속하는 하나님의 말씀이다.[6]

고전적 종교개혁 유형에 따르면, 견신례 곧 교리교육적 가르침은 세

---

2 Richard Robert Osmer, *Confirmation* (Louisville: Geneva Press, 1996), 174-75.

3 James F. White, *Sacraments as God's Self-Giving*, 김운용 역, 『하나님의 자기 주심의 선물, 성례전』(서울: 예배와설교아카데미, 2006), 23-24.

4 이장식, 『기독교사상사 제2권』(서울: 대한기독교서회, 1990), 265-66.

5 John Calvin, *The Institutes of the Christian Religion*, vol. 4. 19. 1.

6 위의 책, 4. 19. 5.

례 성례전과 첫 번째 성찬 성례전 사이에 위치했다. 세례 성례전과 성찬 성례전 모두 죄인을 하나님과 화해시키는 예수님의 죽음의 구속적 의미, 미래 구속의 비전, 그 구속을 현재에 예기적으로 실현시키는 성령의 활동, 창조세계와의 언약적 사랑의 관계에 대한 하나님의 영원한 소원 등에 대해 증언하고 있다. 세례 성례전과 성찬 성례전의 신학적 내용은 사실상 거의 동일하다. 그 핵심적 주제는 복음의 본질적 요소이다. 하지만 이러한 신학적 주제를 전달함에 있어 각 성례전이 수행하는 역할에는 중요한 차이가 있다.

근본적으로 보면, 각 성례의 시간적 속성이 다르다. 세례 성례전은 단 한 번의 사건이지만, 주님의 만찬은 반복적이다. 세례 성례전은 언약공동체 안으로 들어서는 것과 은총의 언약의 표지를 구체적인 개인의 삶에 적용하는 것을 표시한다. 성찬 성례전은 개인과 공동체가 하나님 앞에서 언약의 띠를 갱신하는 언약 갱신의 예식이다. 견신례는 이 두 성례전의 의미를 이어받으며, 신학적으로는 두 성례전 사이에 위치하고 있다.

한편으로, 세례 성례전의 시간적 일회성은 견신례의 시간적 일회성 안에 반영된다. 견신례(입교)는 그리스도인의 삶에 있어 유일하고 반복 불가능한 순간으로서 견신례 대상자는 교회와 세상 앞에 서서 개인적인 신앙 선언과 순종 서약을 하고 세례언약의 서약을 자기 의식적으로 확증한다. 다른 한편으로, 견신례는 개인이 "구원을 받는" 순간은 아니다. 왜냐하면 이것은 하나님께서 그리스도 안에서 이미 성취하신 것이기 때문이다. 견신례는 개인이 하나님의 말씀을 새롭게 듣고 믿음과 순종으로 응답하는 많은 시간들 가운데 하나이다.

따라서 신학적으로 볼 때 견신례는 세례 성례전과 성찬 성례전 사이에 위치하고 있다. 견신례는 개인의 삶에 있어 전환점을 표시하는 동시에 회개와 회심의 지속적인 과정에 참여함을 표시한다. 긴장관계에 있는 이 두 측면 가운데 하나가 상실되면, 견신례는 개혁교회의 복음주의적 예식으로서 그 특성을 잃게 된다. 만약 세례적 지향이 상실되면, 견신례는 그저 개인이 일정 연령에 도달하면 공동체에 의해 거의 자동적으로 부여되는 새로운 신분을 갖게 되는 통과의례로 전락하게 된다. 만약 성만찬적 지향이 상실되면, 견신례는 그저 일종의 결단 갱신에 지나지 않게 되며, 이것은 복음주의 개혁 신학보다는 재세례파 전통에 더 가까운 입장이다. 견신례는 실제에 있어서는 그렇지 않더라도 신학적으로는 세례 성례전과 성찬 성례전 사이에 머물러 있어야 한다.

최근 들어 신학자들은 성례전이 중요한 행동이라는 사실에 보다 관심을 집중하면서 연구한다. 그래서 그동안 도외시해 왔던 단어, '드러내는 것'(signify)에 집중되고 있다. 이것은 성례전의 이해와 경축하는 것과 관련하여 큰 변화를 불러일으켰다. 그래서 성례전을 말할 때 하나님께서 지금 이곳에서 개인적인 관계를 새롭게 세워 주고 갱신하면서 우리와 관련하여 행동하시는 것을 말한다. 그것은 마치 친구와 같은 이미지로 성례전의 행동을 통하여 하나님의 권능이 우리들에게 전해져 온다. 하나님께서는 역사의 어느 한 시점에서 인간이 되셨을 뿐만 아니라, 성례전의 말씀과 행동 속에서 하나님의 자기 주심을 통해 인간의 용어로 계속해서 우리를 만나 주시는 분이다.[7] 따라서 견신례는 세례

---

7 White,『하나님의 자기 주심의 선물, 성례전』, 53-57.

성례전과 성찬 성례전 사이에 위치하고 있어야 한다.

하나님은 성례전의 말씀과 행동 속에서 인간의 용어로 우리를 만나 주시는 분이라고 할 때 그 '상징 가치'(sign value)의 개념을 생각해야 한다. 신약성경에서 성례전을 나타내는 가장 좋은 용어는 '미스테리온'이다. 영어의 mystery(신비)라는 말이 이에 상응하는 것으로, 이것은 성경의 신비에 대해 말할 때 하나님께서 택한 사람 각자에게 하나님을 드러내시는 방식을 표현하는 단어이다. 우리가 온전히 이해할 수 있는 능력을 훨씬 뛰어넘는 차원인 하나님의 자기 주심을 드러내는 말이다. 그러므로 그것은 경이로움과 놀람으로 받아들일 수밖에 없다. 하나님의 자기 주심은 우리의 지적 능력을 훨씬 뛰어넘는 '미스테리온'이다 성례전의 행함을 통해 공동체를 하나로 묶으시는 하나님의 자기 노출이 바로 성례전이다.[8] 이러한 의미에서 견신례는 성례전적 성격을 가진다. 견신례는 분명 성례전이 아니다. 그러나 성례전적 성격을 가진다는 의미에서 인간의 지적 능력을 뛰어넘는 '미스테리온'이다.

견신례와 세례 성례전[9]

하나님께서 우리 가운데서 행하시고 약속하신 것을 우리는 잊고 살 때가 자주 있다. 하나님께서 주님의 제자된 우리에게 원하시는 것을 우리의 편리에 따라 망각하고 살아간다. 바로 '영적 건망증'에 시달릴 때가 있다. 그런 사람들에게 세례를 통하여 하나님께서는 구속받은 피조

---

8 위의 책, 63-65.

9 Osmer, *Confirmation*, 175-77.

물로서의 우리의 정체성을 드러내 주신다. 이러한 정체성은 언약의 경험과 함께 드러내 보여주신다. 언약 체결은 종종 상징과 함께 주어진다. 무지개는 노아와 맺으신 언약을 위한 상징이었다. 유월절 어린양은 이스라엘과 맺으신 언약의 상징이었다. 세례는 우리와 맺으신 언약이다. 세례의 성수는 우리가 주님의 약속을 기억하고 책임 있는 백성으로 살아가는 데 있어 우리의 정체성을 상기시켜 주시기 위해 사용된 상징이다.[10]

이렇듯 세례 성례전은 개인이 언약공동체에 들어서는 입문예식을 표시한다. 이것은 개인이 교회가 기초하고 있는 은총의 언약에 참여함을 알리는 반복 불가능한 표시이다. 하지만 세례 성례전의 반복 불가능성은 추가적인 응답의 필요성 곧 세례 중에 주어진 하나님의 선언에 대한 계속적인 긍정의 필요성을 부정하지 않는다.

세례 입문(initiation) 행위에 대한 이와 같은 종류의 응답의 필요성은 기독교 전통 안에서 다양한 방식으로 인식되어 왔다. 역사적으로 볼 때, 이것은 유아세례에서 행해진 서약에서 명시적으로 드러났다. 이 서약이 아이를 대신하는 것이라고 보든(루터교회와 감리교회 전통) 혹은 아이에게 기독교교육을 제공해야 할 부모와 회중의 책임에만 초점을 맞추든(개혁교회 전통), 세례를 받는 아이는 이후 삶의 어느 한순간에 세례언약의 서약을 자신의 것으로 받아들일 것으로 기대된다. 전통적으로, 이것은 다양한 가능성을 합리적으로 판단하고 도덕적 결단을 내릴 수 있는 능력이 갖추어지는 '분별 연령' 시기에 이루어지는 것으로 보았다.

---

10 Stookey, 『하늘이 주신 선물, 세례』, 31-34.

견신례와 세례 성례전의 관계에 대한 이 같은 이해는 분명 유아기에 세례를 받은 사람의 상황을 염두에 두고 있다. 이것은 유아세례가 교회의 규범이 되어야 한다는 것을 의미하는가? '예'와 '아니오' 모두 대답이 된다. 유아세례와 성인세례 모두 교회 안에서 동일하게 적법한 역할을 수행하지만, 서로 다른 상황을 다루고 있다. 성인세례는 교회 밖에서 자라거나 교회와 주변적으로만 관계하면서 자란 사람들 가운데 나중에 회심한 사람들의 상황을 다루고 있다. 교회는 성인세례를 결코 포기할 수 없다. 왜냐하면 그것은 교회가 믿지 않는 세상을 향해 복음을 전하는 선교공동체로서 맡겨진 사명을 포기한다는 것을 의미하기 때문이다. 성인 회심과 성인세례는 복음 증거의 열매로서 교회의 일상적인 일이 되어야 한다.

요컨대 견신례는 대체로 유아기에 세례를 받은 다음 언약의 서약을 스스로 받아들이고 확증할 필요가 있는 사람들의 상황을 다루고 있으며, 그들이 처음 기독교공동체에 들어선 때를 지시하고 있다. 이때 견신례가 세례 성례전 때 선포된 삼위일체적 고백의 세 차원 모두를 어떻게 이어받고 있는지를 설명함으로써 서약의 신학적 내용을 더욱 구체적으로 만들 수 있다. 역사적으로 볼 때, 이것은 마태복음 28장 19절을 가리킨다. "그러므로 너희는 가서 모든 민족을 제자로 삼아 아버지와 아들과 성령의 이름으로 세례를 베풀라." 세례 성례전에서 선포되고 적용되는 것은 삼위일체 하나님의 언약 행위이다. 삼위일체의 세 인격 모두 전체 구원 경륜에 관여하고 계시지만, 편의상 우리는 이 세례 문구 안에 담긴 의미를 풀어 설명할 때 우리는 편의상 아버지(성부)의 사역은 언약적 친교의 예정으로, 아들(성자)의 사역은 화해로, 성령의 사역은 구속으로 기술한다. 세례는 하나님의 예정하시고 화해시키시고 구속하시는 활동을 가리키는 효과적인 표지이다. 이 각각은 우리가 "그리스도 안에서" 이미 되어 있는 존재, 곧 세례 성례전을 통해 개인의 삶에 적용되고 견신례를 통해 개인이 자유롭게 선택하는 바로 그 정체성의 관점에서 다시 기술할 수 있다.

이러한 견신례의 입장을 감리교 예배학자 스투키는 3가지로 규정하여 설명한다. 첫째, 세례는 그 자체로 불완전하다. 그것은 견신례를 통해서만 완성될 수 있으며 성령의 인치심은 앞서 행한 것에 완성을 가져온다. 둘째, 그리스도인들이 세례식에서 성령을 받게 되면 죄와의 전쟁을 수행하기 위하여 견신례를 통해서 주어지는 성령의 강하게 하시는 능력을 받아야 한다. 셋째, 그리스도인들이 세례식에서 성령을 받게 되면 견신례에서 세례를 온전케 하는 성령의 특별한 은사가 있게 되는데, 그것을 통해 수세자는 교회의 일원으로 그들의 사역을 완성할 수 있게 하기 위함이다. 이 세 가지 모두 다른 성례의 필요성을 주장함으로 그 위신을 떨어뜨리고 있다. 이러한 세례의 의미의 축소는 세례를 원죄를 위한 해결 수단 이상이 아닌 것으로 그 가치를 떨어뜨리고 있다.[11]

그렇다면 세례의 참된 의미는 무엇일까? 초대교회 그리스도인들이 세례와 관련하여 경험했던 것들을 표현하기 위하여 신약성경이 사용하고 있는 다섯 가지 주요 이미지를 명확하게 설명할 수 있다. 즉, 예수 그리스도와 그의 사역에로의 연합, 이 땅에서 그리스도와의 접붙임, 성

---

11 위의 책, 222.

령의 선물 그 자체, 죄의 용서, 그리고 새로운 탄생 등이 그것이다.[12] 슈메만(Alexander Schmemann)은 우리가 세례를 통해 새 생명의 능력을 부여받는다[13]고 말한다. 이렇듯 세례는 역동적이고 지속적인 방법으로 "교회 안에서 행하시는 그리스도의 사역"[14]이다.

따라서 세례 성례전과 견신례의 관계를 정리해 보면, 견신례를 하나의 성례로 보든 그렇지 않든 간에 견신례는 세례 성례전 선물의 한 부분으로 이해되어야 한다. 사도행전과 속사도교회에서 보듯 안수는 세례 성례전을 받은 사람들의 견신례가 아니라 세례 성례전의 견신례이며, 견신례는 세례 성례전을 완성하는 어떤 것이 아니라 세례 성례전의 본질적인 한 부분이다.[15]

견신례와 성찬 성례전[16]

세례 성례전과 성찬 성례전은 사실상 동일한 신학적 내용을 공유하고 있다. 두 가지 모두 예수님의 죽음이 갖는 구속적 의미와 도래하는 구속을 예기하는 새로운 삶을 창조하는 성령의 역할에 대해 증언하고 있다. 또한 두 가지 모두 하나님께서 인간을 언약적 친교로 부르셨다는

---

12 White, 『하나님의 자기 주심의 선물, 성례전』, 78.

13 Alexander Schmemann, *Liturgy and Life: Lectures and Essays on Christian Developement Through Liturgical Experience* (New York: Department of Religious Education Orthodox Church in America, 1974), 94.

14 Stookey, 『하늘이 주신 선물, 세례』, 13.

15 Leonel L. Mitchell, *Initiation and the Churches* (Washington, D.C.: Pasroral Press, 1991), 195-207.

16 Osmer, *Confirmation*, 187-90.

사실을 전제하고 있다. 아들의 화해 사역과 성령의 구속 사역을 둘러싸고 있는 보다 큰 성경적 틀은 하나님께서 영원 중에 인간을 위하시기로 예정하셨다는 것이다. 화해와 구속은 수선 작업이 아니라 하나님의 내적 존재의 속성과 합치한다.

성찬 성례전은 인간에게 주시는 하나님의 최고의 선물들 가운데 하나이다. 그것은 놀람과 경이감 속에 주어지는 선물이다. 칼뱅의 말 속에서 그 뜻을 파악할 수 있다. "내 입의 표현력보다 머리의 사고력이 훨씬 더 크지만 나의 사고력조차도 이 신비의 위대함에는 완전히 정복당하며 압도당하고 만다. 이 신비에 놀라움과 경이의 탄성이 터져 나올 수밖에 없다. 사고력으로 깨달을 수도, 입으로 표현할 수도 없다."[17] 이렇게 신비로운 성찬 성례전은 세례 성례전과 달리 반복해서 경험하는 사건이다. 그들이 경험한 것을 표현함에 있어 제임스 화이트는 유그브릴리오스의 책을 인용하며 다섯 가지 이미지를 제시한다. '기쁨으로 드리는 감사 예전'(joyful thanksgiving), '회상'(commemoration), '성도의 교제'(communion) 혹은 '친교'(fellowship), '희생'(sacrifice), '그리스도의 임재'(Christ's presence)이다. 이외에 두 개의 이미지를 더 사용하는데 '성령의 역사하심'(the action of the Holy Spirit)과 '모든 것의 최종적 성취'(the final consummation of things) 등[18]이다. 그는 이 이미지들이 어떤 것도 모순되거나 양립되어 사용되지 않고 서로 다른 이미지를 지지해 준다고 본다. 그래서 가장 강력한 성찬 성례전의 실행과 믿음은 일곱 가지 이미지 가운데 균형을 만들어 간다고 파악했다. 그러면서 성찬 성

17　Calvin, *Institutes*, IV, xvii, 7, 원광연 역, 『기독교강요 하』, 332.

18　White, 『하나님의 자기 주심의 선물: 성례전』, 117.

례전에서 하나님의 자기 주심이 가장 풍부하게 나타난다[19]고 보았다.

하나님의 자기 주심의 성찬 성례전의 신학적 내용 역시 하나님께서 예정하시고 화해시키시고 구속하시는 활동에 대해 증언한다. 이것 역시 은총의 언약의 표시이다. 견신례는 성찬 성례전의 순환적 속성을 이어받아 사람이 살아 있는 동안 계속되는 순례의 도상에서 이루어지는 언약 갱신의 많은 순간들 가운데 하나를 나타낸다. 언약 갱신(covenant renewal) 예배는 언약공동체의 구성원들에게 하나님과의 관계가 확립된 제도가 아니라 역동적 실재임을 상기시키기 위해 주기적으로 드려졌다. 모든 세대는 이전 세대와 마찬가지로 하나님 앞에 섰으며, 하나님께서 언약을 세우신 은혜로운 행위를 다시 듣고 그것이 그들에게 요구하는 바를 받아들여야 했다. 이 언약관계는 단순히 공동체의 일원이 되거나 제의에 참여하는 것만으로 보장되지 않았으며, 지속적인 신뢰와 순종의 문제였다.

성찬 성례전은 하나님께서 새 언약을 세우신 중요한 사건들에 대한 기억을 동반한다. 이 회상을 통해서 하나님은 반복해서 회중에게 "내가 너희 죄를 더 이상 기억하지 않을 것이다."라는 약속의 말씀을 주시고 신뢰와 순종의 반응을 요구하신다. 이것은 공동체가 미래 곧 메시아 잔치의 약속을 향하게 하고, 소망으로 가득 차게 하며, 성령께서 지금의 역사적 상황 속에서 이미 창조하고 있는 하나님 나라의 비유들에 참여하고 결단하도록 힘을 부어준다.

언약 갱신 예배의 관점에서 볼 때, 성찬 성례전은 하나님께서 신앙

---

19 위의 책.

공동체와 맺은 언약의 역동적 성격을 시각적으로 보여준다. 이 언약은 하나님께서 공동체에 지속적으로 말을 걸어오시는 것과 공동체가 믿음과 순종 가운데 응답하는 것의 문제이다. 이것은 결코 완성된 실재가 아니다. 먼 과거 어느 시점에 일어난 유일회적 사건을 기초로 이미 확립되어 있는 관계가 아니다. 이러한 이유 때문에 견신례는 성찬 성례전의 의미를 이어받아야 하며, 세례 성례전의 의미와 긴장관계 속에 있어야 한다. 언약공동체로 들어서는 것은 도상에 있는 공동체에 참여하는 것을 수반하며, 이것은 주어지는 말씀에 믿음과 순종으로 계속해서 응답함을 의미한다.

견신례의 의미를 성찬 성례전과의 관계 속에서 이해하는 것은 이와 같은 위험을 상당 부분 줄여준다. 특히 이 성례를 언약 갱신의 흐름에서 이해할 때 더욱 그렇다. 이것은 견신례 대상자의 선언과 서약이 말씀에 응답해서 반복적으로 이루어져야 하는 인간의 행위라는 점을 분명하게 보여준다. 견신례 대상자가 이미 서 있는 하나님과의 언약관계는 역동적 관계이다. 그것은 한 번의 선언을 근거로 당연하게 여겨지거나 안전하게 확립된 관계가 아니다. 오히려 그것은 언약공동체의 구성원들이 삶의 여정 가운데 반복적으로 믿음과 순종으로 응답해야 하는 관계이다.

견신례와 성찬 성례전의 관계를 토대로 볼 때 견신례는 교회의 구성원들이 삶의 여정 가운데 언약을 재확인하는 여러 예식들 안에 적법하게 자리하게 된다. 이것은 단순히 세례언약의 재확인만을 의미하지 않는다. 일차적으로 이것은 예수 그리스도 안에서 계시되고 발효된 은총의 언약에 대한 재확인이다. 세례 성례전과 성찬 성례전 모두 이 언약을 효과적으로 증언하고 있다. 세례와의 관계 속에서 견신례는 개인이 이 언약을 처음으로 확증하는 유일회적이고 반복 불가능한 사건이지만, 견신례 대상자가 견신례 예식에 앞서 반복적으로 경험하고 있던 성찬 성례전과의 관계 속에서 견신례는 언약관계의 역동적 성격을 가리킨다. 견신례는 세례와의 관계 때문에 반복 불가능한 예식으로서 그 고유한 특성을 상실해서는 안 되지만, 성찬 성례전과의 관계 때문에 반복 가능한 예식들 가운데 적법하게 자리한다. 견신례 역시 미래 언약 갱신의 필요성을 지시하고 그리스도인의 삶이 지속적인 회개와 회심의 삶이라는 것을 드러내 보여준다.

견신례와 교리교육적 가르침[20]

종교개혁의 두드러진 특징 가운데 하나는 교리교육적 가르침(catechetical instruction)에 대한 강조이다. 종교개혁자들은 한결같이 교회 개혁의 수단으로서 교리교육적 가르침을 확립하는 일의 중요성을 역설하였다. 앞서 살펴보았듯이, 종교개혁에서 비롯된 많은 교회들이 점차 견신례를 받아들일 때, 견신례는 세례 성례전, 교리교육적 가르침, 성찬 성례전 입회라는 이미 확립되어 있는 유형 속에 자리했다. 교리교육적 가르침은 이 유형에서 결정적인 역할을 수행했으며, 젊은 그리스도인들이 유아 때 세례를 받았던 그 신앙을 받아들이고 성찬 성례전에 의미 있게 참여할 수 있게 도왔다.

---

20 Osmer, *Confirmation*, 190-93.

20세기 들어 많은 교회들 안에서 이 유형이 무너져 내린 일은 이 기간 동안 발생한 개신교의 문화적 해체에 잘 대처하지 못하게 만들었다. 개신교회가 주변 문화의 교육기관들로부터 점점 더 적은 도움을 받게 되는 것과 아울러, 평신도들에게 신앙의 기본적인 교리내용을 가르치는 데 있어 효과적이었던 얼마 안 되는 교육관행 가운데 하나를 포기하게 되었다. 이 교회들은 지금 뿌린 열매를 거두고 있다. 성경적·신학적 문맹, 교단 충성도의 급격한 하락, 교회 이동의 급격한 증가 등은 부분적으로 주류 개신교회가 아이들과 청소년들에게 기독교적 삶에 대한 매력적인 비전을 전달해 줄 수 있는 새로운 교육 모델을 만들어내는 데 무능했음을 반영하고 있다.

이와 같은 상황에 직면하여 주류 개신교회가 현재의 상황의 도전에 적절하게 응답하는 새로운 교리교육적 가르침의 관행을 확립하는 일은 반드시 필요하다. 과거의 교리교육적 가르침은 두 가지 중요한 장점을 가지고 있다. 첫째, 그것은 교회의 모든 구성원에게 기본적인 수준의 신학적 지식을 가져다주었다. 특정 교단 전통 안에서 형성된 신앙의 본질적인 교리신조들은 매 세대를 거쳐 전수되었다. 뿐만 아니라 성인들은 요리문답(catechism)을 계속해서 연구했고, 그들의 인지 능력이 성숙함에 따라 그것을 더욱 깊은 수준에서 이해했다. 이 목적을 위해서 보다 길고 보다 복잡한 요리문답이 작성되었다. 둘째, 교리교육적 가르침은 간접적으로 성경 지식을 강화시켰다. 많은 요리문답이 그 내용을 정당화하는 성경구절의 인용을 동반하였다. 요리문답을 배우는 동안 이 구절들에 대한 연구 또한 강조되었다.

하지만 이 같은 과거의 교리교육적 가르침은 두 가지 약점을 가지고 있는데, 첫 번째 약점은 교회 신앙의 고백을 위한 교리를 가르치는 데에 내면화를 지나치게 강조한 나머지 교리내용과 관련한 인격 형성이나 이해나 선언의 측면에는 충분한 주의를 기울이지 못했다는 사실이다. 둘째, 일정 연령에 도달한 모든 아이가 받는 교리교육과 개인적인 신앙 선언과 순종 서약이 준비된 아이들에게만 실시하는 견신례를 구분하지 못했다는 점이다.

이에 아스머는 새로운 형태의 교리교육적 가르침을 제시한다. 첫째, 견신례는 교리교육적 가르침과 분리되어야 한다. 여기에서 제안하는 것은 견신례의 일차적인 목적은 고백적(professional)이어야 하며, 요리문답은 이 목적에 종속적인 세례준비교육(catechumenal)과 세례지원자교육(catechetical)의 이차적인 목적이 되어야 한다는 것이다. 둘째, 교리 중심 세례교육(doctrianl catechism)과의 연관 속에서 성경 중심 세례교육(biblical catechesis)의 새로운 관행을 확립해야 한다. 셋째, 견신례 수업에 등록하기로 결정한 사람들에게 보다 복잡한 형태의 교리교육적 가르침을 제공해야 한다는 것을 제안한다.

그런 다음 견신례 대상자는 연중 특정 시기에 정규적으로 제공되는 견신례 수업에 참여할 것이다. 이 수업의 일차적인 목적은 고백적(professional)이다. 아울러 진지한 신학 연구가 이루어져야 한다. 이 점에서 과거의 보다 긴 형태의 요리문답 전통을 따르는 새로운 요리문답이 유용할 수 있을 것이다. 그것은 진지한 신학적 성찰을 위한 소재를 제공할 것이다. 하지만 교육학적으로 볼 때 이러한 요리문답은 교회의 기성 신조를 내면화하는 원천으로 이용되어서는 안 된다. 오히려 그것은 진지한 성찰과 비판과 대화를 위한 발판이 되어야 하고, 견신례 대상자가 견신례를 받을 때 고백하게 될 신앙에 대한 자신의 신학적 이해를 형성하고 발전시킬 수 있도록 고안해야 한다. 따라서 교리교육적 가르침은 견신례의 핵심 목적을 지향해야 한다.

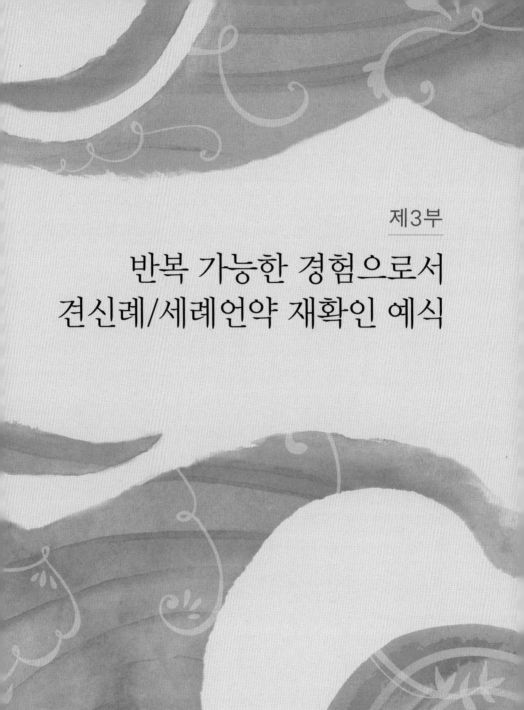

제3부

반복 가능한 경험으로서
견신례/세례언약 재확인 예식

ONFIRMATION/REAFFIRMATION OF THE BAPTISMAL COVENANT

제7장

견신례/세례언약
재확인 예식의 필요성

1982년 BEM문서에서는 견신례의 합의된 부분을 명시하지는 않았다. 다만 각 교단으로부터 파송된 신학자들 사이에 모아진 의견을 기록하고 있다. 견신례에 대해서도 다른 의견을 기록하고 있다. "기독교인들은 성령의 은사의 표시가 어디서 발견될 수 있느냐에 관하여 견해를 달리한다. 어떤 사람들은 그것을 물세례 그 자체라고 한다. 일부는 그것이 성유(chrism)로 붓는 것, 또는 안수하는 것이라고 한다. 많은 교회들은 이것을 견신례라고 한다. 일부는 이것이 이 세 가지 모두라고 한다. 그 이유는 그 예식을 통하여 활동하시는 성령을 보기 때문이다. 모든 교회는 기독교의 세례가 물의 세례와 성령의 세례라는 사실에 동의하고 있다."[1] 위의 기록에서 견신례에 대해 일치된 합의점에 도달하지 못했지만, 세례에 대해서는 일치점을 가진 것을 볼 수 있다.

---

1 WCC, *Baptism, Eucharist and Ministry*, 이형기 역, 『BEM문서: 세례 · 성만찬 · 직제』(서울: 한국장로
   교출판사, 1993), 28.

우리는 우리의 삶 속에서 세례를 통한 하나님의 은혜를 기억할 필요가 있다. 그러나 인간은 때때로 자신이 누구인가를 잊고 살아간다. 그러므로 하나님이 세례 가운데서 단번에 행하신 일을 우리가 기억할 필요가 있다. 그래서 우리는 1년에 한 번 전 회중이 함께 세례 받음을 기뻐하며 감사할 필요가 있다. 이것을 예식으로 실행하는 일은 아주 바람직한 일이다. 우리는 분명 세례가 일생에 한 번 받음으로 영원한 것이라는 사실을 잘 안다. 그러나 그것의 갱신, 재확인은 일생동안 계속 되어야 할 과정이다. 견신례가 입문예식 관례로부터 분리되어 독립된 예식이 되는 과정은 수 세기에 걸쳐 점진적으로 이루어졌다. 또한 견신례가 예비신자가 입문하는 의미와 세례 갱신, 재확인하는 의미로 해석하는 경향도 오랜 시간이 지났다. 따라서 포스트모던 시대에 견신례/세례언약 재확인 예식의 필요성을 논하는 것은 큰 가치가 있다고 생각한다.

상징가치의 중요성

교회는 서구사회에서 전통의 지속성을 유지하며 남아 있는 단 하나의 기관이다. 그러한 계속성은 교회의 역사적 예전 속에 녹아 있다. 복음과 로마가톨릭의 전통이 지속성을 유지하지 못한다는 것은 있을 수 없는 일이다. 새로운 성도는 믿음의 공동체와 전통에 성실한 노력으로 입문해야만 한다. 현대의 예전운동은 입문예식으로의 세례의 의미를 회복해 왔다. 우리의 관심은 말씀과 성례전의 조합 안에서 사회의 대안적 구조를 형성하는 것이다. 그리고 이러한 조합 안에서 어떻게 예전적 삶을 만드는가 하는 것은 포스트모던의 세속화된 사회가 더 이상 제공하지 못하는 희망찬 미래와 유용한 과거를 성도들에게 공급할 수 있다. 대안적 사회를 형성하는 것과 교회의 예전을 표현하는 것은 우리가 반드시 경험해야 한다. 미리 전제하는 것은 교회의 예전은 반드시 본래대로 유지되어야 하는 것과 실제적인 대안적 관점에서 요구되었다면 충분히 현실화 되어야 한다는 것이다.[2]

만약 예전이 알렉산더 슈메만(Alexander Schmemann)이 말했듯이 하나님 나라로 가는 교회의 여행이라면, 성찬 성례전은 그리스도의 임재를 경험할 수 있는 도착지점이다. 만약 모든 예전이 하나님 나라로의 여행[3]이라면 그 길은 현대의 진리추구자, 세례후보자, 신자들을 위해 좀 더 명확히 시각적으로 묘사되어야 한다. 믿음은 들음에서 나며 시각으로부터 나는 것은 아니다. 그러나 어려서부터 인쇄된 책보다 TV의 시각적인 것에 익숙한 세대에게 성경적 이야기와 약속을 말할 때에는 시각이 듣는 것을 돕도록 사용되어야 한다.

따라서 포스트모던 세계의 예전은 오락이 아닌 감화(enchantment)에 초점을 두어야 한다. 오락은 우리 문화의 중요한 한 면이다. 그러나 오락은 한 문화적 모델로서 복음 사역에는 적절하지 않다. 왜냐하면 오락은 누군가가 자신과 자신의 세계에 만족해야만 가장 잘 효과를 내기 때문이다. 반면 감화는 단순한 한 세계로부터 다른 하나의 더 밝고 좀 더 흥미로운 세계로 이끄는 주문을 건다. 이것은 문자 하나만을 통해서보다는 행진, 빛, 향, 노래, 그리고 시각적으로 풍부한 환경을 통해 성취

---

2 Frank C. Senn, *Christian Liturgy: Catholic and Evangelical*(Minneapolis: Fortress Press, 1997), 699.

3 Alexander Schmemann, *For the Life of the Word* (St. Vladimir's Press, 1973), 26.

될 것이다. 상징의 역할은 교리를 전달하거나, 고대 문자를 번역하고, 이데올로기를 선전하는 데 있는 것이 아니라 그의 백성들이 만나는 것을 자극하고 돕는 데 있다.[4]

그런데 견신례/세례언약 재확인 예식은 기본적으로 상징적이다. 다시 말해서 단지 언어만으로 충분할 수 없는 어떤 사건이 발생하게 된다. 행동은 말해져야만 하고, 그것들이 지닌 상징가치에 대한 무차별성이나 무감각성 때문에 묻혀 버려서는 안 된다.

안수나 기름부음은 그것 자체의 증거를 허락하는 극적인 행위이다. 이러한 행위는 해당자가 기독교적인 이름을 사용하면서 최대한도로 인격적인 사건이 되도록 해야 한다. 세례 확증과 세례 갱신 예배에 전체 회중이 참여할 때에 재세례의 의미를 주지 않으면서 물을 뿌리는 것은 바람직하다. 그러면서도 물의 사용에 주의를 기울여야 한다. 결코 재세례가 아니면서 세례 갱신은 하나님께서 세례를 통해서 내게 행하신 위대한 일을 생생하게 회상하게 한다. 이것은 1년에 한 번 이러한 예배를 드리는 것이 좋다. 최근에는 이러한 세례 갱신 예배 혹은 세례 재확인 예배가 광범위하게 인정되고 있다.[5]

이렇게 확대되는 세례 갱신, 세례 재확인 예배는 상징적 가치를 지닌다. 이러한 상징적 역할은 하나님과 그의 백성들이 다시 만나도록 돕는 역할을 할 것이다. 그래서 그리스도인 안에 내재된 성부와 성자와 성령의 이름의 신비가 소진될 수 없고, 우리가 성경에 기록된 하나님의 스스로 드러내심을 회피할 수 없다는 사실을 알게 될 것이다. 그리고

---

4 Senn, *Christian Liturgy: Catholic and Evangelical*, 704.

5 White, 『기독교예배학 입문』, 255-56.

자신의 공동체에서 무가치하게 예전을 행함으로 자신의 공동체를 형편없이 축하하지는 않을 것이다. 자신들이 믿는 것을 알고 있고 전통이 확고한 공동체는 신을 더 알 수 있는 기회와 자신의 삶의 진정한 의미를 찾는 사람들에게 자신들이 믿는 것을 추천하는 확신을 가지고 자신의 사회적 사역을 수행할 것이다.

포스트모던 사회에서 예전을 행하는 것은 우리가 근본으로 돌아가는 것을 요구한다. 하나님의 백성으로 우리가 누구인지, 어떻게 우리가 하나님의 말씀과 그리스도의 성찬을 통해 그리스도의 몸으로 형성되는지, 그리고 이것이 우리가 살고 있는 이 세상과 공동체의 관계에서 무엇을 의미하는지 알게 될 것이다.[6] 그리고 우리 안에 내재된 성부, 성자, 성령의 이름으로 하나님의 이야기를 듣고 세상을 향해 한 걸음 한 걸음 내딛게 될 것이다.

목회 현장의 특수성

목회 현장에서는 회중의 다양한 상황을 접하게 된다. 교리적으로는 될 수 없는 일이지만 상황 속에서는 가능한 일들이 종종 발생되기도 한다. 그 중에 하나가 세례 성례전에서 파생되는 문제이다. 일반적으로 그리스도인이라면 세례는 반복할 수 없다는 사실을 잘 알고 있다. 그런데 회중은 목회자에게 자신의 특수성을 이야기하면서 재세례를 요구하기도 하고, 목회적인 관점에서 재세례를 실행하는 경우도 있다. 그리

---

6 Senn, *Christian Liturgy: Catholic and Evangelical*, 705.

고 목회자 자신도 때로는 혼란스러울 때가 있다. 예배학자인 스투키 (Laurence H. Stookey)는 세례의 의미를 깊이 인식하지 못했을 때 자신도 재세례를 실행하였고, 자신의 친구가 입문교육을 마친 사람에게 재세례를 거행하는 모습을 소개한다.[7] 그렇다면 재세례를 요구하는 사람들은 어떤 사람들일까? 여러 가지 상황이 있지만 그것을 정리하면 4개 그룹으로 정리할 수 있다.[8] 첫째 그룹은 세례가 단지 교단의 정체성을 나타내는 표지라는 이유로 재세례를 요구하는 경우이다. 예를 들면, "저는 장로교인으로 세례 받았는데 루터교 교인과 결혼하였기 때문에 다시 세례 받기 원합니다."라는 말을 한다. 둘째 그룹은 너무 어린 나이에 세례를 받았기 때문에 잘 알지 못하고 받은 것에 대해 불만을 가진 사람에게서 나온다. 의미 없이 받은 세례를 신앙생활하면서 세례의 의미를 깨닫고 재세례를 받고 싶어 하는 무리이다. 셋째 그룹은 물이 어떻게 사용되어야 하며 그것만이 성경적인 방식이라고 주장하는 사람들로부터 제기된다. "나는 물이 조금 뿌려지는 약식으로 세례를 받았어요. 이제 예수님께서 행하신 방법대로 진정한 세례(침례)를 받기를 원합니다." 넷째 그룹은 세례가 본질적으로 반복될 수 있다고 주장하는 사람들이다. 이들은 세례가 기쁨을 주며 집례될 때 해방감을 맛보게 해주는 특별한 종교적 경험으로 간주한다.

이러한 그룹들에 대한 답은, 첫째 그룹은 세례를 성례로 인식하는 교단, 즉 로마가톨릭교회, 루터교, 성공회, 장로교, 감리교, 그리스도연합교회 등의 교단에서 물로 아버지와 아들과 성령의 이름으로 세례를 받

---

7 Stookey, 『하늘이 주신 선물, 세례』, 177-78.

8 위의 책, 101-7.

았을 경우에는 상호 인정해야 한다는 것이 단순한 답변이다. 두 번째 그룹에 대한 답변은 세례언약의 갱신과 세례언약 재확인 예식을 통해 가능하며, 셋째 그룹과 넷째 그룹은 세례 성례전에 대한 올바른 이해를 통해 가능할 것이다.[9]

한국의 특수한 문화적인 상황은 군대문화가 있다. 군대에서 반복해서 세례를 받은 사람들이 많음은 널리 알려진 사실이다. 그리고 신앙생활하면서 그때 무의미하게 받은 세례가 올무가 되어 괴로워하는 사람을 만나기도 했다. 교회에서 재세례는 받을 수 없고 무의미한 세례 때문에 성찬 성례전을 행할 때 가슴을 누르는 아픔을 느끼는 사람들에게 교회는 어떻게 할 수 있을까?

또한 삶의 다양한 상황과 인생의 여정에서 하나님 앞에서 최초 세례 갱신이 필요한 때가 있다. 즉, 오랫동안 하나님을 떠나 방황하다 돌아온 사람들, 삶의 무게가 어깨를 짓누르는 아픔을 경험한 사람들, 가까운 친구, 이웃, 가족 중에 죽음을 맞이한 사람들, 그리스도인으로서 이성으로는 이해할 수 없는 일을 경험한 사람들, 지병과 기타의 일로 오랫동안 상담을 받았던 사람들, 지역사회의 단절에서 회복을 원하는 사람들, 인생의 다른 연령기를 맞이하는 사람들 등 수많은 사건 속에서 회복과 헌신을 갖고자 하는 회중에게 교회공동체가 공식적으로 어떻게 할 수 있을까?

교회는 삶의 중요한 여러 단계에서 각 시기의 사람들에게 적합한 요리문답과 견신례/세례언약 재확인 예식을 성례전적 특성으로 반복하

---

9 위의 책, 101-4.

여 행하는 것이 바람직하다

로널드 그림(Ronald L. Grimes)은 어떤 예식을 제정하는 것은 그것을 거행하기(perform) 위함[10]이지만, 통과의례를 제정하는 것은 변화시키기(transfer) 위함이라고 했다. 비록 세례언약 재확인 예식을 통과의례로 규정할 수는 없지만, 이 예식을 행함으로 세례를 통해 받은 자신의 정체성을 확립하는 변화의 힘이 있을 것이다. 또한 세례언약 재확인 예식의 신중한 사용은 우리 삶의 계속적인 경험을 통해 우리의 헌신은 죽음의 순간까지 새롭게 된 일상이 되어야 한다는 사실을 깨우쳐 줄 것이다.[11]

치유와 회복의 예전

루스 덕(Luth C. Duck)은 "치유 예전의 회복"이라는 주제의 강연회에서 교회들이 대체로 무시해 왔던 예배 사역의 한 분야가 바로 치유 예전임을 밝힌다.[12] 그녀는 구약성경(시 103:1-4)에서 하나님의 치유와 예수님의 사역의 핵심이 치유 사역이었음을 말한다.[13] 예수님께서 유다와 그 외의 지방에서 각양각색의 남녀와 어린이를 치유하신 사건은 우리에게 그것을 말해 주고 있다. 또한 예수님은 치유 사역을 위해 제자들을 파송하신다. 사도행전에서 누가는 어떻게 사도들이 치유 사역을

---

10 Ronald L. Grimes, *Deeply into the Bone: Re-inventing Rites of Passage* (Berkeley, CA, University of California Press, 2000), 7.

11 Stookey, 『하늘이 주신 선물, 세례』, 79.

12 Luth C. Duck, "치유 예전의 회복"(서울: 장로회신학대학교 교회커뮤니케이션연구원, 2009).

13 마태복음 4:23-25, 11:4-5; 마가복음 2:1-12, 5:21-43, 6:13; 누가복음 8:1-3, 17:11-19; 요한복음 5:1-18, 11:17-53.

계속했는지의 이야기를 전하고 있다. 그러면서 그녀는 치유란 "사람들이 곤경에 처할 것 같은 상황에서 하나님을 만났을 때 일어날 수 있는 변화"라고 말한다.[14] 또한 그녀는 그 다음날 강연에서 이 시대를 향한 교회의 소명이 화해의 목회라고 이야기한다. 화해의 목회는 하나님과 인간 상호간의 관계를 회복해 가는 사역이다. 이 사역이 절실히 요구되는 이유는 우리 가운데 죄와 그로 인한 상처가 있기 때문이다. 따라서 우리의 목회는 인간의 죄와 상처, 한 맺힌 삶의 한가운데서, 그리고 교회와 도시와 국가의 분쟁 한가운데서 성령의 능력으로 하나님의 은혜를 전달하는 예배를 만들어가는 사역이다. 새로운 신학적 이해와 예전적 대안을 개발하여 이 시대의 고통을 말하고 그와 더불어 그리스도께서 허락하시는 치유를 수행하는 사역은 분명 몇 세대를 걸쳐 교회가 감당해 나갈 일이다.[15]

우리는 제6장 견신례 신학에서 세례 성례전의 선포가 삼위일체 하나님의 언약 행위임을 서술하였다. 우리는 이 세례 문구의 의미가 아버지(성부)의 사역은 언약적 친교의 예정으로, 아들(성자)의 사역은 화해로, 성령의 사역은 구속으로 기술하였다.

그래서 성자의 이름으로 주는 세례는 그리스도의 화해 사역을 가리킨다. 화해는 하나님의 언약 행위를 처음부터 특징짓고 있는 은혜로움과 연속선상에 서 있다. 하지만 화해는 인간과 하나님의 관계의 역사 가운데 이루어진다. 특별히 화해는 인간이 하나님과의 언약적 친교에로의 초청을 거부하는 데도 불구하고 이루어진다. 그리스도 안에서 이

---

14 Duck, "치유 예전의 회복", 3-13.

15 Luth C. Duck, "화해 사역의 의의"(서울: 장로회신학대학교 교회커뮤니케이션연구원, 2009), 2-28.

미 되어 있는 존재가 되라! 그리스도의 화해 사역의 역사는 대표성을 갖는다. 왜냐하면 '그 안에서' 참된 언약 파트너가 발견되고 창조세계를 향한 하나님의 원초적인 목적이 성취되기 때문이다. 이것은 구별되지만 분리되지는 않는 두 활동, 곧 칭의와 성화를 수반하는 것으로 기술된다. 전자는 하나님으로서 그리스도의 화해 사역을, 후자는 인간으로서 그의 사역을 가리킨다. 둘 모두 세례의 증언에 있어 중요한 요소들이며, 결과적으로 견신례는 이것들을 이어받는다.[16]

견신례/세례언약 재확인 예식은 그리스도 안에서 이미 되어 있는 존재가 되기로 결단함이다. 앞에서 설명했듯이 세례는 하나님의 예정, 화해, 구속의 활동을 가리키는 효과적인 표지이다. 그런데 그 표지를 망각하고 살아가는 사람들에게 견신례/세례언약 재확인 예식은 그 표지를 인식하지 못하지만 이미 되어 있는 존재로의 회복이며, 그 안에서의 치유 사역이다.

새로워지는 세례 성례전, 견신례

20세기 선교사들이 대거 아시아, 아프리카, 폴리네시아[17]와 라틴 아메리카로 들어가고 유럽의 재복음화의 필요성이 대두되고 북미 지역의 복음전도가 계속 이어지고 있는 상황에서 이들은 뜻밖에도 고대 문헌과 관습을 재검토하면서 예배 예식을 개혁하려는 세력과 충돌을 일으켰다. 서로의 관심이 다르기 때문에 생긴 충돌로 20세기 교회들은 선

---

16 위의 책, 180.

17 Polynesia: 태평양의 중남부에 널리 산재하는 작은 섬들의 총칭.

교와 복음전도의 필요성을 설명하는 방법의 하나로 기독교 입문예식의 고대의 관습을 회복한다.[18] 따라서 성인 신자에게 주어지는 세례와 견신례는 기독교 입문예식에 있어서 하나의 통합된 입문예식이며, 성인 입문예식이 신학적 표준이 되어야 한다고 인식하게 되었다.[19]

로마가톨릭과 여러 개신교회는 견신례에 대한 새로운 방향을 찾았고, 이러한 현상은 공통적인 현상이었다. 가장 보편적인 움직임은 입문예식의 통일성을 회복하는 방향으로 향하고 있었다. 이것의 실례는 로마가톨릭의 RCIA이다. 그러나 RCIA는 지역사회에 빠르게 받아들여지지 않았다. 비 로마가톨릭교회가 RCIA의 세례의 형태를 받아들이는 데는 훨씬 많은 시간이 걸렸다.

루터교와 성공회, 연합감리교, 장로교는 입문예식의 통일성을 강조하지만, 약간 다른 방식을 취한다. 견신례를 별도의 분리되고 구별된 예식으로 취급하면서 모든 그리스도인에게 세례의 약속에 대한 확증과 재확증, 세례언약의 갱신을 도입하고 있다. 새로운 성공회는 가능한 주교가 세례의 집례자가 되어야 한다고 규정한다. 예배는 견신례, 공동체 일원으로 영접, 재확증, 성만찬(BCP, 229-311)의 순서이다. 루터교의 새로운 예식은 안수와 세례 직후에 위탁하는 순서를 포함하고 있다(LBW, 121-25). 구별된 예배인 "세례의 확증"(Affirmation of Baptism)은 견

18　Senn, *Christian Liturgy: Catholic and Evangelical*, 661-62. 개신교에서는 칼 바르트(Karl Barth)와 오스카 쿨만(Oscar Cullmann)이 유아세례 논쟁을 벌였고, 영국국교회에서는 그레고리 딕스(Gregory Dix)와 램프(G. W. Lampe)가 세례, 견신례, 첫 성찬의 관계에 대해 논쟁을 벌였고, 로마가톨릭은 1967년과 1970년 사이의 협의회를 통해 RCIA가 탄생한다. 이 RCIA는 히폴리투스의 사도전승과 터툴리안의 글, 4-5세기의 교회법, 고대 위대한 주교들의 세례 받은 후 설교들(mystagogical homilies)에서의 묘사와 같이 고대교회의 장엄한 입문예식을 회복하기 위해 노력했다.

19　C. Jones, G. Wainwright, E. Yarnold S. J. and Paul Bradshaw, *The Study of Liturgy, Revised Edition* (London: SPCK; New York: Oxford University Press, 1992), 169.

신례와 공동체 일원으로 영접하는 것, 회원 자격 회복을 포함한다(LBW, 198-201). 1989년, 미연합감리교회의 "세례언약의 예배"(Services of the Baptismal Covenant) 역시 물세례와 안수를 동시에 하며, 연합감리교회로 받아들이는 것과 개교회로 받아들이는 것 외에 견신례와 다른 세례언약의 확증을 위한 예배도 제공하고 있다(BMH, 33-39). "물에 대한 감사기도"(the Thanksgiving over the water)는 소멸된 지 63년 만에 부활되었다. 특히 부활절 등에 거행되는 세례 재확인 예배 등에서는 공동체전체가 참여하도록 권장된다(BMH, 50-53). 장로교의 개혁은 반복적으로 행해지는 예배에 보다 더 성경적인 '갱신'(renewal)이라는 용어가 사용되고 나머지는 비슷하다(SLR, #2: 거룩한 세례와 세례 갱신 예배). 1993년, BCW에서는 "세례언약 재확인"이라는 용어를 사용한다. 여기에서 6가지의 다양한 갱신의 경우를 열거하였으며, 견신례라는 용어는 사라졌다. 캐나다연합교회 역시 "세례와 세례 신앙의 갱신" 예배를 가지고 있다. 로마가톨릭은 부활절 전야의 일부분으로 "세례언약 갱신" 예배 (Sac., 256-58)를 드리며, "세례서약의 갱신" 예배는 성공회(BCP, 292-94)와 루터교(LBW-Ministers Desk Ed., 152)에서 공히 나타난다. 미연합감리교회에서 새해를 시작하면서 드리는 "언약 갱신 예배"는 하나의선택사항이다(HCY, 78-84).[20]

호주연합교회(Uniting Church in Australia)에서 1988년에 출간한 『예배안에서의 일치』(Uniting in Worship)에는 "공동체 세례 재확인 예식"(A Congregational Reaffirmation of Baptism), "개인 세례 재확인 예식"(A

---

20 White, 『기독교예배학 입문』, 241-42.

Personal Reaffirmation of Baptism), "언약 예식"(The Covenant Service)이 있다. 2005년에 출간한 『예배 안에서의 일치 2』(*Uniting in Worship 2*)에서는 "신앙의 새로운 시작을 경축하는 예식"(A Celebration of New Beginnings in Faith)과 "이명 교인을 환영하는 예식"(Reception of a Member by Transfer)이 추가되었다.[21]

대부분의 새로운 입문예식은 공통적으로 세례의 핵심적인 행위에 대한 강조를 하고 있다.[22] 이러한 교단들은 모두 단지 견신례와 함께 주어지는 세례 예전 갱신으로부터 반복적으로 행하는 세례 갱신 예전으로 나아가고 있다. 세례의 갱신은 의례적인 행위로 간직되어야 하며, 세례를 생각나게 하는 사건이 되어야 한다. 언약을 새롭게 하고 손을 얹을 수도 있으며 물을 뿌리는 예식을 통해서도 가능하다. 그리고 세례 언약 갱신에는 영적으로 거의 죽은 사람이 다시 회복되어 돌아온 경우를 위한 적절한 갱신이 필요하며, 삶 가운데서 하나님의 놀라운 은혜를 특별하게 경험한 사람들을 위한 갱신 형식도 필요하다. 다양한 언약 갱신 예식은 세례를 받고 싶다는 열망을 가진 사람들에게 대답을 제공해 줄 수 있을 것이다. 그리고 매일의 삶의 경험에서 그러한 유비를 가져올 때 예전의 혁신에 반대하는 사람일지라도 최근에 주어진 갱신 예식이 도움이 되었고 정말 필요하다는 사실을 인지할 수 있도록 도와줄 수 있을 것이다.[23]

---

21 The Assembly of the Uniting Church in Australia, *UNITING in WORSHIP* (Sydney, Uniting Church press, 1988), The Assembly of the Uniting Church in Australia, *UNITING in WORSHIP 2* (Sydney: Uniting Church press, 2005).

22 White, 『기독교예배학 입문』, 242.

23 Stookey, 『하늘이 주신 선물, 세례』, 144-47.

제8장

견신례/세례언약 재확인 예식을 위한 구상[1]

예전이 바르게 기능하도록 하기 위해서는 철저한 준비와 계획이 필요하다. 이 장에서 제시하는 견신례/세례언약 재확인 예식의 기능, 즉 환영, 공동체, 개인, 양육, 헌신을 제시한다. 그런데 이 기능들을 구체적이고 효과적인 사건으로 만들기 위해서는 평가의 과정에서 이러한 범주들을 예전의 모든 요소에 적용시켜야 한다. 실질적인 계획은 그 뒤에 따라온다. 예전의 모든 요소를 다른 방식으로 생각해 보는 것도 가능하다. 기타 예전의 모든 요소를 순서, 소리, 움직임, 공간, 시간의 개념, 기쁨의 잔치 아래 다루어볼 수도 있을 것이다. 예전의 기능에 대한 논의에서처럼 이러한 범주들은 서로 중첩되며 사실 별도로 분리해서 다룰 수 없다. 그럼에도 불구하고 이러한 큰 범주들 아래에서 예배의 많은 측면을 이해하고 평가하는 것은 가능한 일이다.

---

1 Robert L. Browning and Roy A. Reed, *Models of Confirmation and Baptismal Affirmation* (Birmingham, Ala.: Religious Education Press, 1995), 199-209과 필자의 논문(입교/견신례와 세례

견신례/세례언약 재확인 예식의 기능

여기서 다섯 가지 소제목 아래 견신례/세례언약 재확인 예식의 기능에 대해 살펴볼 것이다. 이 기능들은 다양한 측면에서 분석이 가능하며 또 그렇게 분석이 이루어져 왔다. 이 다섯 가지 범주는 견신례 예식의 입체적인 역동성을 잘 표현하고 있다. 이러한 예전은 '환영'을 위해 존재하며, 사람들을 '공동체'로, 그리고 '개인'으로 관계한다. 이 예전은 교회 안에서 삶의 성숙을 '도모하며' 예수 그리스도와 그분의 세상 속 사역에 대한 헌신으로 우리를 인도하는 일을 감당한다.

1. 환영(Hospitality)

만약 견신례의 예전이 기독교 신앙 안으로 실제 들어서는 사건으로 역할해야 한다면, 그 예전은 진실한 환영을 특징으로 하는 인간적인 사건이어야 한다. 견신례를 실질적인 환영의 시간으로 만드는 것은 특별히 예전 본문의 논리와 관계된 것이 아니다. 말은 물론 중요하다. 그리고 환영의 사건으로 그러한 예전의 특성에 주목하면서 예전 본문을 수정하고 개선하는 일은 충분히 있을 수 있다. 그럼에도 불구하고 환영의 특성을 가장 잘 전달하는 것은 예배 형태이다. 여기에서는 행동이 말보다 더 큰 목소리를 낸다. 많은 요소들이 기여한다 성직자, 찬양대, 가족들, 소수의 신자들이 함께 자리한 부활절 전야 세례/견신례 예전은 무엇을 말하고 있는가? 회중의 참여는 환영의 의미를 표현하는 데 있

언약 재확인 예식에 관한 연구, 250-71)을 중심으로 서술하였다.

어 결정적인 요소이다. 여기에 예전인도자의 역할은 매우 중요하다. 평신도가 회중을 대표해서 '환영'의 뜻을 표현할 수 있을 만큼 중요한 목소리를 내고 있는가? 평신도가 세례/견신례 대상자를 소개하고 있는가? 평신도가 대상자를 소개하는 것은 나이의 장벽을 넘어서 회중의 환대를 표현하는 것이며, 새로운 지체에게 그를 원하고 필요로 하고 있다는 것을 말해 주는 계기가 된다. 새롭게 견신례(입교)한 사람을 조만간 교회 정규예배 시간의 예전인도자 가운데 하나로 포함시키는 일은 환영이 단순히 형식적이지 않고 실제적이라는 것을 말해 주는 또 한 가지 중요한 방식이다. 성공적인 견신례(입교)에 있어 환영보다 더 중요한 요소는 없다.

2. 공동체(Community)

교회는 한 가족이다. 이 환영의 이벤트에서 가족이 중요한 역할을 해야 한다는 인식 없이 견신례나 세례언약 재확인 예식의 사건을 생각하고 계획하는 것은 어불성설에 해당한다. 가족은 복잡한 유기체이다. 진실되고 효과적인 환영을 위해서는 가족들이 상황을 알고 새로운 지체를 초청할 수 있는 방법을 찾을 수 있도록 현명한 판단과 행동이 있어야 한다.

최근에 어떤 목사는 교회학교의 여러 학급 아이들을 세례 받는 아이들을 후원하는 일에 초청했다. 세례 받기 수 주 전에 아이들과 부모들은 그 아이들을 만나 성례의 의미에 대해 생각하고 서로 친해지는 시간을 가졌다. 실제 예전에서 각 학급을 대표하는 아이들은 세례 받는 아이를 소개하고 이름을 부르고 자신의 학급이 후원하고 있다는 사실을 언급했다. 이러한 소개의 목소리가 회중석 여기저기에서 들려올 때 그 효과는 상당했다. 그것은 마치 회중 전체가 세례 받는 아이들을 소개하는 것 같았다. 예배 후 인근 식당에서 가진 저녁식사 자리에서 한 소년이 다음과 같은 질문을 받았다. "오늘 너희 교회에서 무슨 일이 있었니?" 그 소년은 "우리가 세례를 줬어요."라고 말한 다음 네 명의 이름을 언급했다. 놀라운 일이 아닐 수 없다. 소개라는 단순한 생각이 사람들이 공감할 수 있는 강력한 공동체 이미지가 된 것이다.

어떤 가족공동체에 새로운 사람이 들어왔다는 것은 그 가족공동체의 자기이해뿐 아니라 그 안의 관계 형태에 있어서도 커다란 도전이 아닐 수 없다. 만약 교회가 실제로 가족이 아니라면, 새로운 사람들이 들어왔을 때 그것을 일상적인 일로 받아들이고 그 사람들을 무시해 버릴 수도 있을 것이다. 건강한 가족을 만들기 위해 필요한 것이 무엇인지 조금이나마 알고 있는 사람이라면 새로운 지체는 상당한 관심이 요구된다는 사실을 이해할 것이다. 가족이 가족으로서 결속력을 갖는 일에 있어 자동적으로 일어나는 일은 아무것도 없다.

견신례 시에 일어나는 일은 그 자체로 특별하고 중요한 사건이다. 그것은 그 자체로 고유한 존재 이유를 갖고 있는 특별한 순간이다. 말하자면, 그 자체로 목적이다. 또한 그것은 과정의 한 부분이다. 그것이 세례 성례전이든, 견신례/세례언약 재확인이든, 성찬 성례전이든 간에 그것은 성숙한 자아의 삶에서 벌어지는 더 큰 운동의 한 단계이다. 이러한 생각은 새로운 기독교인을 신앙 가족공동체 안에 받아들이는 공동체에게 있어 매우 중요하다. 가족공동체 안에 받아들여진 개인은 회심의 여정 가운데 있다. 가족의 환영과 사랑과 지지는 개인의 순례 여정에 있어 필수불가결한 요소이다.

기독교공동체가 맡고 있는 중요한 책임 가운데 하나는 가족 이야기를 전해 주는 것이다. 전통을 전해 주는 것, 이것은 가족 모임에서 일어나는 일이다. 이 과정에서 예식은 중요한 역할을 담당한다. 왜냐하면 예식이 없다면 전통도 없기 때문이다. 전통은 언제나 예식을 통해 전달된다. 예식 없이는 전통도 없다. 또한 전통이 없다면 정체성도 없다. 기독교인으로서 개인의 정체성은 상당 부분 가족이 가족 전통을 전달해 줄 수 있는 능력에 의존하고 있다. 이러한 전통은 노래, 시, 생각, 의복, 미술, 건축 등 많은 요소들로 구성되어 있다. 아마도 그 중에서 가장 탁월한 형태는 '이야기'이다. 이 모든 것은 많은 이야기들 속에 구현되어 가족 신앙으로 수렴된다. 의복같이 구체적인 것도 본질적으로는 하나의 이야기이다. 이야기를 말하는 책임은 가족들이 공유하는 책임이다. 만약 가족 구성원이 오로지 가장 곧 목사에게만 이 책임이 있다고 생각한다면, 전통은 불완전하고 왜곡되어 전달될 것이다. 이러한 문제에 있어 권위 있는 가장의 독재는 많은 교회 가족공동체에게 있어 심각한 시험거리이다. 사태의 본질에 따르면, 사실 다양한 측면을 가진 이야기는 가족 자체 안에서 발견된다.

대부분의 기독교 교단들은 최근 새로운 견신례 예식을 만들었거나 혹은 만들고 있는 중이다. 이러한 작업을 마친 일부 교회들은 견신례한 신자들에 대한 신학과 의식을 다시 생각하는 과정에 있다. 말하자면, 예전의 새로운 '정착'과 더불어 동시에 이러한 문제들과 관련해서 '유동성'이 종종 발견된다. 교단별로 새로운 예전 모델을 만들고 고쳐 사용하는 과정에서 우리는 기독교 가족공동체가 전통을 구성하고 있는 신앙 이야기들에 충실하게 머물러 있을 수 있도록 주의를 기울여야 한다.

3. 개인

가족공동체가 새로운 지체를 일원으로 받아들이는 견신례 예전에서는 불가불 새로운 지체 개인에게 특별한 초점이 주어진다. 이 시간은 일종의 '생일'과 같다. 견신례 예전은 개인화되어야 한다. 이러한 개인화는 예식 전에 교육과 멘토링과 봉사활동 등을 통해 관계가 형성될 때 이미 상당히 진척되어 있으며, 견신례에서 상징적 표현을 통해 분명하게 드러나야 한다. 사람들이 앉고 서는 곳이 어디인지, 사람들이 자신의 위치로 어떻게 이동하는지, 어떻게 소개되고 어떻게 불리고 어떻게 만져지고 어떻게 흩어지는지 등과 관련해서 사람들의 움직임과 몸짓은 견신례의 이 같은 개인화에 있어 매우 중요한 요소들이다. 시간적 요소 또한 매우 중요하다. 모든 사람은 소속/공동체 의식 전체를 '소유'할 수 있어야 한다. 때로 견신례에서 대상자들이 그들을 위해 특별히 선택된 성경구절 및 그 구절에 대한 설명(소설교)과 더불어 소개되기도 한다. 이것은 매우 효과적인 개인화 방식이다. 다만 이때 설명은 짧아야 하고 갑작스러운 일이 되어서는 안 된다.

4. 양육

그리스도와 그리스도의 가족공동체에 소속되는 과정을 기술하기 위해 "회심의 여정"이라는 표현을 사용한다. 형식적으로 볼 때 소속은 가족의례와 개인적/감정적 경험 양자에서 구체적인 표현을 발견할 수 있다. 하지만 실제적으로 볼 때 소속은 결코 완결되지 않는 과정이다. 등록된다는 것은 여전히 순례 여정 가운데 있다는 것을 의미한다. 이 같은 사실을 알고 이해하는 것은 견신례 사역에 있어 결정적인 중요성을 가진다. 전체 신앙공동체의 기능들 가운데 하나는 떠받치는 것이다. 순례 여정 가운데 있는 모든 사람은 양육을 필요로 한다. 사람들은 모두 여정 가운데 다양한 위치에 서 있다. 어떤 사람은 앞서 있고 어떤 사람은 뒤쳐져 있고, 어떤 사람은 성숙하고 어떤 사람은 아직 어리고, 어떤 사람은 명확한 이해를 갖고 있고 어떤 사람은 혼란을 느끼고, 어떤 사람은 건강하고 어떤 사람은 병약하다. 모든 사람은 양육을 필요로 한다. "비약적인 발전"이 있을 수도 있지만, 능력이 있든 없든 준비가 되어 있든 않든 모든 사람은 역동적인 양육을 통해 지지와 후원을 받을 필요가 있다. 즉, 다른 사람들이 그들을 인지하고 그들을 위해 기도하고 그들을 가르치고 도전하고 돌보아 주는 일이 반드시 필요하다. 헌신의 결단이 있을 수 있다. 하지만 그것은 신앙인들이 단순히 기계의 부속품이나 징집된 병사들이 아니라 살아 있는 몸의 지체들이라는 인식 속에서 가능한 일이다. 이 몸은 신자들을 그 품에 안고 있으며, 그들이 배고플 때에 그들을 먹이고, 그들이 약할 때에 그들에게 힘을 공급해 주는 살아 있는 몸이다.

5. 헌신

견신례는 환영과 양육의 기회인 동시에 믿음의 사건이다. 믿음이 없다면 소속도 없다. 신앙을 '프로그래밍'하는 것은 위험한 시도이며 불가능한 일이다. 계획은 예전 본문 안에 신앙이 잘 구현되도록 만들 수 있다. 우리는 교회와 개인이 신앙을 표현할 수 있는 공간을 만들고 예전 중에 영감의 요소들을 위한 여지를 만들 수 있다. 이러한 작업은 중요하고 또 필요한 일이다. 하지만 이러한 작업이 실질적인 신앙을 보장하지는 못한다. 견신례를 통해 진정한 신앙 헌신이 일어나도록 계획하고 준비하는 일은 예전을 준비하는 작업에 국한될 수 없다. 그러한 계획과 준비는 오히려 사람들 자신 안에서 이루어져야 한다. 이것이 바로 견신례 '프로그램'을 그토록 어렵고 또 중요한 사안으로 만드는 이유이다.

우선 예전 가운데 신앙을 명확하고 분명하게 진술하는 것은 중요한 일이다. 이것은 예배의 어떤 한 요소가 감당할 수 있는 기능이 아니다. 말하자면, 다양한 요소가 결합되어야 한다. 신앙 표현은 성경, 설교, 찬송, 시편, 기도, 음악, 미술 등의 기능이다. 이 모든 요소는 신앙을 교조적인 방식이 아니라 역동적인 방식으로 표현해 내기 위해 함께 결합해야 한다. 이것이 예배의 이 모든 요소가 가진 유일한 목적이라고 말할 수는 없지만, 매우 중요한 한 가지 목적임에는 틀림없다. 사실 우리의 진지한 노력에도 불구하고 신앙을 완벽하게 진술할 수 있는 방법은 어디에도 없다. 견신례 가운데 그러한 표현이 우리 가운데 나타나도록 허용하는 것은 예전을 계획하는 단계에서 본질적인 요소이다.

견신례에서 진정한 헌신을 위한 결정적인 두 번째 요소는 기도이다. 신앙은 기도할 대상을 갖고 있다. 실제적인 신앙의 표현을 견신례 속에 가져가는 한 가지 방법은 예배 기도문을 작성하는 과정에서 대상자들이 주도적인 역할을 하도록 배려하는 것이다. 이때 목사가 어느 정도 도움을 주며 참여할 수 있다. 이것은 대상자들이 자신의 실제 인식과 필요의 차원에서 예전에 참여할 수 있도록 만드는 효과적인 방법이 될 수 있다.

견신례에서 헌신을 위해 중요한 세 번째 요소는 헌신의 맹세이다. 이상하게도 가끔씩 이러한 맹세가 견신례의 전체 과정에서 주변부로 밀려나고 마지막 예전의 끝부분에 형식적으로 이루어지는 것처럼 보일 때가 있다. 때로는 그러한 맹세가 너무도 생소해서 견신례 대상자가 예배 중 질문에 대답할 때 "지도를 받아야" 하는 경우도 있다. 헌신은 모든 견신례(확증)/세례언약 재확인 예식에 있어 시작부터 우선적인 고려사항이 되어야 한다. 맹세는 충분한 표현과 주석, 토의, 기도 등을 필요로 한다. 맹세는 낯설지 않아야 하며 단순하고 개인적인 표현을 통해 이해가 용이해야 한다. 예전 중에 맹세의 순서는 절정의 순간이어야 한다. 감정적으로 고양될 뿐 아니라 기억에 남을 만한 순간이 되어야 한다. 이것을 확실하게 보장할 수 있는 방법은 없지만, 그 순간을 준비할 수는 있다.

견신례에서 신앙에의 결정적인 네 번째 요소는 축복이다. 교회가 새로운 지체에게 축복을 선물하는 것은 필수적인 일이다. 신앙과 신앙 안에서의 삶은 좋은 것이다. 그것은 우리의 헌신과 예배를 위해서뿐 아니라 우리의 축복을 위해서 존재한다. 새로운 지체나 자신의 신앙을 재확인하는 지체는 소속의 예배에서 이것을 충분히 느낄 수 있어야 한다. 그리스도의 가족공동체에 소속된다는 것은 자아가 내어놓는 선물로서 헌신을 수반할 뿐 아니라, 자아에게 주어지는 선물로서 축복 또한 동반한다. 선함은 신앙 안에서 우리가 수고해서 얻어야 하는 어떤 것인 동시에, 축복으로서 우리에게 주어지는 어떤 것이다. 세례 확증/세례언약 재확인 예식에서 이러한 축복이 어떻게 전달될 수 있을까? 그것은 주로 환영과 포용을 말과 행동으로 표현하는 방식 및 다양한 신앙의 표현을 통해서 이루어진다. 이러한 요소들은 예전의 본문 가운데 자연스럽게 녹아들고 또한 거기에서 확대될 수 있다. 하지만 축복이 전달되는 통로는 말이 아니라 그 말을 구현하는 행동의 '아우라'이다.

예전 기획의 필수요소

기독교 예배의 다양한 요소가 지닌 상징적 가치와 아름다움은 예수님 안에서, 예수님과 함께, 예수님을 통해 거행되는 사건의 신비로부터 파생되어 나온다. 이것을 다른 말로 표현하면, 예배라는 예술은 창조와 성육신, 그리고 구속의 교리를 통해서 세워진다. 따라서 모든 만물은 하나님께 속하였고 소리와 시야와 몸짓과 언어를 통해 표현한다. 그리고 이것들 사이에는 영원한 긴장감이 있다.[2] 그러므로 세례언약 재확인 예식을 거행함에 있어 필수적으로 고려해야 할 요소들이 있다. 그것들은 서로 영향을 미치고 그 예식에 역동성을 주는 필수요소이다.

1. 순서

순서를 기획함에 있어 예전의 일차적인 논리는 예전이 성경에 기초하고 있어야 한다는 점이다. 성경의 주제와 이미지는 예전이 구성되는 논리적 모판을 형성한다. 예전 기획에 있어 첫 번째로 고려할 사항은

---

2 Don E. Saliers, *Worship as Theology: Foretaste of Glory Divine* (Abingdon Press, 1994), 213-14. 이 책은 김운용에 의해서 『거룩한 예배』 (서울: 예배와설교아카데미, 2010)라는 제목으로 번역 출간되었다.

적절한 하나님의 말씀의 적용이다. 그 다음 예배의 다른 요소들과 상호 연관될 필요가 있다. 이것은 자극과 부드러움, 다수와 소수와 하나, 생각과 감정, 소리와 침묵, 선포와 기도, 동작과 정지, 기쁨과 회개 사이의 균형을 포함한다. 부분적으로 이것은 예배의 다른 기본요소인 시간을 논리적으로 관리하는 것과 관련된다. 무엇을 위한, 어디에서 소모되는, 얼마나 지속되는 시간인가? 이것은 전체 구조의 논리와 관련된 문제이다.[3]

2. 소리

그 다음 고려 사항은 소리이다. 일반적으로 이 요소는 음악의 문제로 간주된다. 하지만 사실 이것은 음악 이상의 문제이다. 우선적으로 고려해야 할 사항은 소위 장소의 소리라고 불리는 요소이다. 방은 소리가 울려 퍼지는 공간이며, 그러한 공간을 떠나서는 소리를 생각할 수조차 없다. 예배의 소리는 언제나 장소의 소리이다. 교훈이나 설교 중에 이야기를 말하는 것은 의미의 소리이다. 혼자서 말하는 것, 함께 말하는 것, 노래를 부르는 것 등 이 모든 소리는 의미를 전달하는 악기이다. "조율되지 않은" 악기는 의미 전달을 심각하게 왜곡시킬 수 있다. 사람들, 공간 등은 모두 의미를 전달하는 소리 악기들이다. 그러므로 소리에 대해 진지하게 생각[4]해야 한다. 왜냐하면 소리는 인간 언어의 확대된 형태이기 때문이다. 그래서 기도와 설교와 예배의 다른 언어적 형태가 가지는 음성적 자산과 음악적 특성은 공동체를 형성하는 내용의 일

---

3 Browning and Reed, *Models of Confirmation and Baptismal Affirmation*, 205-6.

4 위의 책, 206-7.

부가 되어 종종 감성을 자극하는 힘과 연상을 통한 기억을 갖게 하는 역할을 수행한다.[5]

3. 움직임

다음으로 고려해야 할 사항은 움직임이다. 예배는 활동이다. 예배는 이런저런 방식으로 언제나 동작 가운데 있다. 예배 중의 모든 몸동작과 자세, 움직임을 꼼꼼하게 계획하는 일은 사람들을 지치게 만들 수 있다. 하지만 예배의 움직임에는 리듬이 있으며, 이 리듬은 매우 중요한 요소이다. 그러므로 마치 안무를 짜듯이 리듬을 예전 속에 집어넣을 필요가 있다. 입문예식 혹은 세례언약 재확인 예식에서는 움직임이 특별히 중요성을 가진다. 왜냐하면 소수의 특정한 사람들에게 고유한 움직임이 요구되기 때문이다.[6] 그래서 샐리어즈(Saliers)는 예배 안에서의 움직임을 '춤'에 비유하며, 기독교인이 예배당 안에 들어와 움직이는 모든 움직임, 예를 들면 예배당으로 들어오고, 교우들과 인사하는 것, 자리에 앉고, 찬양과 기도와 성찬 성례전을 위해 강대상으로 움직이거나, 예배당 밖으로 나가는 움직임이 복잡한 춤일 경우는 계시적(revelatory)이 될 수 있다고 서술한다. 그러므로 이 모든 제스처와 움직임의 역할은 문화적 정황에 따라 다양하다는 것을 기억하라고 말한다.[7]

5　Saliers, *Worship as Theology*, 160.

6　Browning and Reed, *Models of Confirmation and Baptismal Affirmation*, 208.

7　Saliers, *Worship as Theology*, 164.

4. 공간

또 고려해야 할 사항은 공간이다. 기독교 예배는 시간과 공간 가운데서 행해진다. 그래서 예전에는 다양한 감각적 언어가 존재한다. 때로는 특정 공간의 감각적 언어가 예전에서 사용되는 언어와 모순되는 소리를 크게 발하는 경우도 있다. 예를 들면, "따뜻하고 포근한" 분위기가 필요할 때 공간이 "지나치게 공식적인" 분위기를 전달할 수 있다. 이럴 경우 무언가 조치를 취해야 한다. 이것은 시각적 도구를 활용해야 한다는 것을 의미한다. 구체적으로 이것은 초점의 전환을 말할 수도 있고 특정한 음악을 이야기할 수도 있다. 어떻든 환경에 맞서는 감각적 언어를 도입할 필요가 있다. 또한 건축공간에서조차 감각적 언어들 사이의 관계의 문제는 세밀한 주의를 요구한다.[8] 그러므로 공간의 미학은 공동체가 갖게 될 인식과 경험의 영역에 직접적으로 영향을 미친다. 그래서 새로운 공간적 배치와 건축학적 환경은 특정 행위의 시작과 끝을 정교하게 하는 데 중요한 역할을 하였다. 이것을 다시 말하면, 공간 예술은 분명한 신학적 비전을 제안한다.[9]

5. 시간의 개념

다음으로 고려해야 할 사항으로 시간의 개념이다. 견신례와 세례언약 재확인 예식을 준비하고 비판하는 작업은 소속과 헌신의 예전이 가져야 하는 기능들에 충분하고 균형 있게 시간이 할애되도록 관심을 기울여야 한다. 앞에서 제시한 모든 요소의 바른 정렬과 시간 배분이 꼭

---

8 Browning and Reed, *Models of Confirmation and Baptismal Affirmation*, 209.

9 Saliers, *Worship as Theology*, 158-60.

필요하다.[10] 그리고 교회력의 고려이다. 즉, 예수님의 오심과 수난과 죽으심, 부활, 성령의 임재, 주님의 재림[11] 등의 시간을 고려하여 구성하여야 한다. 이것을 통해 예수님께서 말씀하시고 행하셨던 것을 그리스도인에게 나타내 보여주어야 한다. 그래서 샐리어즈는 그리스도인들이 시간을 따라 드리는 예배를 성령의 능력으로 예수님의 삶이 어떻게 해석되는지를 보여주는 신비[12]로 표현한다.

6. 기쁨의 잔치

기쁨의 분위기와 감정의 표현은 예배에서 적절한 부분이다. 그러나 개혁교회 회중에게는 드문 일이다. 왜냐하면 엄숙함을 경외로 이해했기 때문에 잔치(festivity)는 금지되었다. 그런데 경외는 웃음과 박수와 기쁨과 열정을 포함할 수 있다. 그 동안 낮은 목소리와 침묵의 인사, 아이들의 자연스러운 영혼을 억제하기 위한 노력은 때로는 답답함을 안겨주었다. 예배에서의 잔치는 찬양, 즐거움, 드라마, 댄스, 음식, 웃음, 그리고 기억으로 구성되어 있고, 이것을 통해 중요한 예배를 축하할 수 있다.[13] 맥스 튀리앙도 견신례/세례언약 재확인 예식의 잔치적인 성격을 이야기한다. 특히 이 날은 견신례후보자가 하나님의 말씀에 대한 믿음과 거룩한 만찬으로 이끌었던 물세례와 성령세례를 떠올릴 수 있게 해야 한다고 지적한다. 새롭게 신앙을 고백하는 사람에게 하나님은 그

---

10 Browning and Reed, *Models of Confirmation and Baptismal Affirmation*, 209-10.

11 주승중, 『은총의 교회력과 설교』(서울: 장로회신학대학교출판부, 2004), 298.

12 Saliers, *Worship as Theology*, 157.

13 Howard L. Rice and James C. Huffsturler, *Reformed Worship* (Louisville: Geneva Press, 2001), 195.

들의 신앙을 강화시킬 것이며, 섬김에 필요한 은사를 허락하실 것이며, 새로운 사명을 위해 그들을 성별하실 것이다. 그러므로 견신례-성별의 예전은 교회의 잔치이다.

이상에서 제시한 예전 기획의 필수요소를 통한 예배 스타일은 단지 인간적인 기교에 대한 문제만은 아니다. 하나님은 예배의 기획을 위해 사람들이 상징을 사용하고 빛과 오르간이나 전자기타 또는 다양한 목소리 등 인간적인 노력을 기울이는 것을 아신다. 그러나 진정한 예배의식의 역동성은 하나님과 인간의 공동 노력에 의한 것이다. 그러므로 사회·문화적 환경에 적합한 고유한 표현 방식을 고려하여 언어와 상징과 찬양을 드리게 될 때 그 곳에서 하나님의 신비가 드러날 것이다.[14]

예전 기획의 주의점

1. 신학적인 지지기반 확립

견신례라는 단어를 자신을 위해 다른 누군가가 행했을지도 모르는 서약을 확증하는 것으로 사용하지 않아야 한다는 것이 분명하다. 또한 다른 관점에서 미완성적인 세례를 완성시키는 일종의 "두 번째 단계"로 여기지 않아야만 한다.

한 감리교 신학자는 견신례에 대한 자신의 의견을 이렇게 전개한다. 견신례라는 단어를 사용하는 것이 초기 사춘기와 연관된 사건으로 제

---

14 Saliers, *Worship as Theology*, 214.

한하는 경향이 있기 때문에, 연합감리교회에서 견신례라는 단어의 계속적인 사용이 세례에 대한 이해와 교회의 일원이 되는 것에 대한 이해와 병립할 수 없다고 결론 내렸다. 그 용어가 어떤 사람의 첫 번째 믿음의 고백의 시기와 동일시되는 제한이 있을 때 그들은 매우 합당한 반대를 일으켰다. 견신례를 개인이 믿음의 고백을 확고히 하는 시간으로 생각하는 대신에, 성령의 역사하심의 표징으로 보고 보다 더 자주 성령께서 "확신하시는 은혜"(confirming grace)를 말하기 시작하라고 격려하고 싶다. 확증하는 것은 입증하는 것이요, 확고히 세우는 것이요, 힘있게 하는 것이다.

나는 이 단어 사용을 자제하는 대신에 세례 예식 중 믿음의 고백과 안수를 통해서 재확인을 반복하는 때에, 무엇이 중요한지를 언급하는 데 분명하게 사용하도록 격려하고자 한다. 나는 초기의 세례 행위에 있어서 세례와 견신례의 연합을 다시 행하기를 원한다. 그리하여 견신례에 있어 반복적인 행위에 힘을 북돋우시고, 확신을 주시고, 믿음의 삶에 있어서 세례언약을 집약시키는 것과 같은 성령의 계속적인 사역의 표징(sign)들로 인식하기를 원한다.[15]

또한 브라우닝과 리이드가 말하듯 견신례/세례언약 재확인 예식을 행함에 있어 꼭 기억할 점은 이것이 성례전이 아니라는 점이다. 개신교에서 성례전은 세례와 성만찬을 성례전으로 인정한다. 그러면 견신례/세례언약 재확인 예식은 무엇인가? 그들이 말하기를 "견신례는 반복

---

15 Dwight W. Vogel, "The Baptismal covenant: A Spirituality for Discipleship in the church", *Doxdogy*, Vol. II (1994), OSL, 59-60.

가능한 성례이긴 하지만 반드시 하나의 성례일 필요는 없다. 견신례를 성만찬과 유사한 성례로 이해한다."[16]

또한 견신례는 세례 성례전과 성찬 성례전 사이에 위치하고 있어야 한다. 견신례는 개인의 삶에 있어 전환점을 표시하는 동시에 회개와 회심의 지속적인 과정에 참여함을 표시한다. 긴장관계에 있는 이 두 측면 가운데 하나가 상실되면, 견신례는 개혁교회의 복음주의적 예식으로서 그 특성을 잃게 된다. 만약 세례적 지향이 상실되면, 견신례는 그저 개인이 일정 연령에 도달하면 공동체에 의해 거의 자동적으로 부여되는 새로운 신분을 갖게 되는 통과의례로 전락하게 된다. 만약 성만찬적 지향이 상실되면, 견신례는 그저 일종의 결단 갱신에 지나지 않게 된다.[17] 그러므로 견신례는 실천적인 면에서는 안 될지라도 세례와 주님의 만찬 사이의 위치에 남아야 한다.

2. 견신례의 목적 고려

브라우닝과 리이드는 견신례를 "그리스도인이 평생에 걸쳐 자기이해가 성숙해지거나 하나님의 살아 계신 영에 대한 개인적인 응답에 변화가 있을 때 하나님 앞에 자신을 다시 드리는 헌신"으로 이해한다. 그렇기 때문에 이것은 반복될 수 있고 또한 반복되어야 하는 성례라고 주장한다. 그렇다고 꼭 성례전이라는 표현이 아닌 성례전에 준하는 것으로 꼭 성례일 필요는 없다는 뜻이다.

맥스 튀리앙은 거듭해서 견신례 실행에 있어 꼭 기억할 점은 "견신

---

16 Browning and Reed, *Models of Confirmation and Baptismal Affirmation*, 114.

17 Oamer, *Confirmation*, 175.

례에 있는 믿음의 고백의 뜻을 오해하지 않도록 하라."는 점이다. 그것은 세례의 성례전적 행위를 완성하는 믿음의 의식적 행위가 아니다. 이 믿음의 고백은 세례를 완전하게 하는 것도 아니다. 견신례의 목적은 "기독교인을 왕적 성직을 감당하도록 강화하는 것"이라고 규정한다. 즉, 그리스도인이 그리스도를 따르겠다는 자신의 서약을 재현하는 기회를 통해 하나님이 주신 왕적 제사장의 신분을 회복하고 그 사명을 그대로 행동으로 결심하는 하나의 의식을 만들어 주는 것으로 이해한다. 이것은 자신의 인생의 경로에서 자신의 믿음을 고백하며 자신이 받았던 세례를 상기하며 자신의 정체성을 회복하도록 하기 위함이다. 그러므로 이것은 반복될 수 있는 것으로 이해한다.

견신례는 세례를 통해 맺어진 하나님과의 언약관계로의 회복이며, 하나님과의 단절된 관계의 회복을 도모하는 하나의 화해의식이다. 견신례는 다시 주어짐이 아닌 예전의 관계로의 회복이다. 세례 때 맺어진 하나님과의 관계, 즉 하나님의 자녀로서의 연접관계로의 회복이다. 그리고 그들의 마음속에 하나님의 사랑을 깨닫고 하나님의 평화와 기쁨이 가득하여 재헌신의 시간으로의 연결을 도모함이 필요하다. 다른 말로 표현하면, 그들에게 자신의 삶을 통한 그리스도인으로서의 '소명'을 발견할 수 있도록 도와주어야 한다는 말이다. 이 소명을 통해 하나님께 영광 돌리는 삶을 모색하며 매일의 삶 속에서 하나님을 찬양하도록 이끄는 예식이 바로 견신례 혹은 세례언약 재확인 예식이다.

3. 지역의 문화적 고려

앞에서 한국교회 초기에 선교와 예배의 연결방법으로 네비어스 정책이 채택이 되고, 이 방법을 통해 많은 선교활동이 확대되는 효과가 일어났다. 이렇게 성공할 수 있었던 요인은 무엇이었을까? 김경진은 "토착민에게 예배 주도권을 주라고 한다"(Litugical Initiatives).[18] 네비어스의 선교 사역은 그들의 교회생활에 있어서 토착민들의 참여를 극대화하는 데 중점을 두었다. 네비어스는 선교지에서 선교사가 모든 일을 담당하는 옛 방법에서 탈피해 자신의 방법을 촉진시키기 위한 방법을 제시한다. 그것은 순회조사(circuit helper)와 영수(leader)라는 협력자를 제안했다. 순회조사는 일반적으로 경험이 풍부하고 교육을 잘 받은 그리스도인으로 여러 교회를 책임지게 했다. 영수는 자원하여 지역교회나 처소를 이끌었다. 이러한 정책으로 조선의 토착민들은 평신도의 예배 주도권을 더욱 강화시키고 공고히 하는 역할을 하게 되었다.

그러므로 예배를 기획함에 있어 항상 그 지역의 토착적인 문화와 시기를 고려함이 필요하다. 왜냐하면 상황은 언제나 지역적이고 개인적이기 때문이다. 타 지역의 좋은 예배 모델이 현지의 다른 교회에서 동일하게 적용 가능한 것은 아니다. 토착민들이 거부감을 일으키지 않고 자연스럽게 받아들일 수 있는 예배 모델들을 그 지역에 맞게 적용해야 한다. 따라서 예배의 미학은 그리스도인이 모든 인종적 배경과 문화적 역사 사이의 차이점을 이해하고 존중할 것을 요구한다.[19]

4. 이론과 실행의 차이 인식

새로운 체제와 절차를 도입할 사람들은 뱀처럼 지혜롭고 비둘기처

---

18 김경진, "네비어스 선교방법이 초기 한국 장로교 예전 형성에 미친 영향에 대한 연구", 138-39.

19 Saliers, *Worship as Theology*, 214.

럼 순결하라는 예수님의 교훈을 기억해야 한다. 무엇을 도입할 것인가? 그것을 언제 제시할 것인가? 그리고 실험기간 후 어떻게 평가를 할 것인가? 이것을 결정함에 있어 세심한 주의가 필요하다. 회중은 그들이 이해하지 못하는 것에 저항하게 된다. 예전은 시행하여 경험하기 전에 제대로 설명될 수 있는 것이 아니기 때문에 변화에 대해 비난하기보다는 변화에 대한 이해를 돕기 위해 소개 절차가 있다면 회중의 긍정적인 반응을 얻을 수 있을 것이다. 한 가지 더 중요한 것은 목회자의 태도이다. 인내심을 가지고 지혜롭게 변화를 도입하는 목회자만이 그 정책을 계속해서 진행할 수 있다. 한 가지 예로, 여러 교단이 "통합된 입문 예식으로 세례 성례전과 견신례와 성찬 성례전이 동시에 이루어져야 한다."고 말한다.

5. 세례반의 물 사용주의

세례언약 재확인 예식은 세례를 기억함에 의미가 있기 때문에 세례반 주변에서 예식을 거행함이 타당하다. 그러나 세례반은 상징적인 의미이기 때문에 세례반에 물을 부을 때 큰 질그릇이나 은으로 된 주전자(pitcher)가 사용될 수 있다. 성찬식에 사용되는 주된 요소인 물은 잘 보여야 하고, 세례반에 쏟아지는 물소리는 모두에게 잘 들려야 한다. 주전자를 가능한 높이 들어 모두가 잘 보고 들을 수 있게 해야 한다. 그러나 "물에 대한 감사기도"를 드릴 때 집례자는 세례반에 손을 넣고 물이 다시 떨어지도록 물을 높이 떠 올리는 순서가 있는데, 이때 이 물이 사방으로 튀어서 회중에게나 바닥에 떨어지지 않도록 조심해야 한다. 또한 예배당에 뿌려져서도 안 된다. 이것은 재세례 예식이 아니기 때문

이다.[20]

세례언약 재확인 예식의 대상

세례언약 재확인 예식의 대상은 가장 넓게는 전회중이다. 전회중이 함께 세례 성례전을 기억하며 행하는 세례언약 재확인 예식이 가능하다. 이것은 교회가 정하는 시기에 할 수 있다. 그러나 전통적으로 부활절 전야에 전회중이 함께 거행하던 관습이 아직도 로마가톨릭과 성공회, 정교회에는 전해지고 있다. 한국교회에서는 부활절 전야에 예배를 드리는 곳이 많지 않기 때문에 부활주일 아침 예배 때 가능할 것이다.

다음으로 기존의 견신례 개념의 대상이다. 유아세례 후에 분별할 나이가 되었을 때, 즉 대한예수교장로회(통합)는 만 15세로 규정하고 있는데 그때 자신의 신앙을 고백하는 후보자를 위한 세례언약 재확인 예식이 가능하다.

또한 삶의 여러 상황에 있는 사람들을 위한 세례언약 재확인 예식이 가능하다. 예를 들면, 이명 교인(타교단 및 다른 교회)을 위한 세례언약 재확인 예식이 가능하고, 오랫동안 교회를 떠나 신앙생활을 안 했던 사람이 새롭게 다짐하며 시작하고자 할 때도 가능하다. 또한 한국의 군대에서 의미 없이 받았던 세례에 대해 다시 하나님 앞에 고백하고자 갈망하는 사람을 위한 세례언약 재확인 예식도 가능하다. 또한 삶의 특수한 상황에서 심한 상처를 받은 사람이 오랜 상담 후 회중 앞에서 자신의 결심

---

20 Weaver JR., *Presbyterian Worship*, 86.

을 통해 다시금 서고자 원하는 사람을 위해서도 가능하다. 또한 성장하면서 삶의 전환기, 즉 유아(유아세례), 청소년, 청년, 중년, 노년기의 전환 때에 공동체의 지도자(당회)의 허락으로 가능하다.

세례언약 재확인 예식의 시기

미국장로교는 그 시기를 이렇게 규정한다. 먼저 주님의 수세주일이 가능하다. 이때는 장로나 집사의 안수식도 가능하고, 세례언약의 재확인에도 매우 적합하다. 또한 새해 시작하는 시점에 새해의 각오를 새롭게 하는 시기에도 가능하다. 전통적으로 세례언약의 재확인은 그 자체로는 아무런 예전적인 의식이 없는 때인 부활절 전야(Easter Vigil)가 가능하다. 또한 이 예식이 가능한 때는 오순절, 사순절 주일들, 부활절 주일들, 만성절이다. 새해 전날이나 새해에도 예배의 일부분으로 계획될 수 있다. 물론 당회의 허락이 있어야 하고, 회중에게도 예식이 있기 전 알려야 한다. 회중의 이해를 바탕으로 한 참여를 유도할 수 있도록 회중에게 적절한 설명이 있어야 한다.[21]

그러므로 대한예수교장로회(통합)에서도 역사적인 근거와 미국장로교를 통해 세례언약 재확인 예식이 가능한 시기를 생각할 수 있다. 가장 먼저 주님의 수세일이 가능할 것이다. 또한 한 해의 마지막 날 또는 새해를 맞이하는 날도 가능할 것이다. 그리고 전회중이 참여하는 세례언약 재확인 예식은 부활절 주일 아침도 가능하다. 그리고 성령감림주

---

21 위의 책, 85.

일, 사순절 주일들, 부활절 주일들도 가능하다. 그리고 지 교회에서 가장 큰 잔치라고 생각하는 날에 당회의 허락을 받고 실시하는 것도 좋다. 그러나 이것은 꼭 당회의 승낙이 있고 회중에게도 고시를 해야 하며 공동체 안에서 실시되어야 한다. 절대로 개인적인 세례언약 재확인 예식이 되어서는 안 된다.

세례와 견신례/세례언약 재확인 예식 외에 세례 갱신, 세례 확증의 견신례와 헌신의 예전에 대한 필요가 계속해서 존재한다. 앞에서 언급했듯이, 오늘날 대부분의 교단은 이러한 목적을 위한 예배의 모델을 제공하고 있다. 하지만 이러한 예전에 대한 필요는 너무도 다양하다. 세례 갱신이 가능한 계기들도 너무 많고, 예전을 위한 공동체와 개인의 가능성도 무궁무진하다. 이것은 예전과 관련해서 창조적이고 추가적인 기여가 필요하다는 것을 의미한다. 새로운 자료들이 출간되고 있지만 이러한 자료들이 현재의 필요를 모두 만족시킬 수는 없다. 따라서 견신례/세례언약 재확인 예식을 계획하고 진행할 때 각 교회의 상황과 필요에 맞게 자료들을 수정해서 사용해야 한다.

제9장

견신례/세례언약
재확인 예식의 실제[1]

오늘날 예전에서 필요한 것은 소위 '순례' 예전이다. 견신례(세례 확증)/세례언약 재확인 예식을 반복 가능한 성례로 보든 그렇게 보지 않든 상관없이 오늘날 많은 기독교인들은 평생에 걸친 회심의 여정에서 중요한 헌신의 순간을 표시하기에 적합한 예전을 찾고 있다. 이와 관련해서 새로운 자료들도 없지 않다.

가톨릭의 RCIA 프로그램은 이 프로그램의 단계들에 수반되는 예전을 포함하고 있다. 게일 람쇼(Gail Ramshaw)는 "다양한 단계에서 세례를 경축하기: 하나의 제안"(Celebrating Baptism in Stages: A Proposal)이라는 글을 통해 유익한 자극을 제공해 준다. 이 글은 『미래의 대안적 예배』(Alternatives Futures for Worship)의 2권에 실려 있다. 람쇼는 "출생 전 예식"에서부터 "가정에서 세례를 기념하는 예식"에 이르기까지 다양

---

1 Browning and Reed, *Models of confirmatiion and Baptismal Affirmation*, 210-54; 필자의 논문 (271-322); 기타 자료.

한 예전 모델을 만들었다. 이러한 모델들은 유익한 자극이 된다. 오늘 날 대부분의 교단들은 세례 갱신을 위한 예전들을 제공하고 있으며, 이 러한 예전들은 구체적인 상황에 맞게 적절하게 수정해서 활용할 수 있 다.[2] 일부 예배서들은 특수한 사역을 위해 평신도를 성별하는 예식을 포함하고 있다. 이러한 자료들은 다양한 헌신의 경우에서도 활용 가능 하다. 또한 다양한 목적에 맞게 수정해서 활용 가능한 축복과 예식을 모아둔 책들도 있다.[3]

이렇게 새로운 예전 모델을 만들고 고쳐 사용하는 과정에서 우리는 기독교 가족공동체가 전통을 구성하고 있는 신앙 이야기에 충실하게 머물러 있을 수 있도록 주의를 기울여야 한다. 따라서 이 장에서 제시 하는 견신례/세례언약 재확인 예식의 실제는 다양한 교단에서 사용하 고 있는 예식과 삶의 정황 속의 다양한 예전을 소개한다. 기독교인의 삶의 정황은 다양하다. 그러므로 개 교회의 특수한 상황은 여기서 제시 하는 예전을 기초로 응용 가능하다.

2   *The United Methodist Book of Worship* (Nashville: The United Methodist Publishing House, 1992), 111-14; *Holy Baptism and Services for the Renewal of Baptism* (Philadelphia: Westminster, 1985), 65-100; *The Alternative Service Book 1980* (Cambridge: SPCK, 1980), 275-78; *Occasional Services: A Companion to Lutheran Book of Worship* (Minneapolis: Augsburg, 1982), 143-46; *The Book of Occasional Services* (New York: The Church Hymnal Corporation), 160-76.

3   Thomas G. Simons, *Blessings for God's People* (Notre Dame, Ind.: Ave Maria Press, 1983); Jeffry W. Rowthorn, *The Wideness of God's Mercy* V.I., (Minneapolis: Winston, 1985), 137-205.

통합된 입문예식(유아세례)[4]

이 유아세례 예식은 세례 성례전과 견신례와 성찬 성례전을 통합한 입문(교)예식의 한 예로 예배의 핵심 초점이 되도록 고안되었다. 예전의 길이 때문에 설교의 길이는 줄이고 정상적인 예배의 일부 요소들은 생략해야 할 수도 있다. 세례 받는 유아가 하나밖에 없는 경우에는 " " 부분을 적절한 대명사로 대체하면 된다. 이 예배의 일부 요소들은 다른 예전에서 가져오거나 수정하였다.

1. 예배로의 도입

세례의 성례를 통해서 우리는 그리스도의 몸의 지체가 됩니다.

　　그리고 하나님의 지속적인 사랑과 은혜의 축복을 받고

　　우리에게 주어진 고유한 은사와 우리의 참여를 통해 교회를 축복합니다.

우리는 하나님의 사랑이라는 세례의 강 안에서 깨끗하게 됩니다.

　　그리고 충만하고 온전한 삶을 살 수 있도록,

　　또한 이러한 은사를 나누고 하나님의 임재와 능력을 드러낼 수 있도록

　　하나님의 성령에 의해 변화되고 힘을 얻고 보냄을 받습니다.

오늘 우리는 이 고귀한 새 "생명들이" 하나님의 무조건적인 사랑의 표지를 지니게 됨을 확증하고 축하하기 위해

4　Browning and Reed, *Models of Confirmation and Baptismal Affirmation*, 211-19.

이 자리에 모였습니다.

이 "아이들은" 하나님의 "자녀들입니다."

또한 우리는 우리가 하나님의 팔과 손발이자 그분의 목소리와 귀와
　　사랑임을 확증하고 경축하기 위해 이 자리에 모였습니다.

다름 아닌 우리의 손발을 통해 이 "아이들은" 하나님의 따뜻한 양육
　　과 보호, 그리고 그분의 다함없는 사랑을 발견하게 됩니다.

성도들의 몸인 우리는 이 어린 "아이들"과 그 "가정들을" 감싸 안으
　　며 그들의 필요를 돌아보고 그들에게 예수 그리스도 안에 있는
　　안전과 양육과 포근함을 제공할 것입니다.

2. 세례후보자 봉헌

나는 ○○○을(를) 세례를 위해 드립니다.

3. 죄의 부인과 신앙의 선언

〈부모에게 묻는 질문들〉

여러분은 하나님의 의와 사랑에 도전하는

이 세상의 악과 그 세력을 부인하십니까?

네, 부인합니다.

여러분은 하나님의 사랑으로부터 여러분을 떼어놓는

죄의 길을 부인하십니까?

네, 부인합니다.

여러분은 예수 그리스도께로 돌아서고
그분을 여러분의 주와 구주로 영접하십니까?
네, 영접합니다.

여러분은 그리스도의 신실한 제자가 되어
여러분의 생명이 끝날 때까지 그분의 말씀에 순종하고
그분의 사랑을 드러내는 삶을 살기로 결단하십니까?
네, 결단합니다.[5]

여러분은 여러분이 신앙 이야기에서 읽는 대로
성령에 항상 열려 있고
교회의 지체로서 참여하고
여러분의 자녀를 기르며
여러분의 일상생활을 살아가시기로 약속하십니까?
네, 약속합니다.

여러분은 하나님의 은혜를 신뢰하면서
기독교 신앙의 삶을 살며
여러분의 자녀에게 그 신앙을 가르칠 것을 약속하십니까?[6]
네, 약속합니다.

---

5 *Holy Baptism and Services for the Renewal of Baptism*, 289.

6 위의 책, 27.

〈회중에게 묻는 질문들〉

여러분은 그리스도의 몸된 교회로서

죄를 부인하고 그리스도를 따를 것을 다시금 확증하고[7]

그렇게 하는 가운데

이 "아이들을" 인도할 손발이 될 것을 약속하십니까?

네, 약속합니다.

여러분은 이 "아이들에게" 신앙 이야기들을 가르쳐 주는 목소리가

되고, 이 "아이들을" 위해 말하는 목소리가 될 것을 약속하십니까?

네, 약속합니다.

여러분은 이 "아이들의" 필요와 아픔과 소망을

경청하는 귀가 될 것을 약속하십니까?

네, 약속합니다.

여러분은 이 "아이들과" 그 "가정들을" 위해

그리스도의 본이 될 것을 약속하십니까?

네, 약속합니다.

여러분은 이 "아이들과" 그 "가정들을" 하나님의 다함없는 사랑으

로 감싸 안는 그리스도의 팔이 될 것을 약속하십니까?

---

7   *The United Methodist Hymnal. From Baptismal Covenants I, II and IV* ⓒ 1976, 1980, 1985, 1989
    (Nashville: United Methodist Publishing House), 40.

네, 약속합니다.

4. 사도신경

5. 물에 대한 감사기도
주님께서 여러분과 함께하시길.
또한 목사님과도 함께.

(평신도 한 사람이 아래 기도문이 낭독되는 동안 세례반에 물을 붓는다.)

오, 거룩하시고 은혜로우신 하나님,
우리가 주님께 감사의 기도를 드립니다.
태초에 주님의 성령이 물 위를 운행하셨고
주님은 눈에 보이고 보이지 않는 모든 것을 창조하셨습니다.
물의 선물을 통해 주님은 모든 생명을 지탱하고 계십니다.
노아의 시대에
주님은 홍수 물로 악을 파하셨으며,
구원의 방주를 통해 새로운 시작을 허락하셨습니다.
주님은 바다를 가로질러 이스라엘을 인도하셨으며
그들을 노예생활에서 건져내어 약속하신 자유의 땅으로 인도하셨습니다.
우리 주님은 요한에게서
요단강 물로 세례를 받으시고

주님의 성령의 기름부음을 받았습니다.

죽음과 부활의 세례를 통해

그리스도께서는 우리를 죄와 죽음으로부터 자유하게 하시고

영생으로 인도하는 길을 우리에게 열어주셨습니다.

오, 하나님, 세례의 선물로 인해 주님께 감사드립니다.

이 물 안에서 우리가 그리스도의 죽으심과 함께 장사되었습니다.

이 물로부터 우리가 다시 일어나 그의 부활에 동참하고

성령의 능력으로 다시 태어났습니다.[8]

주님의 성령의 능력으로 이 물을 축복하소서.

이 물로 씻긴 "이들이"

죄로부터 깨끗하여지고 새롭게 태어나게 하소서.

"이들을" 신앙의 가정 안에 묶으시고

모든 악으로부터 "이들을" 지켜주소서.

"이들에게" 주님의 성령을 부어주셔서

주님이 만물을 새롭게 하실 그날까지

"이들이" 기쁨으로 주를 섬길 수 있는 능력을 갖게 하소서.

성부와 성자와 성령, 한 분 하나님께

이제부터 영원까지

모든 찬양과 존귀와 영광을 돌립니다. 아멘.[9]

---

8 *Holy Baptism and Services for the Renewal of Baptism*, 29-30.

9 위의 책, 37.

6. 안수를 통한 세례

○○○, 성부와

　　성자와

　　성령의 이름으로 네게 세례를 주노라. 아멘.

(목사와 부모/후원자들은 아이에게 손을 얹는다-견신례.)

성령께서 "이 아이 안에서" 역사하셔서

"이 아이가" 물과 성령으로 거듭난 사람이 되고

예수 그리스도의 신실한 제자가 되길 기도합니다. 아멘.[10]

7. 성찬 성례전

(이어지는 성찬 기도시간에 부모는 한쪽으로 이동해서 아이와 자신에게 가장

편한 곳에 자리를 잡고 앉는다.)

주님이 여러분과 함께하시길.

목사님과도 함께.

여러분의 마음을 높이 드십시오.

우리가 주님께 우리의 마음을 높이 듭니다.

---

10 *The United Methodist Hymnal*, 42.

주 우리 하나님께 감사합시다.

하나님께 감사하고 그분을 찬양하는 것이 마땅합니다.

은혜로우신 하나님, 우리가 주님을 찬양하고 주님을 경배합니다.

주님은 우리를 지으셨으며 우리는 주님의 것입니다.

주님은 우리로부터 숨지 않으시며 멀리 계시지도 않습니다.

주님은 주님의 기이한 일들을 통해

  주님 자신과 우리를 향한 주님의 크신 사랑을

  우리에게 보여주셨습니다.

우리는 산들의 거대함 속에서,

  사막의 고독 속에서,

  부드럽고 상쾌한 가랑비 속에서 주님을 봅니다.

우리는 하늘의 높이와 바다의 깊이 안에서

  하늘을 나는 새와 바다에 헤엄치는 물고기 안에서 주님을 봅니다.

우리는 일출의 희망 속에서

  일몰의 위로와 안식 속에서 주님을 봅니다.

주님이 하신 모든 일들이 주님의 사랑을 선포합니다.

마치 아이들처럼 주님의 따뜻한 사랑에

  둘러싸여 보호받으며

  우리는 모든 피조물과 함께 기뻐하고

  우리를 향한 주님의 돌봄과 관심을 노래합니다.

이러한 영 안에서 우리는 우리의 목소리를 높여

  주님의 이름을 찬양합니다.

거룩, 거룩, 거룩하신 주, 능력과 권능의 하나님,

하늘과 땅이 주님의 영광으로 가득합니다.

가장 높은 곳에서는 호산나,

주님의 이름으로 오시는 이는 찬양받으소서.

가장 높은 곳에서는 호산나.

은혜로우신 주님,

주님의 가장 위대한 사랑의 말씀 곧 예수 그리스도를

　　　우리에게 말씀해 주시니 참으로 감사합니다.

예수님은 주님이 어떤 분인지 분명히 알려주시기 위해

　　　우리에게 오셨습니다.

우리는 주님의 자녀들이고 주님의 형상입니다.

우리가 주님께 감사하는 것은 우리가 죄를 지었을 때에

　　　주님이 우리에게 우리의 형제 예수 그리스도를 보내주셔서

　　　우리 각자 안에서 아이를 자유하게 하시고

　　　주님의 생명과 영 안에서 성장하게 하셨기 때문입니다.

예수님께서 말씀하시고 행하신 일들 중에서도

　　　우리는 그분이 우리에게 주신 가장 큰 선물로 인해

　　　주님께 감사합니다.

돌아가시기 전날 밤에

　　　예수님은 자신의 친구들을 식탁으로 초대하시고

　　　그들과 함께 자신의 생명과 사랑을 나누셨습니다.

그들이 식탁에 모였을 때에 예수님은 빵을 집어

주님께 축사하시고 그것을 떼어

　　친구들에게 나누어 주시며 말씀하셨습니다.

너희 모두 이것을 받아 먹으라.

이것은 너희를 위하여 주는 내 몸이다.

그 후에 예수님은 포도주 잔을 취한 다음 축사하시고

　　친구들에게 주시며 말씀하셨습니다.

너희 모두 이것을 받아 마시라.

이것은 죄 용서를 위하여

　　모든 사람들을 위하여 흘리는

　　나의 피의 잔이다.

　　이것은 새롭고 영원한 언약이다.

나를 기념하며 이것을 행하라.

하나님, 우리 가운데 사셨던 그리스도의 삶,

　　어떻게 사랑의 삶을 살아야 하는지

　　예수님께서 우리에게 보여주셨던 그 본을 인해

　　주님께 감사드립니다.

우리는 감사함으로 예수님의 죽음을 회상하고,

　　그분이 우리에게 보여주신

　　자신에 대하여는 죽고 다른 사람을 위하여 사는 방법을

　　기억합니다.

마지막으로 우리는 예수님의 부활과 승천 안에서

　　우리가 가진 희망을 기억합니다.

　　그것은 땅에 떨어진 씨앗의 희망이자,

우리가 어린아이 같이 끈질기게 붙드는 희망이며,

　　　더욱 더 풍성한 새 생명에 대한 희망입니다.

이제 신자공동체로서 우리는 함께

　　　우리 신앙을 온전하게 선포합니다.

그리스도는 죽으셨고, 부활하셨고, 다시 오실 것입니다.

우리에게 주님의 성령,

　　　곧 그리스도께서 우리에게 약속하신 성령을 보내어 주셔서

　　　우리 각 사람 안에 어린아이가 성장하게 하소서.

　　　우리의 창조력과 상상력을 회복시키고

　　　우리가 무엇보다 주님을 닮은 자들이 되게 하소서.

우리에게 주님의 안목을 주시고 우리의 비전을 회복시켜 주소서.

주님이 우리에게 주신 현재의 순간에서

　　　주님을 발견하는 법을 우리에게 가르쳐 주소서.

우리의 일상적이고 매일매일의 삶 속에서,

　　　주님이 계신 곳에서

　　　주님을 찾도록 우리를 도와주소서.[11]

〈아이와 부모와 교회를 위한 중보기도〉

우리는 ○○○에게 주신 새 생명의 선물로 인해 주님께 감사합니다.

　　　○○○, ○○○(부모의 이름)이(가) 이 아이를 돌보고 기르고 사

11　이 기도문은 Michael Moynahan, S. J.의 성만찬 기도문에 기초해서 고쳐 쓴 것이다. 이 기도문은
　　Bread Blessed and Broken, edited by John P. Mossi, S. J. (New York: Paulist, 1974), 20-23에
　　서 찾아볼 수 있다.

랑할 때

그들을 인도하시고 굳세게 하소서.

우리에게 힘을 주사

그들에게 안전과 사랑과 돌봄을 제공하는 주님의 팔이 되게 하시고

그들이 주님의 크고 놀라운 사랑을 경험하도록 돕게 하시며

그들이 그들의 은사와 소명을 발견하는 일에 협력하게 하소서.

우리의 희망이신 하나님의 아들 예수님의 이름으로

이 기도를 올립니다.

예수님을 통해서, 예수님과 더불어, 예수님 안에서,

그리고 성령의 연합 가운데,

모든 영광과 존귀가 전능하신 아버지께

영원토록 있을 것입니다. 아멘.[12]

(목사가 빵을 뗄 때 가족들은 다시 앞으로 나온다. 목사는 매우 작은 빵 조각을 취하여 그것을 주스에 담그고 스푼으로 떠서 그것을 유아들의 입술에 가져가며 다음과 같이 말한다.)

"이 아이들이" 그리스도의 몸과 피를 먹고서

능력과 신앙 안에서 성장하길 기도합니다.

(후원자 혹은 부모가 각각의 유아를 위한 세례 촛불을 켠다.)

---

12 위의 책, 23.

(목사는 회중이 성찬 예식에 함께 참여하도록 초청한다.)

오십시오. 우리의 가장 새로운 지체들과 연합하여 그리스도 안에서
우리의 하나됨의 축복을 경축합시다.

〈회중의 성만찬〉
(모든 사람들이 빵과 포도주를 받은 다음 아래 기도로 성만찬을 마무리한다.)

〈생명의 성례전적 속성을 기념하는 기도〉
다 같이 기도합시다.
오늘 우리가 ○○○에게
    깨끗하게 하는 물,
    새롭게 하는 물,
    우리의 갈증을 씻어주는 물,
    바위의 단단함마저도 변형시키는 힘을 가진 물로 세례를 베풀 때,
    우리가 우리 영혼의 깊은 틈바구니 속에 숨어 있는
    생명수의 능력과 은혜를 경험할 수 있도록 도와주소서.
우리가 ○○○이(가) 세례 받는 이 성례전적 순간을 경축할 때에,
    우리 또한 우리의 삶 속에 있었던 모든 성례전적 순간을
    기억하며 경축하게 하소서.
오, 하나님, 이 순간들은 무한한 은혜 가운데 계신 하나님께서
    우리의 유한한 인식 속에 들어오시는 순간들이요,
    우리가 풍성한 생명을 경험하는

신비스럽고 성스러운 순간들입니다.

시간이 멈추었다가 다시 시작하는 듯한 소중한 순간들입니다.

또한 우리 영혼 속 깊이 자리하고 있던 생명수가 분출하여

　　　우리가 만들어 놓은 장벽들에 넘쳐흐르고

　　　우리의 영혼으로부터 부스러기들을 제거한 다음

　　　제자리로 돌아간 순간들입니다.

이 순간은 단지 한순간이지만

　　　은혜가 충만하신 주 하나님과 함께하는

　　　신비스럽고 성스러운 순간이요,

　　　깨끗하게 하는 순간이요,

　　　새롭게 하는 순간이요,

　　　우리의 갈증이 씻겨나가는 순간이요,

　　　바위의 단단함마저 바꾸고 변형시키는 힘을 가진 순간입니다.

오, 사랑의 하나님, 이 새 "생명들"의 은혜를 인하여,

　　　이 순간의 은혜를 인하여 주님께 감사드립니다.

　　　또한 주님의 사랑과 은혜와 생명수가

　　　우리의 삶 속에서 요동치는 모든 성례전적 시간에

　　　우리가 열려 있을 수 있기를 기도드립니다.

생명수 되시는 하나님의 아들 예수 그리스도의 이름으로

　　　이 기도를 드립니다.

아멘.

8. 위탁과 환영

(목사와 후원자 혹은 평신도는 아이들을 회중 앞으로 데려간 후에 다음과 같이 말한다.)

그리스도의 몸의 새로운 "지체들"을 여러분에게 소개하게 된 것은 저에게 큰 기쁨입니다. "이들이" 신앙의 여정을 살아갈 때 "이들을" 사랑하고 지도하고 보호해 주십시오.

9. 축도

◆ 목회상담 받은 이의 세례언약 재확인 예식[13]

이 예식은 이미 받은 세례의 정신에 합당한 삶을 살려고 애쓰는 사람과 개별 목회상담을 하고 그와 관련하여 행하는 예식이다.

〈순서〉
성경봉독
신앙의 고백
기도
(안수기도)
평화의 인사

1. 성경봉독
(다음 성경구절 중에서 몇 구절을 택하여 낭독한다.)

시편 23 / 시편 91 / 빌립보서 4:4-7 / 시 90 / 고린도후서 1:3-5

2. 신앙의 고백
(목사가 다음의 말이나 유사한 말을 한다.)

여러분이 받은 세례는 하나님께서 여러분을 향한 은혜와 사랑으로

---

13 이것은 미국장로교 예식서 BCW이다. BCW, 『공동예배서』, 589-601. 여기에 회중의 세례언약 재확인 예식 2개와 세례언약 재확인 예식(신앙 성장의 기회) 등이 수록되어 있다.

여러분에게 베푸신 것입니다.

여러분은 그리스도와 연합되었고

신앙공동체에 영접되었습니다.

하나님의 은혜는 영원하십니다.

아무것도 하나님의 사랑에서 여러분을 끊어 놓을 수 없습니다.

여러분은 지금도 하나님의 자녀이며,

하나님은 여러분을 돌보십니다.

그러므로 이제 내가 여러분을 권하노니

다시 한번 죄를 버리고,

그리스도 예수 안에서 신앙을 고백하며,

여러분이 세례를 받은 이 교회의 신앙을 고백하십시오.

(목사가 다음 중 하나를 택하여 묻는다.)

① 여러분은 하나님의 자비로우신 은혜를 의지하여

　　죄의 길에서 돌이키고,

　　세상의 악과 그 권세를 버리겠습니까?

　　예, 버리겠습니다.

　　여러분은 예수 그리스도께로 돌아와

　　그를 주님과 구주로 모시고,

　　그의 은혜와 사랑을 의지하겠습니까?

예, 의지하겠습니다.

여러분은 그리스도의 신실한 제자가 되어
그의 말씀에 순종하며 그의 사랑을 나타내겠습니까?
예, 하나님의 도우심으로 제가 그리하겠습니다.

② 여러분은 하나님의 정의와 사랑에 도전하는
세상의 온갖 악과 권세를 버리겠습니까?
예, 버리겠습니다.

여러분은 하나님의 사랑으로부터 여러분을 끊어놓는
죄의 길을 버리겠습니까?
예, 버리겠습니다.

여러분은 예수 그리스도께로 돌아와
그를 주님과 구주로 모시겠습니까?
예, 모시겠습니다.

여러분은 그리스도의 신실한 제자가 되어
생명이 다하는 날까지
그의 말씀에 순종하고 그의 사랑을 나타내겠습니까?
예, 하나님의 도우심으로 그리하겠습니다.

③ 여러분은 하나님의 은혜로우신 자비를 의지하여

죄의 길에서 돌이키고, 세상의 악과 그 권세를 버리겠습니까?

예, 버리겠습니다.

누가 여러분의 주님이며, 구주이십니까?

예수 그리스도가 나의 주님이며, 구주이십니다.

여러분은 그리스도의 신실한 제자가 되어

그의 말씀에 순종하며 그의 사랑을 나타내겠습니까?

예, 하나님의 도우심으로 그리하겠습니다.

3. 기도

(목사가 상담과정에서 나타난 구체적인 문제들과 관련하여 기도를 한다. 그 기도에는 감사, 간구, 중보기도, 고백, 용서 등을 포함시킨다.)

〈안수기도〉

(목사가 계속해서 다음 중 하나의 기도문으로 기도한다.)

① 오 주님, ○○○을(를) 성령으로 지지해 주소서.

날마다 그(그녀)에게 주님의 은사를 더해 주소서.

그(그녀)에게 지혜와 명철의 영,

분별과 능력의 영,

지식과 주님 경외하는 영,

주님 앞에서 기뻐하는 영을

이제로부터 영원까지 내려 주소서.

아멘.

② 오! 주님, 하늘의 은혜로

주의 종 ○○○을(를) 지켜주소서.

그리하여 그(그녀)가 주님의 영원한 나라에 이르기까지

영원토록 주님의 소유가 되게 하시고

성령을 날마다 더하게 하소서.

아멘.

4. 평화의 인사

그리스도의 평화가 당신과 함께하시기를 빕니다.

아멘.

◆ 신앙의 새로운 시작을 경축하는 예식[14]

〈해설〉

1. 이 예식은 성령께서 하나님의 사람들의 신앙을 일깨우고 그들이 기독교 신앙의 순례 여정을 시작하도록 그들의 삶 가운데서 지속적으로 일하심을 증언한다. 이 예식은 다음과 같은 특정한 상황에 사용될 수 있다.

어떤 이가 예수 그리스도를 처음 믿었을 때, 그리고 그 사람이 자신의 경험을 세상에 알리고 자신의 공동체 앞에서 증언하기를 원할 때

어떤 이가 최근 그리스도 앞에 자신의 삶을 새롭게 의탁했을 때

어떤 이가 예배와 공동체의 삶에 다시 적극적으로 참여하기로 결심할 때

2. 이 예식은 주일 공예배의 일부가 된다. 이 예식은 '설교'와 '신앙고백' 다음에 위치하는 것이 적절하다. 그 다음에는 '성찬식'이 오는 것이 적당하다.

3. 이 예식은 교인들이 신앙의 새로운 시작을 경축하기 원할 때와 같은 다양한 상황에 맞춰서 적용할 수 있다.

4. 제6회와 제7회 총회에서 세례를 기억하는 의식에서 물을 어떻게

---

14 The Assembly of the Uniting Church in Australia, *UNITING in WORSHIP 2*, 109-16. 1988년에 출간한 *UNITING in WORSHIP*에서는 부활절과 오순절에 전체 회중이 행하는 공동체 세례 재확인 예식(A Congregational Reaffirmation of Baptism), 개인 세례 재확인 예식(A Personal Reaffirmation of Baptism), 언약 예식(The Covenant Service)이 있었다. 2005년 두 번째 예식서가 출간되면서 신앙의 새로운 시작을 경축하는 예식(A Celebration of New Beginnings in Faith)과 이명 교인을 환영하는 예식(Reception of a Member by Transfer)이 추가되었다.

사용할 것인가를 논의한 바, 물은 재세례와 혼동할 수 있기 때문에 (신앙의 새로운 시작을 경축하는 예식과 같은) 세례언약의 재확인 예식에서 사용되어서는 안 된다고 결정을 했다.

특별히 세례를 기억하는 의식(순서 6번)에서 물을 사용해서 다른 사람의 머리에 뿌리거나 부을 수 없고, 다른 사람을 물에 잠기게 할 수도 없다. 만약 세례를 기억하는 의식을 스스로 물에 잠기는 형식으로 거행하는 경우라면 집례자는 함께 물에 들어가서는 안 된다.

1. 소개와 환영

(예식을 원하는 사람 – 이하 대상자 – 이 목사와 장로와 함께 세례반 앞에 모여 선다.)

(목사가 다음의 말이나 유사한 내용을 말하며 예배에 대해서 소개하고 대상자를 환영한다.)

형제자매 여러분,

시시때때로 성령께서 우리의 삶에 오셔서

우리를 감동시키시고 우리를 인도하시며

그리스도와의 깊은 연합으로 인도하실 때에

우리는 우리의 신앙 여정에서 새로운 시작을 경험합니다.

오늘 우리는 하나님께서 우리에게 복을 주신 수많은 일들을 기억하며

○○○ 씨의 삶에 일어난 일로 인해서 주님을 찬양합니다.

우리 모두가 ○○○ 씨, 당신을 환영합니다.

2. 성경 낭독

(장로가 다음과 같은 성경구절을 하나 혹은 그 이상 낭독한다.)

미가 6:8 / 마태복음 7:7 / 로마서 5:8 / 로마서 8:16-17a

갈라디아서 2:19b-20 / 에베소서 4:23-24

3. 증인

(대상자가 그리스도를 체험한 일이나 신앙을 새롭게 시작하는 일에 대해서 간증을 할 수도 있다. 만약 이를 원하지 않거나 할 수 없는 경우라면 목사나 다른 사람이 공동체 앞에서 그리스도를 증언하도록 이끈 체험에 대해서 개략적으로 이야기할 수도 있다.)

4. 공동체의 반응

(장로나 적절한 사람이 다음의 말로 증언에 대해 간략하게 응답할 수 있다.)

○○○ 씨, 우리가 주 예수 그리스도의 은혜와 하나님의 사랑과 성령의 교통으로 말미암은 당신의 체험으로 인해서 기뻐합니다(고후 13:13).

(회중이 말한다.)

그리스도의 사랑으로 우리가 당신을 격려하며 당신에게 복이 내려지기를 기도합니다.

주님의 이름에 영광과 찬양이 있으리라.

할렐루야!

(장로가 박수로 축하하도록 청할 수도 있다.)

5. 찬송/송가

(대상자에게 의미가 깊은 찬양이나 송가를 부를 수 있다.)

6. 세례를 기억하는 의식

(목사는 자신의 세례를 기억하기를 원하는 사람을 초대할 수 있다. 그 과정에서 물이 세례로 해석될 수 있는 방법을 사용해서는 안 된다. 예를 들어, 목사가 대상자를 세례반 앞으로 오게 해서 물로 표시를 한다거나 실제적으로 물에 잠그는 일은 금한다. 만약 스스로 물에 잠기는 형태를 취할 경우 목사는 함께 물에 들어가서는 안 된다.)

(목사는 아래 중 하나 혹은 그 이상을 말한다.)

형제자매 여러분,

세례를 받았다는 사실을 언제나 잊지 마십시오.

그리고 감사하십시오.

(같이 하거나 별도로)

세례를 받았다는 사실을 언제나 잊지 마십시오.
그리고 다시 사신 주님께 감사를 드리십시오.

(같이 하거나 별도로)

세례를 받았다는 사실을 언제나 잊지 마십시오.
그리고 성령을 찬양하십시오.

(또한 목사는 손으로 세례반의 물을 떠서 공동체를 향해 세 번 뿌릴 수 있고, 다른 사람들이 세례를 기억하도록 초청할 수 있다.)

7. 안수 기도

(회중의 일부는 앞으로 초대되어 대상자 주위에 둘러선다. 대상자는 무릎을 꿇는다. 목사는 장로와 앞으로 나온 사람들이 대상자의 머리에 손을 얹도록 청한다. 목사가 다음의 말을 한다.)

침묵 가운데 있는 ○○○ 씨를 위하여 기도합시다.

(잠시 후 목사나 장로 혹은 다른 사람들이 자유기도나 다음 중 한 가지의 기도를 드린다.)

① 우리의 하나님이신 주님,
   주님의 사랑은 우리가 감당하기 어렵습니다.

우리가 주님을 떠났음에도 불구하고

주님은 우리를 버리지 않으셨습니다.

우리는 주님께서 ○○○을(를) 위해 행하신 모든 일을 인하여

감사를 드립니다.

성령님께서 그(그녀)를 강건하게 하셔서

그(그녀)의 믿음이 더욱 자라게 하시고

그(그녀)가 주님을 더욱 사랑하게 하시옵소서.

그(그녀)가 주님을 섬기고 증언함으로 인해

주님께서 존귀와 영광을 받으시옵소서.

예수 그리스도 우리 주님의 이름으로 기도합니다.

아멘.

② 사랑의 주님,

주님의 종 ○○○에게 복을 계속하여 부어주시기를 원합니다.

성령님께서 그(그녀) 안에 거하사 새롭게 하시는 능력을

알게 하여 주시옵소서.

우리가 그(그녀) 안에서 성령의 열매를 볼 수 있도록 도우시고

그(그녀)와 함께 그리스도의 길을 따르게 하여 주옵소서.

영광이 주님과 성령께 있사옵나이다.

아멘.

8. 강복선언

(목사가 다음 중 하나의 강복선언을 한다.)

① 하나님의 자녀요

그리스도의 종이요

성령의 전인 ○○○에게

전능하신 하나님께서 복을 주시고

영생토록 지켜주시기를 원합니다.

아멘.

② ○○○, 우리 주님 예수 그리스도의 아버지께서

당신 속에 내주하시는 성령을 통하여 속사람을 강건하게 하시기

를 원합니다.

그리스도께서 당신의 마음속에 믿음이 거하게 하시고,

하나님의 충만함으로 충만하게 하시기를 원합니다.

아멘.   -에베소서 3장 14-19절로부터

(이어서 공동체는 아론의 축도를 하거나 노래한다.)

여호와는 네게 복을 주시고 너를 지키시기를 원하며

여호와는 그의 얼굴을 네게 비추사 은혜 베푸시기를 원하며

여호와는 그 얼굴을 네게로 향하여 드사 평강 주시기를 원하노라 할

지니라.   - 민수기 6장 24-26절

(대상자는 자리에서 일어서고 모두 자신의 자리로 돌아간다.)

9. 제자도로 부름

(목사는 다른 이들이 그리스도에게 자신의 삶을 헌신할 것을 요청하거나 주님을 믿는 믿음을 재확인하도록 초청한다. 이어지는 찬양을 부르는 동안 그들이 앞으로 나올 수 있다. 회중이 이 초청에 응한다면 간략한 기도를 드릴 수 있다.)

10. 찬양/송가

(적절한 찬양이나 송가를 부른다.)

◆ 이명 교인을 환영하는 예식[15]

(장로가 대상자와 함께 앞으로 나오고 다음의 말을 한다.)

호주연합교회는

모든 교인이

십자가에 달리신 그리스도에 대한 믿음을 고백하고

그의 신실한 종이 되어야 한다는 것을 믿습니다.

교인들은 각자가 속한 교회에서 정규적으로 만나

하나님의 말씀을 듣고

성찬 성례전에 참여하며

사랑으로 서로를 세우고

교회의 많은 책임을 나누어 맡으며

세상을 섬겨야 합니다.

○○교회로부터 이명 온

○○○ 씨를 우리 교회의 세례교인으로 받아들일 것을

여러분에게 제안합니다.

(대상자가 견신례 받은 교인이라면 목사는 다음을 묻는다.)

---

15 The Assembly of the Uniting Church in Australia, *UNITING in WORSHIP 2*, 119-20.

○○○ 씨,

당신은 예수 그리스도가 구주이신 것을 확실히 믿습니까?

예, 믿습니다.

당신은 이 공동체의 교인이 되어서 교회생활과 예배에 참여할 것을
서약하십니까?

예, 서약합니다.

(대상자가 세례 받은 교인이라면 성인이든지 아동이든지 스스로 말을 할 수 있
는 한 목사가 다음을 묻는다.)

○○○ 씨,

당신은 이 공동체의 교인이 되어 교회생활과 예배에 참여할 것을 서
약하십니까?

예, 서약합니다.

(대상자가 영아이거나 유아인 경우 목사는 부모나 보호자에게 묻는다.)

○○○, ○○○ 씨,

당신은 ○○○이(가) 이 공동체의 교인이 되어 교회생활과 예배에
참여하도록 할 것을 서약하십니까?

예, 서약합니다.

(목사는 회중에게 묻는다.)

여러분은 ○○○을(를) 이 공동체의 교인으로 받아들이며
신의와 협조로 돕기 위해 노력하겠습니까?
예, 노력하겠습니다.

(새로운 교인과 회중을 위해서 아래의 기도를 드리거나 자유기도를 드린다. 이
기도는 회중기도의 다른 중보기도 가운데 포함될 수도 있다.)

기도합시다.

오 하나님 아버지,
우리를 믿음으로 부르시고
그리스도의 몸인 교회로 모아주신
주님께 감사를 드립니다.
주님의 백성들이 이 공동체를 이루게 하시고
믿음 안에서 형제(자매)된 ○○○을(를) 기쁨으로 더하여 주시니
감사를 드립니다.

우리가 한 성령 안에 거하고
서로 사랑하며
교회의 생활을 나누고
세상을 섬기게 하여 주시옵소서.

우리 주님 예수 그리스도의 이름으로 기도합니다.

아멘.

(목사가 새로운 교인의 손을 잡고 말한다.)

○○○ 씨, 환영의 표시로

우리가 당신에게 친교의 오른손을 듭니다.

(장로와 회중의 대표가 앞으로 나와서 새로운 교인에게 인사한다. 한 사람이
회중을 대표해서 환영의 말을 할 수도 있다.)

◆ 은퇴를 전후한 세례의 재확인[16]

(경우에 따라 아래 본문 가운데 일부를 생략할 수도 있다. 은퇴하는 사람이 여 럿일 경우 빈칸에 모든 사람의 이름을 반복하기보다는 새로운 내용을 삽입하는 것이 좋다. 이 의식은 노년에 직업의 변화를 경험하는 사람을 위해 수정해서 사용 할 수도 있다.)

1. 신앙의 고백과 재헌신

(세례를 재확인하는 사람이 함께 있는 가운데 인도자가 회중에게 말한다.)

○○○이(가) 은퇴를 맞이하여
하나님과 신앙공동체 앞에서
하나님에 대한 신앙을 재확인하기 위해서,
예수 그리스도 안에서 세례를 받을 때 주어진 하나님의 생명수가
그들의 삶 속에서 현존하고 움직이고 있음을 경축하기 위해서,
그리고 하나님의 성령의 인도하심 아래서 그의 앞에 펼쳐지는
새로운 삶의 지평에 모험하기로 재헌신하기 위해서 나아옵니다.

(인도자가 대상자에게 말한다.)

○○○, 하나님과 이 신앙공동체 앞에서 당신의 삶의 여정 가운데

---

16 Browning and Reed, *Models of Confirmation and Baptismal Affirmation*, 243-46.

함께하시는 하나님의 임재에 대한 당신의 믿음을 재확인하십시오.

(대상자는 다음 성경구절을 읊으면서 신앙을 재확인한다.)

오, 은혜로우신 하나님,

내가 옛날을 기억하고 주의 모든 행하신 것을 읊조리며

주의 손이 행하는 일을 생각하고 주를 향하여 손을 펴고

내 영혼이 마른 땅같이 주를 사모하나이다(시 143:5-6).

주님, 주님이야말로 내가 받을 유산의 몫입니다.

주께서는 나에게 필요한 모든 것을 주십니다.

나의 운명은 주님의 손 안에 있습니다(시 16:5).

2. 물에 대한 감사

(대상자는 사람은 무릎을 꿇는다. 인도자가 아래 본문을 읽는 동안 평신도 한 사람이 세례반에 물을 붓는다.)

은혜로우신 하나님,

○○○의 삶 속에 주님의 생명수가 발견됨을 인하여

주님께 감사와 찬양을 돌려드립니다.

그가 어머니의 태 속 물에 의해 둘러싸여 은밀하게 자라고 있을 때,

이미 주님은 그가 거기에 있음을 알고 계셨습니다.

아직까지 그가 말하는 법조차 알지 못할 때,

세례의 물은 주님께서 그에게 이미 부어주셨던 사랑을 선포했습니다.

그가 목말라할 때,

주님은 그의 메마른 심령을 적셔주시는 샘물이었습니다.

축복의 소나기는 그의 삶을 계속해서 풍성하게 만들었고,

주님의 은혜는 그를 깨끗하고 새롭게 만들어 주었습니다.

그는 주의 성령에 의해 힘을 공급받았고

주의 백성의 방주 곧 이 교회를 통해 보호받았으며

주의 능력과 사랑의 시냇물을 따라 평생을 지내왔습니다.

인도자: 은혜로우신 하나님, 이 모든 일을 인하여

　　　　우리가 주님께 감사하고 경배합니다.

회　　중: 우리 안에 주어진 생명의 선물 ○○○을(를) 인하여 감사드립니다.

　　　　그의 삶 속에 주님의 생명수가 발견됨을 인하여 경배합니다.

　　　　그의 섬김의 삶이 성령의 도구가 되었음을 인하여 경배합니다.

　　　　그가 새로운 기회의 시간을 맞이하여

　　　　새로운 지평을 향해 항해하고

　　　　새로운 사역의 길을 찾을 수 있게 하심을 인하여 경배합니다.

3. 물에 대한 축복

우리의 과거와 현재와 미래의 하나님,

주님의 성령이 이 수면 위를 운행하게 하셔서

우리의 과거의 약속과 축복을

새로운 지평의 비전과

새로운 여정과

새로운 기회와

새로운 사역의 표현과

새로운 생명으로 변화시키게 하소서. 아멘.

(대상자는 자리에서 일어서고, 인도자는 이마에 물로 십자가 성호를 긋는다.)

○○○, 은퇴하는 이 시점에 성령의 부표를 달고

그리스도의 생명수를 공급받으며

하나님의 보호 속에 행하라.

성부와 성자와 성령의 이름으로. 아멘.

(인도자가 회중에게 말한다.)

○○○이(가) 하나님과 이 신앙공동체 앞에서

하나님과 함께하는 그의 신앙 여정을 재확인하였습니다.

(회중에게 질문한다.)

새로운 지평으로 항해하는 과정의 불확실성을 알고 있는 여러분은

새로운 모험을 시작하는 그를 격려하고 보호하기로 약속하십니까?

그가 은퇴하는 이 시점에 여러분은 성령의 바람과 예수 그리스도의

생명수 시내의 인도를 따라 그를 붙들어줄 것을 약속하십니까?

네, 약속합니다.

여러분은 예수 그리스도에 대한 신앙을 재헌신하는 그의 순례 여정에서 그의 동반자가 될 것을 약속하십니까?

네, 약속합니다.

(목사는 혹시 회중 가운데 신앙의 재헌신을 다짐하는 이 시간에 동참하고 싶은 사람이 있다면 앞으로 나오라고 권면할 수 있다.)

4. 마무리기도

은혜로우신 하나님,

우리에게 주님의 모든 축복을 가져다준

주님의 물을 인하여 주님께 감사드립니다.

우리를 둘러싸고 있으며

우리에게 힘을 공급하고

우리를 인도하는 생명수,

우리의 필요를 채워주는 그 생명수는

우리의 존재를 새롭게 창조하며

우리를 미지의 새롭고 흥분되는 지평으로 옮겨놓습니다.

예수 그리스도 안에서 생명을 주시는 세례를 받을 때

우리에게 주어졌던 놀라운 능력과 은혜에

우리가 우리 자신을 재헌신할 때

○○○과(와) 함께, 그리고 우리 모두와 함께하소서. 아멘.

◆ 특수한 상황(군대에서 세례 받은 사람)을 위한 세례언약 재확인 예식[17]

(이 예식은 물을 담은 세례반이나 세례조에서 거행한다. 설교가 끝난 뒤에 적절한 찬송, 시편, 또는 영가나 적절한 음악을 부르는 가운데 대상자는 세례반 앞으로 나온다.)

1. 소개
장로: 당회를 대신하여

○○○과(와) ○○○을(를) 이미 받은 세례언약의 재확인에 추천합니다.

이들이 이제 군대에서 받은 세례언약을 재확인하며

자신의 신앙을 공개적으로 고백하기를 원하며

교회생활에서, 그리고 하나님께서 이 세계 속에서 맡기신 사명 가운데서 더 큰 책임을 맡기를 원하고 있습니다.

(목사가 이어서 말한다.)

여러분이 군대에서 받은 세례언약을 재확인하며

우리의 공동 사역에 동참하기를 원함을

온 성도와 함께 기뻐합니다.

여러분은 세례를 받음으로 그리스도와 연합했고

17　필자의 논문에 수록된 것으로 BCW, 『공동예배서』, 552-59을 각색한 것이다.

그의 교회의 지체가 되었습니다.

이제 이 성경의 말씀을 들으시기 바랍니다.

(목사가 다음 중 몇 구절을 택하여 낭독한다.)

에베소서 2:19-22 / 베드로전서 2:9
에베소서 2:10 / 마태복음 5:14-16

2. 포기의 서약

(목사가 대상자와 회중을 향해)

이제 모든 회중 앞에서 자신의 신앙을 선언하는 여러분에게 내가 권
하노니
군대에서 세례를 받고 무거웠던 마음의 죄를 버리고
그리스도 예수 안에서 신앙을 고백하며
여러분이 세례를 받은 이 교회의 신앙을 고백하십시오.

여러분은 하나님의 자비로우신 은혜를 의지하여
군대에서 세례를 받고 억눌렸던 마음에서 돌이키고
세상의 악과 그 권세를 버리겠습니까?
예, 버리겠습니다.

여러분은 예수 그리스도께로 돌아와

그리스도를 주님과 구주로 모시고
주님의 은혜와 사랑을 의지하겠습니까?
예, 의지하겠습니다.

여러분은 그리스도의 신실한 제자가 되어
주님의 언약의 말씀에 순종하여 주님의 사랑을 나타내겠습니까?
예, 그리하겠습니다.

3. 신앙고백

(목사가 이어서)

온 교회와 함께 우리의 신앙을 고백합시다.

(회중은 자리에서 일어선다. 사도신경으로 신앙의 고백을 하되 문답 형식으로
하거나 직접 암송하는 형식으로 한다.)

다 함께 기도합시다.

자비로우신 하나님!
물과 성령으로 우리를 하나님 소유로 주장하시고
우리를 죄로부터 씻으시며 새 생명을 우리에게 주셨습니다.
또한 우리를 주님의 몸 된 교회의 지체로 삼으시고
이 세상에서 주님의 종으로 부르셨습니다.

주님께서 ○○○과(와) ○○○에게 세례언약 재확인을 통해
이들에게 허락하신 언약을 새롭게 하여 주소서.
또한 이들 안에서 행하신 선행을 이어가소서.
성령의 능력으로 이들을 보내셔서
기쁨으로 주님을 사랑하며 섬기게 하시고
온 땅에서 정의와 평화를 위해 살게 하소서.
우리 주 예수 그리스도의 이름으로 기도합니다. 아멘.

4. 물에 대한 감사[18]

(다음 교독문을 읽는 동안 평신도 한 사람이 세례반에 물을 붓는다.)

인도자: 하나님, 주님이 창조하신 '선한' 세상을 인하여 주님께 감사
드립니다.

회　　중: 고요하고 잠잠한 호수는 주님의 평화를 반사하고,

인도자: 별들로 가득한 하늘은 주님의 무한함을 반사하고,

회　　중: 가지를 길게 뻗은 키 큰 나무는 주님의 조용한 능력을 반사하고,

인도자: 부드러운 산들바람은 주님의 따뜻한 사랑을 반사하고,

회　　중: 새와 다른 동물들은 말이 필요 없는 가치를 반사하고,

인도자: 계절들은 변화와 변혁을 반사하고,

회　　중: 꽃들은 정교한 아름다움을 뿜어내고,

인도자: 씨앗들과 어린 생명들은 희망을 반사하고,

18　Browning and Reed, *Models of Confirmation and Baptismal Affirmation*, 248-49.

회　　중: 추수는 선물과 풍성함을 반사합니다.

다함께: 이 모든 것들을 인하여 우리는 주님께 감사와 찬양을 돌립니다.

인도자: 주 하나님, 우리와 주님 사이에, 또한 우리 서로 사이에

　　　　맺어진 언약의 관계를 인하여 주님께 감사드립니다.

회　　중: 성경 안에 기록된 풍부한 신앙 이야기들과

인도자: 주님의 아들 예수 그리스도의 선물과

회　　중: 결혼과 친구관계와 직장관계 속에서

　　　　주님의 은혜와 사랑의 통로가 되는 우리 모두의 선물과

인도자: 서로를 격려하고 인도하고 가르치고 용서하고 사랑하는

　　　　성령 충만한 이 공동체의 선물을 인하여

다함께: 이 모든 것을 인하여 우리는 주님께 감사와 찬양을 돌립니다.

　　　　우리는 하나님의 사랑의 세례 강물 안에서

　　　　용납되고 깨끗해지고 강건해진 살아 있는 축복들입니다.

　　　　우리는 세상과 마찬가지로 하나님의 현존의 성례가 될 수 있습니다.

5. 안수기도

(대상자들은 무릎을 꿇는다. 목사가 각 사람의 머리에 손을 얹고 기도한다. 다음 중 하나의 기도를 하다 이때 준비해 둔 기름을 사용하여 이들의 이마 위에 십자가 표시를 할 수도 있다.)

① ○○○, 이제 가서 하나님 아버지의 축복을 받고

　　그 아들 예수 그리스도의 인도를 따라 살며

하나님의 성령의 능력을 공급받아

이 세상 속에서 하나님의 현존의 성례가 되길 기도합니다.[19]

아멘.

② 오! 주님, ○○○을(를) 성령으로 붙들어 주시옵소서.

말마다 그(그녀)에게 주님의 은사를 더해 주셔서

그(그녀)에게 지혜와 명철의 영,

분별과 능력의 영으로 함께하소서.

또한 지식과 주님 경외하는 영,

주님 앞에서 기뻐하는 영을 덮으셔서

이제로부터 영원까지 내려 주시기를 기원합니다.

아멘.

(안수기도가 다 끝난 뒤에 이들이 모두 자리에서 일어선다.)

영광의 하나님!

군대에서 세례 받고 주님의 성찬 앞에서 괴로워했던

하나님의 종들을 보호의 손길로 지키시고

영원토록 성령께서 그들과 함께하여 주시옵소서.

이제는 그들로 하여금 하나님의 언약의 말씀을 믿고 순종하게 하셔서

이 세상에서 사는 동안 주님을 섬기며

---

19 위의 책, 249.

저 세상에서 영원토록 하나님과 함께 거하게 하소서.
우리 주 예수 그리스도의 이름으로 기도합니다. 아멘.

6. 환영의 인사

(당회의 대표나 목사가 다음과 같은 말로 회중에게 소개한다.)

○○○과(와) ○○○은(는) 군대에서 받은 세례언약을 재확인함으로
세례를 받을 때에 하나님께서 주신 언약 안에 머물러 있을 것을 밝
혔습니다.
위와 함께 교회의 예배와 사명에 동참할 이들을 환영합시다.

(회중이 응답한다.)

○○○이(가) 우리와 더불어 그리스도의 사역에 동참함으로
기쁨과 감사함으로 환영합니다.
우리 모두는 그리스도 안에서 하나입니다.

7. 평화의 인사

목사: (세례반 앞에서 회중을 향해) 그리스도의 평화가 여러분과
　　　함께하시기를 기원합니다.
회중: 목사님과도 함께하시기를 빕니다.

(회중은 세례언약 재확인하는 이들을 환영하며 하나님의 평화의 인사를 나눈다.)

◆ 가족 가운데 죽음을 당한 사람을 위한 세례언약 재확인 예식[20]

1. 예배로 부름[21]

(회중과 세례언약을 재확인하는 사람들은 시편 77편 1-2, 11-20절을 교독한다. 회중은 얇은 글씨 부분을, 가족 가운데 죽음을 당한 사람들은 굵은 글씨 부분을 읽는다.)

내가 내 음성으로 하나님께 부르짖으리니
하나님께 내 음성으로 부르짖으면
내게 귀를 기울이시리로다.

나의 환난 날에 내가 주를 찾았으며
밤에는 내 손을 들고 거두지 아니하였나니
내 영혼이 위로받기를 거절하였도다.

곧 여호와의 일들을 기억하며
주께서 옛적에 행하신 기이한 일을 기억하리이다.
또 주의 모든 일을 작은 소리로 읊조리며
주의 행사를 낮은 소리로 되뇌이리이다.

---

20 Browning and Reed, *Models of Confirmation and Baptismal Affirmation*, 238-39을 기초로 각색한 것이다.

21 정장복 외 5인, 『2007년도 교회력에 따른 예배와 설교 핸드북』(서울: 예배와설교아카데미, 2006), 374.

하나님이여, 주의 도는 극히 거룩하시오니
하나님과 같이 위대하신 신이 누구오니이까?
주는 기이한 일을 행하신 하나님이시라.
민족들 중에 주의 능력을 알리시고
주의 팔로 주의 백성 곧 야곱과 요셉의 자손을 구속하셨나이다(셀라).

하나님이여, 물들이 주를 보았나이다.
물들이 주를 보고 두려워하며 깊음도 진동하였고
구름이 물을 쏟고 궁창이 소리를 내며 주의 화살도 날아갔나이다.

회리바람 중에 주의 우뢰 소리가 있으며
번개가 세계를 비춰며 땅이 흔들리고 움직였나이다.
주의 길이 바다에 있었고 주의 곧은 길이 큰 물에 있었으나
주의 발자취를 알 수 없었나이다.

다함께 : 주의 백성을 양떼 같이 모세와 아론의 손으로 인도하셨나이다.

2. 예식사

(목사가 대상자들과 회중을 향해)

오, 하나님, 우리가 주님의 모든 놀라운 일들에 관해 묵상합니다.
주님이 주신 모든 선물들을 인하여,
이제는 고인이 된 우리의 사랑하는 사람의 삶 속에

주님이 세밀하게 간섭하셨던 일들을 인하여 주님께 감사드립니다.

우리는 생명의 물을 다스리시는 주님의 능력을 찬송합니다.

주님의 능력은

혼돈의 물에서 만물을 창조하셨고,

거대한 물을 관통하여 우리를 인도하셨고,

바위에서 물이 흘러나오게 하셨고,

강물이 변하여 세례의 물이 되게 하셨고,

생명수는 우리의 갈증을 만족시켜 주셨고,

요동하는 바다를 잠잠하게 하셨습니다.

오늘 우리는 두려움 가운데

주님의 능력을 재확인하며 나아옵니다.

우리의 마음은 상실로 인해 무거워졌고,

우리의 시야는 눈물로 인해 흐려졌으며,

주님의 발자국은 눈에 보이지 않습니다.

3. 포기의 서약

이제 여러분들에게 권하노니

다시 한 번 상실과 슬픔의 마음을 버리고

그리스도 예수 안에서 신앙을 고백하며

우리가 세례를 받은 이 교회의 신앙을 고백하십시오.

여러분은 하나님의 자비로우신 은혜를 의지하여

가족의 죽음으로 인한 슬픔에서 돌이키고,

세상의 악과 그 권세를 버리겠습니까?
예, 버리겠습니다.

여러분은 예수 그리스도께로 돌아와
그를 주님과 구주로 모시고
그의 은혜와 사랑을 의지하겠습니까?
예, 의지하겠습니다.

여러분은 그리스도의 신실한 제자가 되어
그의 말씀에 순종하여 슬픔과 상실에서 벗어나
성령의 도우심에 의지하여 살아가겠습니까?
예, 그리하겠습니다.

4. 신앙고백

(목사가 이어서 "온 교회와 함께 우리의 신앙을 고백합시다."라고 말한다.)

(회중은 자리에서 일어서서 사도신경으로 신앙의 고백을 하되 문답 형식으로
하거나 직접 암송하는 형식으로 한다.)

5. 물에 대한 감사기도

오, 하나님, 주님의 성령을 이 물에 부으셔서
이 물로 우리를 깨끗하고 온전하고 새롭게 만드는
세례의 물이 되게 하옵소서.
슬픔에 잠긴 친구들과 함께 강에 모인 우리들에게

주님의 능력을 부어주셔서

주님의 발자국이 우리의 발자국 안에 보이게 하시고

우리로 그들을 격려하고, 위로하고, 사랑하게 하소서. 아멘.

6. 안수기도

(물로 이마에 십자가 성호를 긋는다. 혹은 이마에 물을 살짝 묻힌다.)

〈안수기도문〉

○○○, 깊은 물을 지날 때에 두려워하지 마십시오.

그 물은 결코 여러분을 삼킬 수 없을 것입니다.

왜냐하면 성부, 성자, 성령께서 여러분과 함께 계시기 때문입니다.

아멘.

7. 기쁨의 선언

(당회의 대표나 목사가 다음과 같은 말로 가족 가운데 죽음을 맞이한 사람들과

회중에게 선언한다.)

하나님의 백성들이여,

이들이 슬픔에 잠겨 있는 이때, 이들과 함께 여기(세례반)에 모여

그들을 격려하고, 위로하고, 사랑합시다.

그러면 하나님의 발자국이 우리의 발자국을 통해 보이게 될 것입니다.

8. 평화의 인사

목사: (세례반 앞에서 회중을 향해) 그리스도의 평화가 여러분과 함께
　　　하시기를 기원합니다.

회중: 목사님과도 함께하시기를 빕니다.

◆ 주안장로교회(알곡페스티벌)[1]

주안 한가족 언약식 순서

〈 I 부 예배〉

인도 : ○ ○ ○ 목사

기　원 ··	인도자
찬　송 ··	다같이
합심기도 ···	다같이
성경봉독 ···	인도자
찬　양 ··	찬양대
교회소식 ·············· (영상) ·················	다같이
설　교 ··	담임목사
설교 후 기도 ······································	설교자

〈 II 부 주안 한가족 언약식〉

환영영상 ···	다같이
예 식 사 ···	담임목사
예식 참여자 호명 ·····························	○ ○ ○ 장로

* 예식 참여자들은 자리에서 일어섭니다.

말씀봉독 ···	담임목사

---

1 알곡은 새가족이 되어 기본적인 성경공부(5주) 혹은 뉴라이프(8주)를 거치고 난 후 12주를 출석할 경
우 교회의 정식 멤버가 되는 멤버십이다. 이렇게 교회는 알곡이 된 성도들을 단순히 축하하는 수준에서
머무는 것이 아니라, 입교 예식을 통해 교회의 정식 멤버가 되었음을 온 교회 앞에서 선포함으로 더욱
소속감을 갖도록 기획된 예식이다. 알곡페스티벌은 전통적인 입교 예식(BCW)을 초안으로 하여 교회
의 정식 멤버가 되도록 하는 예식이다.

헌신의 서약 ································· 담임목사

담임목사의 권면 ······························· 담임목사

*헌신의 서약 ····························· 언약식 참여자들

*신앙고백 ············· 사도신경 ············· 다같이

*목회기도 ··································· 담임목사

안수기도 ····································· 교역자

*결단의 찬송 ··········· 주님 다시 오실 때까지 ··········· 다같이

환영의 인사 ································· 다같이

담임목사의 환영의 인사 ······················· 담임목사

회중의 응답 ································· 온 회중

축복송 ··············· 야곱의 축복 ··············· 다같이

평화의 인사 ································· 다같이

그리스도의 평화가 당신과 함께하시기를 빕니다.

찬   송 ··············· 2장 ··············· 다같이

축   도 ································· 담임목사

1. 주안 한가족 언약식 기념 환영 영상

(설교자의 설교 기도 후 환영 영상을 바로 송출한다.)

2. 예식사

담임목사: 이 시간 주안 한가족 언약 예식을 시작하겠습니다.

① 예식 참여자 호명 / ○○○ 장로

이제 모든 새가족 과정을 마치고 주안장로교회 알곡성도가 되어 우리와 함께 한 언약공동체가 될 분들을 성도들 앞에 추천하겠습니다. 관교교구 ○○○ 성도 외 820명을 주안장로교회 언약공동체의 한가족으로 추천합니다. 이들은 이제 예수 그리스도에 대한 신앙 속에서 주안장로교회의 한 언약공동체에 소속되길 원하며, 교회의 가르침 속에서 교회와 세계 속에서 하나님께서 맡겨주신 사명을 감당하길 원합니다.

(시간 관계상 대표자의 이름만을 호명하며, 호명할 때 언약 예식에 참여하는 모든 성도들은 자리에서 일어난다.)

② 말씀봉독/담임목사

여러분이 자기 신앙을 고백하고 우리의 공동 사역에 동참하기 원함을 온 성도와 함께 기뻐합니다. 여러분은 그리스도의 은총 속에서 이제 주안장로교회의 한 언약공동체의 지체가 됩니다. 이제 이 성경말씀을 들으십시오.

"그러므로 이제부터 너희는 외인도 아니요, 나그네도 아니요, 오직 성도들과 동일한 시민이요, 하나님의 권속이라. 너희는 사도들과 선지자들의 터 위에 세우심을 입은 자라. 그리스도 예수께서 친히 모퉁잇돌이 되셨느니라. 그의 안에서 건물마다 서로 연결하여 주 안에서 성전이 되어 가고, 너희도 성령 안에서 하나님이 거하실 처소가 되기 위하여 그리스도 예수 안에서 함께 지어져 가느니라"(엡 2:19-22).

3. 헌신의 서약

① 담임목사의 권면

이제 모든 회중 앞에서 하나님의 한 언약공동체가 되기를 원하는 여러분에게 권면합니다. 그리스도 예수 안에서 신앙을 고백하며, 여러분이 참여한 이 교회에의 헌신을 고백하십시오.

② 헌신의 서약

질문: 여러분은 하나님의 자비로우신 은혜를 의지하여 죄의 길에서 돌이키고 세상의 악과 그 권세를 버리겠습니까?

대답: 예, 버리겠습니다.

질문: 여러분은 예수 그리스도만을 주님과 구주로 모시고 그의 은혜와 사랑을 의지하겠습니까?

대답: 예, 의지하겠습니다.

질문: 여러분은 주안장로교회의 언약공동체의 한 지체가 되어 교회의 가르침에 기쁜 마음으로 순종하겠습니까?

대답: 예, 기쁜 마음으로 순종하겠습니다.

질문: 여러분은 주안장로교회의 언약공동체의 한 지체로서 기도와 봉헌으로, 학습과 봉사로 예배와 섬김에 동참하여 예수 그리스도의 제자로 부르신 부름에 합당하게 살겠습니까?

대답: 예, 하나님의 도우심으로 그렇게 살겠습니다.

③ 신앙고백

담임목사 : 이제 함께 사도신경으로 우리의 신앙을 고백하겠습니다.

나는 전능하신 아버지 하나님, 천지의 창조주를 믿습니다.

나는 그의 유일하신 아들, 우리 주 예수 그리스도를 믿습니다.

그는 성령으로 잉태되어 동정녀 마리아에게서 나시고,

본디오 빌라도에게 고난을 받아 십자가에 못 박혀 죽으시고,

장사된 지 사흘 만에 죽은 자 가운데서 다시 살아나셨으며,

하늘에 오르시어 전능하신 아버지 하나님 우편에 앉아 계시다가,

거기로부터 살아 있는 자와 죽은 자를 심판하러 오십니다.

나는 성령을 믿으며, 거룩한 공교회와 성도의 교제와

죄를 용서받는 것과 몸의 부활과 영생을 믿습니다. 아멘."

④ 목회기도/담임목사

은혜로우신 하나님, 예수 그리스도 안에서 우리와 영원한 언약을 세우시고, 우리의 모든 죄악을 용서하사 우리를 하나님의 언약 백성으로 삼아주셨습니다. 또한 우리를 주님의 몸된 주안교회의 지체로 삼으시고 이 세상에서 주님의 종으로 부르셨습니다. 이 시간 주님의 은혜를 깨닫고 신앙을 고백하며, 주님의 언약 아래 있기를 소망하는 모든 성도에게 성령의 능력을 부어주옵소서. 기쁨으로 주님을 사랑하며 섬기게 하시고, 온 땅에서 정의와 평화를 위해 살게 하소서. 우리 주 예수 그리스도의 이름으로 기도합니다. 아멘.

4. 안수기도/교역자

담임목사 : 모두 자리에 앉아 주시길 바랍니다.

이제 언약식에 참여하는 성도들을 안수하며 축복기도할

때, 성도님들은 한 마음으로 함께 기도해 주시길 바랍니다.

(잔잔한 찬송이 연주된다.)

(1) 교구장들과 도우미들은(십자가 목걸이를 들고) 언약식 참여자
들이 있는 의자로 가서 지정된 열에 선다.
(2) 교구장들은 자신이 맡은 열에 앉아 있는 참여자들을 정해진 안
수기도의 형식에 따라 안수기도한다. (안수기도할 때, 꼭 참여자의
이름을 호명하며 안수기도한다. 참여자는 이름표를 달고 있다.)

〈안수기도문〉
"오! 주님, 하나님의 은혜로
주님의 언약 백성인 ○○○ 성도를 지켜 주옵소서.
그리하여 ○○○ 성도가 주님의 영원한 나라에 이르기까지
영원토록 주님의 소유가 되게 하시고,
성령의 은혜를 날마다 더하게 하소서. 예수님의 이름으로 기도
하옵나이다."
"아멘."

(3) 기도 후 준비된 십자가 목걸이를 참여자들의 목에 걸어준다.
(4) 교구장들은 담당한 열에 앉아 있는 모든 참여자를 순서대로 안
수기도하고 반대편 열에 서 있다가 모든 열에서 안수기도가 끝
나면 동시에 퇴장한다.

(안수기도가 다 끝나면 참여자들은 십자가 목걸이를 목에 걸고 모두 자리에 앉는다. 이때 담임목사는 마무리 기도를 한다.)

영원히 우리와 함께하시는 하나님 아버지, 여기에 있는 귀한 하나님의 백성들을 보호의 손길로 지키시고, 영원토록 성령께서 그들과 함께하옵소서.
그들로 하여금 하나님의 말씀을 알고 순종하게 하셔서 이 세상에 사는 동안 주님을 섬기며, 주님이 오시는 그날, 생명의 면류관, 영광의 면류관을 쓰게 하시고 영원토록 하나님과 함께 거하게 하소서. 우리 주 예수 그리스도의 이름으로 기도합니다. 아멘.

5. 결단의 찬송 : 주님 다시 오실 때까지(모두 함께 일어서서)

6. 환영의 인사

① 담임목사의 환영의 인사

이제 이분들은 자기 신앙을 고백함으로 주안장로교회의 한 언약 공동체의 지체가 되었습니다. 우리와 함께 교회의 예배와 사명에 동참할 이들을 큰 기쁨으로 환영합시다.

② 회중의 응답

여러분들이 우리와 더불어 그리스도의 사역에 동참함을 기쁨과 감사함으로 환영합니다. 우리 모두는 그리스도 안에서 하나입니다.

③ 축복송: 야곱의 축복

   (전회중은 참여자들을 향해 두 손을 펼치고 야곱의 축복을 부른다.)

7. 평화의 인사

다함께 자리에서 일어나서 서로를 향해 인사하겠습니다.

"그리스도의 평화가 당신과 함께하시기를 빕니다."

8. 찬송 후 축도

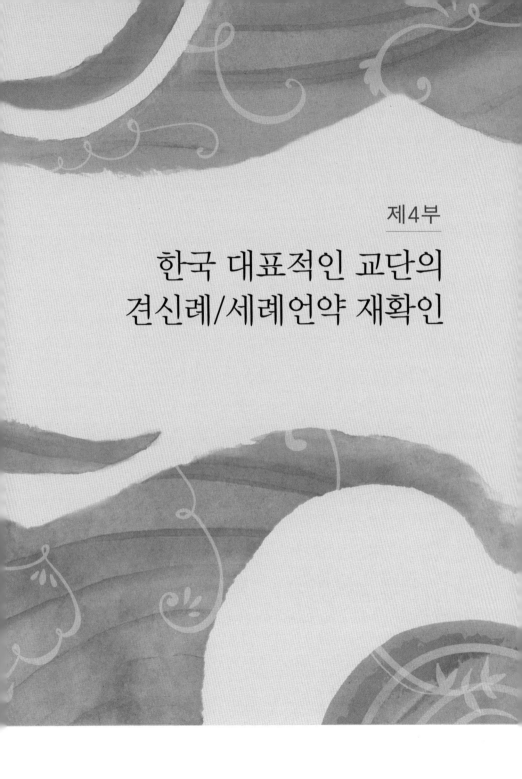

제4부

한국 대표적인 교단의
견신례/세례언약 재확인

제10장

세례서약 갱신, 세례언약 갱신, 세례언약 재확인 예식

우리는 앞에서 논의한 바와 같이 "견신례"의 뿌리를 세례에서 발견할 수 있다. 세례의 '갱신'을 청소년기 이후와 이전의 삶의 단계들로 확대시킬 때 우리는 적절한 예전이 부족하다는 현실에 직면하게 된다. 제5장에서 미국의 7개 교단의 견신례(세례 확증)/세례언약 재확인을 정리하였다. 따라서 한국의 교단들의 견신례(세례 확증)/세례언약 재확인은 어떻게 진행되고 있는가에 대한 궁금증이 증폭될 것이다. 필자의 조사에 의하면, 대부분의 교단에서 견신례(세례 확증)/세례언약 재확인에 대한 다양한 반응이 나타나고 있다. 그런데 대부분은 입교의 개념으로의 견신례(견진)가 시행되고 있음을 발견할 수 있다. 따라서 마지막 부분에서 한국의 교단들 중에서 시행되고 있는 세례서약 갱신, 세례언약 갱신, 세례언약 재확인 예식을 소개하고자 한다.

한국천주교회

한국천주교회에서 세례 성사는 일생에 한 번 거행할 수 있다. 입교도 세례와 마찬가지로 일생에 한 번 거행한다. 그러면서 매년 부활절 전야(밤)에 전회중이 함께 세례 성사를 기억하는 의미의 '세례서약 갱신'을 실시한다. 여기서 그 예전을 소개하고자 한다.

세례서약 갱신[1]

세례 예식(과 견진 예식)이 끝난 다음에, 또는 세례 성사와 견진이 없을 때에는 세례수를 축복한 다음에 모든 이가 촛불을 켜 손에 들고 서서 세례 성사 때에 한 신앙의 약속을 새롭게 한다. 사제는 다음의 말이나 다른 비슷한 말로 교우들에게 권고한다.

† 친애하는 형제 여러분,
　우리는 세례로 파스카 신비에 참여하여
　그리스도와 함께 죽고 그리스도와 함께 새 생명으로 살아났습니다.
　그러므로 우리는 오늘 사순 시기를 마치며
　마귀와 그 행실을 끊어 버리고
　거룩한 가톨릭교회 안에서
　하느님을 섬기겠다고 다짐한 세례 서약을 새롭게 합시다.
† 여러분은 마귀를 끊어 버립니까?

1 　한국천주교 주교회의, 『성주간(개정신안)』(서울: 한국천주교 중앙협의회, 2000), 92-94.

◎ 예, 끊어 버립니다.

✝ 마귀의 모든 해실을 끊어 버립니까?

◎ 예, 끊어 버립니다.

✝ 마귀의 모든 유혹을 끊어 버립니까?

◎ 예, 끊어 버립니다.

(또는 아래 양식을 사용할 수 있다.)

✝ 하느님의 자녀로서 자유를 누리기 위하여 죄를 끊어 버립니까?

◎ 예, 끊어 버립니다.

✝ 죄의 지배를 받지 않기 위하여 악의 유혹을 끊어 버립니까?

◎ 예, 끊어 버립니다.

✝ 죄의 뿌리인 마귀를 끊어 버립니까?

◎ 예, 끊어 버립니다.

✝ 천지의 창조주 전능하신 천주 성부를 믿습니까?

◎ 예, 믿습니다.

✝ 동정 마리아께 잉태되어 나시고

　고난을 받으시고 묻히셨으며

　죽은 이들 가운데서 부활하시고

　성부 오른편에 앉으신 독생 성자 우리 주 예수 그리스도를 믿습

　니까?

◎ 예, 믿습니다.

✝ 성령과, 거룩하고 보편된 교회와

모든 성인의 통공과 죄의 용서와, 육신의 부활과
영원한 삶을 믿습니까?

◎ 예, 믿습니다.

(사제는 아래의 기도로 세례서약 갱신 예식을 끝맺는다.)

✝ 우리 주 예수 그리스도의 아버지, 전능하신 하느님,
저희 죄를 용서하시고 저희를 물과 성령으로 다시 나게 하셨으니
우리 주 예수 그리스도 안에서
주님의 은총으로 지켜 주시며 영원한 생명을 주소서.

◎ 아멘.

(사제가 교우들에게 성수를 뿌린다. 그때에 모두 아래의 노래를 부른다.)

◎ 성전 오른편에서 흘러내리는 물을 보았노라. 알렐루야, 알렐루야.
그 물이 가는 곳마다 모든 이가 구원되어 노래하리라.
알렐루야, 알렐루야.

(또는 세례 성사의 뜻을 말해 주는 다른 노래를 부를 수도 있다.)

노래하는 동안 새로 세례 받은 교우들이 회중 가운데 자기 자리로
돌아간다. 세례수를 세례대에서 축복하지 않았으면 복사들이 경건
하게 세례수를 세례대로 옮겨 놓는다.

성수를 뿌린 다음 사제는 주례석으로 가서 새로 입교한 교우들이 최초로 참여하는 보편 지향 기도를 주도한다. 신경은 생략한다.

그 다음에 사제는 제대로 가서 보통 때와 같이 성찬 전례를 시작한다.

대한성공회

대한성공회에서는 초기에는 '세례 재언약식'(Reaffirmation of Baptismal Vows)으로 표기하였지만 현재는 '세례언약 갱신'이라는 단어를 사용한다. 따라서 부활절 전야(밤)에 있는 '세례언약 갱신' 부분이다.[2]

1) 부활절 전야(밤) 예식

2) 말씀의 전례

3) 세례언약 갱신

(세례식이 있을 경우 설교 후에 세례식을 한다. 세례식을 할 경우 회중은 아래 세례언약을 세례후보자와 함께함으로써 서약 갱신을 대신할 수 있다. 모두 일어서고 집전자는 아래와 같이 말한다.)

✝ 사랑하는 교우 여러분, 과월절 신비 안에서 우리는 세례로 말미암아 그리스도와 함께 묻히고 그리스도와 함께 새로운 생명으로

---

2 대한성공회, 『성공회 기도서 2004』, 134-45.

부활합니다. 우리는 그리스도께 헌신하기로 결심하는 엄숙한 약속인 세례언약을 갱신함으로써 마귀와 마귀의 모든 일을 거절하고, 거룩한 교회 안에서 하느님을 충실히 믿고 섬길 것을 새롭게 서약합시다.

문) 여러분은 하나님을 거역하고 주님의 창조 질서를 어지럽히는 사탄의 모든 일을 거절하겠습니까?

답) 예, 거절하겠습니다.

문) 여러분은 하느님께서 지으신 세상을 타락시키는 악한 권세와 모든 죄악을 물리치겠습니까?

답) 예, 물리치겠습니다.

문) 여러분은 하느님의 사랑으로부터 우리를 떼어 놓아 죄에 빠뜨리는 모든 욕망을 버리겠습니까?

답) 예, 버리겠습니다.

문) 여러분은 전능하신 하느님 아버지 하늘과 땅의 창조주를 믿습니까?

답) 예, 믿습니다.

문) 여러분은 하느님의 외아들, 우리 주 예수 그리스도, 성령으로 동정녀 마리아에게 잉태되어 나시고, 본티오 빌라도 치하에서 고난을 받으시고, 십자가에 못 박혀 죽으시고 묻히셨으며, 죽음의 세계에 내려가시어 사흘 만에 죽은 자들 가운데서 부활하시고, 하늘에 올라 전능하신 하느님 오른편에 앉아 계시며, 산 이와 죽은 이를 심판하러 다시 오시리라 믿습니까?

답) 예, 믿습니다.

문) 여러분은 성령을 믿으며 거룩한 공교회와, 모든 성도의 상통을 믿으며, 죄의 용서와 몸의 부활을 믿으며, 영원한 생명을 믿습니까?

답) 예, 믿습니다.

문) 여러분은 예수 그리스도를 주님으로 따르고 그 가르침을 지키겠습니까?

답) 예, 하느님의 도우심으로 지키겠습니다.

문) 여러분은 감사성찬례를 통하여 말씀과 성사의 은총을 나누며 그리스도의 몸된 교회를 온전히 섬기겠습니까?

답) 예, 그렇게 하겠습니다.

문) 여러분은 악을 꾸준히 물리치고, 죄에 빠졌을 때마다 곧 회개하고 주님께로 돌아오겠습니까?

답) 예, 그렇게 하겠습니다.

문) 여러분은 그리스도 안에서 말과 행실로 하느님의 복음을 전파하겠습니까?

답) 예, 그렇게 하겠습니다.

문) 여러분은 이웃을 내 몸같이 사랑하고 그리스도처럼 섬기겠습니까?

답) 예, 그렇게 하겠습니다.

문) 여러분은 정의와 평화를 위하여 힘쓰며 인간의 존엄성을 지키겠습니까?

답) 예, 그렇게 하겠습니다.

(이제 집전자는 다음 기도를 하고 회중에게 성수를 뿌린다.)

† 기도합시다.

전능하신 하느님, 그리스도께서는 물과 성령으로 우리를 새로 나
게 하셨으며, 모든 죄를 용서해 주셨나이다. 구하오니, 우리로 하
여금 그리스도의 은총으로 영원한 생명 속에 머무르게 하소서.
우리 주 예수 그리스도의 이름으로 기도하나이다.

◎ 아멘.

(견진 예식이 있을 경우 세례 예식 후 언약문답은 생략하고 진행한다.)

대한예수교장로회(통합)

대한예수교장로회(통합)는 견신례(confirmation)를 '입교'의 의미로 사
용한다. 그리고 『대한예수교장로회총회 헌법』에 '입교'에 참여할 수 있
는 자격은 유아세례 받은 자로 만 15세 이상으로 규정하고 있다.[3] 입교
의 의미는 종교개혁자들이 사용한 의미로 유아세례 받은 자가 분별할
나이가 되어 공중예배에서 자신의 신앙을 고백한다는 의미를 가지고
있다. 한국의 학제로 만 15세는 중3부터 고1에 해당하는 학생 때이다.

대한예수교장로회(통합)는 2008년에 새롭게 출간된 『대한예수교장
로회 예배 · 예식서』에서 "세례언약 재확인 예식"을 부록에 수록하였

3　대한예수교장로회 헌법개정위원회 편, 『대한예수교장로회총회 헌법』(서울: 한국장로교출판사,
　2007), 173.

다. 하지만 많은 목회자들이 세례언약 재확인 예식을 인식하지 못하고 있는 상황이다.

세례언약 재확인 예식[4]

본 예배는 말씀의 예전이 끝난 후에 거행되는 것을 기본으로 하였다. 물론 성찬 성례전이 있는 경우라면, 성찬 성례전이 거행되기 전 말씀의 예전이 끝난 후가 적절할 것이다. 세례식이 있는 경우라면, 세례식이 끝난 후 이어서 세례 재확인 예식을 거행하고 성찬 성례전으로 들어가는 것이 적절할 것이다.

1. 예식 선언/ 집례자

(설교가 끝난 뒤 목사는 다음 성경구절 중에서 하나를 봉독한다.)

몸은 하나인데 많은 지체가 있고, 몸의 지체가 많으나 한 몸임과 같이 그리스도도 그러하니라. 우리가 유대인이나 헬라인이나 종이나 자유인이나 다 한 성령으로 세례를 받아 한 몸이 되었고, 또 다 한 성령을 마시게 하셨느니라. 너희는 그리스도의 몸이요, 지체의 각 부분이라(고전 12:12-13, 27).

그런즉 너는 알라. 오직 네 하나님 여호와는 하나님이시요, 신실하신 하나님이시라. 그를 사랑하고 그 계명을 지키는 자에게는 천대까지 그 언약을 이행하시며 인

4 총회예식개정위원회 편, 『대한예수교장로회 예배 · 예식서』(서울: 한국장로교출판사, 2008), 578-82; 정장복 외 4인, 『2009년도 교회력에 따른 예배와 설교 핸드북』(서울: 예배와설교아카데미, 2008), 91-105.

애를 베푸시느니라(신 7:9).

2. 신앙고백 / 다같이

(성도들은 모두 자리에서 일어선다.)

집례자: 그리스도 안에서 형제와 자매된 이들이여, 세례는 우리가
죄로부터 씻김을 받는 표이며, 그리스도께 접붙임 되는 표
입니다. 그리스도의 탄생과 사심과 죽으심과 부활하심으로
죄의 권세는 꺾이고, 하나님의 나라가 우리 세상에 들어왔
습니다. 우리는 세례를 받음으로 하나님 나라의 시민이 되
었고, 죄의 멍에로부터 구원함을 얻었습니다. 우리가 세례
받을 때에 하나님께서 주신 약속을 새롭게 함으로 그 자유
와 그 구속을 기념합시다. 여러분들에게 권하노니 다시 한
번 죄를 버리고, 그리스도 예수 안에서 신앙을 고백하며, 우
리에게 세례를 베푼 이 교회의 신앙을 고백하십시오.

3. 포기의 서약

〈예문 1〉

집례자: 여러분은 하나님의 자비로우신 은혜를 의지하여 죄의 길에
서 돌이키고, 세상의 악과 그 권세를 버리겠습니까?

회   중: 예, 버리겠습니다.

집례자: 여러분은 예수 그리스도께로 돌아와 그를 주님과 구주로 모
시고, 그의 은혜와 사랑을 의지하겠습니까?

회   중: 예, 의지하겠습니다.

집례자: 여러분은 그리스도의 신실한 제자가 되어 그의 말씀에 순종하며 그의 사랑을 나타내겠습니까?

회　중: 예, 나타내겠습니다.

〈예문 2〉

집례자: 여러분은 하나님의 은혜로우신 자비를 의지하여 죄의 길에서 돌이키고, 세상의 악과 그 권세를 버리겠습니까?

회　중: 예, 버리겠습니다.

집례자: 누가 여러분의 주님이며 구주이십니까?

회　중: 예수 그리스도가 나의 주님이며 구주이십니다.

집례자: 여러분은 그리스도의 신실한 제자가 되어 그의 말씀에 순종하며 그의 사랑을 나타내겠습니까?

회　중: 예, 하나님의 도우심으로 제가 그리하겠습니다.

4. 신앙고백

집례자: 사도신경으로 우리의 신앙을 고백합니다.

다같이: 나는 전능하신 아버지 하나님, 천지의 창조주를 믿습니다.

　　　　나는 그의 유일하신 아들, 우리 주 예수 그리스도를 믿습니다.

　　　　그는 성령으로 잉태되어 동정녀 마리아에게서 나시고,

　　　　본디오 빌라도에게 고난을 받아 십자가에 못 박혀 죽으시고,

　　　　장사된 지 사흘 만에 죽은 자 가운데서 다시 살아나셨으며,

　　　　하늘에 오르시어 전능하신 아버지 하나님 우편에 앉아 계시다가,

　　　　거기로부터 살아있는 자와 죽은 자를 심판하러 오십니다.

나는 성령을 믿으며,

거룩한 공교회와 성도의 교제와

죄를 용서받는 것과 몸의 부활과

영생을 믿습니다. 아멘.

5. 세례에 대한 감사기도

집례자: 주님께서 여러분과 함께하시길 원합니다.

회　중: 목사님과도 함께하시기를 원합니다.

집례자: 우리 주 하나님께 감사드립시다.

〈기도 예문 1〉

오! 하나님, 세례 받았음을 인하여 감사합니다. 우리가 그 물에 잠김으로 죽으신 예수 그리스도와 함께 묻혔고. 그 물로부터 일으키심을 받아 그의 부활에 동참했으며, 그 물로 말미암아 성령의 능력으로 다시 태어났습니다. 그러므로 우리가 성자 예수님께 기쁨으로 순종하여 믿음 안에서 그와 사귐을 기념합니다. 기도하오니 세례를 받은 모든 성도가 영원토록 우리 구주 예수 그리스도의 부활의 삶을 살게 하소서. 삼위 일체되신 성부, 성자, 성령께 모든 존귀와 영광을 드립니다. 예수 그리스도 이름으로 기도합니다. 아멘.

〈기도 예문 2〉

예수 그리스도께서 우리를 위해 요단강에서 세례를 받으시고, 성령으로 말미암아 그리스도로서 기름부음 받으시니 주님을 찬양합니다. 그의 죽음과 부활의 세례로 인하여 주께서 우리를 죄와 사망의 멍에에서 구원하시고, 우리에게 정결함과 부활함을 허락하셨습니다. 또한 세례를 통하여 우리에게 성령을 보내셔서 모든 진리로 우리를 가르치며 인도하게 하시고, 온갖 은사로 우리를 충만케 하심으로 우리로 온 민족에게 복음을 선포하게 하시며, 주님을 섬기게 하시니 주님을 찬양합니다.

하나님께서 세례로 말미암아 우리를 주장하시고, 은혜로 우리를 거듭나게 하시니 기뻐합니다. 성령으로 우리를 새롭게 하셔서 주님의 뜻을 행할 능력을 가지게 하시고, 영원토록 그리스도의 부활의 삶을 살게 하소서. 삼위일체되신 성부, 성자, 성령께 모든 존귀와 영광을 드립니다. 예수 그리스도 이름으로 기도합니다. 아멘.

(집례자는 양 손을 펼치며, 또는 세례반에 종려나무 가지를 담아 세례 재확인 예식에 참여한 사람들을 향하여 뿌리며)

성부와 성자와 성령의 이름으로 여러분의 세례를 기억하고 감사하십시오. 아멘.

6. 안수기도 / 집례자

(여기서 원하는 성도들에게 안수기도를 할 수 있다. 안수받기를 원하는 성도들은 앞으로 나와 무릎을 꿇는다. 목사는 각 사람의 머리에 손을 얹고 기도한다.)

〈안수기도문 1〉

오! 주님, ○○○을(를) 성령으로 이끌어 주십시오.

매일 매일 그(그녀)에게 주님의 은혜와 은사를 더해 주십시오. 지혜
와 명철의 영, 분별과 능력의 영, 지식과 주님 경외하는 영, 주님 앞
에서 기뻐하는 영을 이제로부터 영원까지 내려 주십시오. 아멘.

〈안수기도문 2〉

오! 주님, 하늘의 은혜로 주님의 자녀 ○○○을(를) 인도하여 주소
서. 그리하여 그(그녀)가 주님의 영원한 나라에 이르기까지 영원토
록 주님의 소유가 되게 하시고, 성령을 날마다 더하게 하여 주십시
오. 아멘.

7. 평화의 인사 / 다함께

목사: 그리스도의 평화가 여러분과 함께하시길….

회중: 목사님과도 함께하시길….

(서로 옆에 있는 성도들과 이미 받은 세례를 다시금 확인하며 인사를 나눈다.)

* 이 예식 후에 성찬 성례전을 행하게 되면 세례 받음을 재확인하는
  큰 은혜의 시간이 된다.